本書爲二〇一二年度國家社會科學基金重大項目（12&ZD142）成果

本書承國家出版基金資助出版

元代北方金石碑刻集成

甘肅、寧夏卷 上册

總主編 李治安 王曉欣
副總主編 薛磊 馬曉林

本卷主編 俄軍
副主編 王科社 廖元琨

國家出版基金項目
NATIONAL PUBLICATION FOUNDATION

中華書局

圖書在版編目(CIP)數據

元代北方金石碑刻集成. 甘肅、寧夏卷/李治安,王曉欣總主編;俄軍本卷主編. —北京:中華書局,2024. 12. —(元代北方金石碑刻集成). —ISBN 978-7-101-16850-1

Ⅰ. K877. 42

中國國家版本館 CIP 數據核字第 2024E5N037 號

書　　名	元代北方金石碑刻集成　甘肅、寧夏卷(全二册)
總 主 編	李治安　王曉欣
副總主編	薛　磊　馬曉林
本卷主編	俄　軍
本卷副主編	王科社　廖元琨
封面題簽	劉　濤
責任編輯	孫文穎　王志濤　任超逸
責任校對	宋梅鵬
裝幀設計	劉　麗
責任印製	管　斌
出版發行	中華書局 (北京市豐臺區太平橋西里 38 號　100073) http://www.zhbc.com.cn E-mail:zhbc@zhbc.com.cn
印　　刷	天津藝嘉印刷科技有限公司
版　　次	2024 年 12 月第 1 版 2024 年 12 月第 1 次印刷
規　　格	開本/787×1092 毫米　1/8 印張 60　字數 629 千字
國際書號	ISBN 978-7-101-16850-1
定　　價	1800.00 元

元代北方金石碑刻集成

甘肅、寧夏卷

編委會

資料調查人員名録

甘肅省博物館　裴之祺　陳庚齡　李經文　高蓊生
武威市博物館　梁繼紅　高輝
古浪縣博物館　景澤時
張掖市文物保護研究所　秦春梅
山丹縣博物館　白玉章
定西市文物局　張克仁
隴西縣博物館　石小軍　陳軍
漳縣博物館　張宏翔
慶陽博物館　趙志强
慶城博物館　賀興輝
鎮原縣博物館　王博文
環縣博物館　沈浩注
正寧縣博物館　郭東民　梁彦斌
隴東古石刻藝術博物館　賈延廉　周占全
平涼市崆峒山管理區　趙婭利
涇川縣博物館　魏海峰
靜寧縣博物館　劉桂花
崇信縣博物館　陶榮
靈臺縣博物館　王禕燾

涇川王母宫石窟文管所　陳善學
禮縣博物館　趙建牛
徽縣博物館　曹鵬雁
成縣博物館　劉恒
兩當縣博物館　左敏
天水市麥積區博物館　丁文俊
天水市秦州區關子鎮政府　馬林
秦安縣博物館　王多慶
甘谷縣博物館　劉克生
武山縣博物館　裴應東
清水縣博物館　劉家興
寧夏博物館　陳永耘
寧夏固原博物館　魏瑾　馮國富
隆德縣文物管理所　劉世友

總序

元代書面文字史料歷經七百年滄桑，散佚流失比較嚴重。實録等已散失，法典、公文書流傳至今者亦非全部，方志現存爲數不多，詩文集數量遠不及宋、明、清。欲推進元代文史研究，金石碑刻遺存資料尤其值得重視。元代金石碑刻資料中，比重最大的是墓碑、墓碣，其次是宗教碑刻和儒學碑刻以及官方文告、印璽等。一部分碑刻已收入當時作者的别集或總集，但某些文字與碑刻實物頗有出入；相當部分散處各地的碑刻没有收入各種文集或總集，不少碑刻文字，或只有拓片流傳，或散見於各種書刊。近百年來，陸續有數量可觀的金石碑刻新出土或新刊布，其中不乏珍貴的原始史料。各地一定數量未見於舊有金石志或石刻叢編的元代碑刻、拓片，也陸續披露面世。

早在二十世紀八十年代初，蒙元史前輩翁獨健先生曾倡議編纂《元碑集成》，可惜一直未能付諸實施。日本學者三十多年前已着手調查未輯録或新出土元代金石碑刻遺存資料，多所日本大學和研究機構的研究人員相繼對中國各地元代碑刻資料進行了細緻的調查、實地核對、拍照、拓録和整理工作，并運用到具體的元史研究中。近年來我國學者也積極開展元代北方金石碑刻遺存資料的搶救、發掘和整理研究工作。

元代北方地區，包括今北京、天津、河北、山東、山西、河南、陝西、甘肅、寧夏、内蒙古、黑龍江、吉林、遼寧等省（區、市），大多是蒙古入主中原後施行統治較早的地區，也是忽必烈建立元朝後政治、軍事等重心所在。該地雖因金元鼎革戰亂，經濟殘破落後，文化亦不及南方發達，民間文集類資料流傳偏少，金石碑刻資料卻非常豐富，保存下來的也相當多。它們在反映元代北方乃至全國政治、軍事、經濟、文化等真實狀況方面具有很高的學術價值。

然而，這些金石資料正受到近些年各地大規模開發建設越來越多的破壞或威脅。如南水北調幹渠考古鑽探中，邢臺市文物管理處發現兩座元代墓葬已被破壞，二〇一〇年京滬高鐵廊坊工地就發現被挖出和丢棄的元「典瑞院經歷桑公」墓碑等。山東、河南也多有元代古墓被盜、墓碑等遭破壞的報導。要之，元代北方地區金石碑刻遺存資料的搶救、發掘和整理，迫在眉睫。爲此，我們於二〇一二年申報并獲得批准國家社會科學基金重大招標項目「元代北方金石碑刻遺存資料的搶救、發掘及整理研究」。該項目涵蓋十餘省（區、市），旨在推出大型碑刻史料彙編。

儘管元代北方地區金石碑刻遺存非常豐富，但也頗爲分散、零亂，前人的搜集整理工作相當有限。爲系統、全面地搜集整理，我們匯合各省（區、市）八個子課題近百名研究者，開展大量田野調查，且與各省（區、市）文物考古部門頻繁溝通和密切協作。課題組成員奔波於上述十幾個省（區、市），深入數百縣鎮鄉村尋訪考察，製作拓片或拍照、現場識讀辨認，投入了大量人力、物力。遺存至今的元代金石碑刻，磨損、缺失及部分毀壞，在所難免。這就給識别、勘誤和校釋工作帶來許多困難。課題組成員不僅需要參閲對照其他碑刻或文獻資料，逐字逐句進行考訂，辨别正誤，還需要弄清楚相關掌故名詞，這又對課題組成員的專業水準及考據功底等提出了較高的要求。

課題組統一執行較嚴格的整理考校體例及相關規則。每篇均有説明文字，内容包括：標題、碑刻具體年代、出土時間地點、形制、撰書者、紋飾、著録情況等。碑石墓誌字迹清晰者製作拓片圖版，不能製拓者使用照片。漫漶嚴重而無法拍照的，儘量附録文。除對原石及前人録文俱存者重新匯集校勘外，原石已佚而前人有著録和録文，我們亦加收録并記原存放地點或出土處，以備查考。原石已佚而前人無録文但現有拓本者，也在集録之列。

經全國哲學社會科學規劃辦公室批准，我們先後聘請相關省（區、市）文博考古機構的領導或專家擔任子課題的負責人和各卷主編，以便發揮地方文化建設的積極性，提高協同工作的效率。課題組採取整體設計、由易到難、確保重點和分批推進的思路，曾舉辦十餘次工作研討會，商討金石碑刻整理考校的體例、内容、步驟進度、田野調查技術規範等細節，不斷推動工作。

《元代北方金石碑刻集成》是國家社會科學基金重大招標項目「元代北方金石碑刻遺存資料的搶救、發掘及整理研究」的最終成果。自二〇一二年立項以來，我們先後獲得國家社會科學基金和國家出版基金的資助，經課題組近百名成員通力合作，終於完成了整理編纂工作，得以付梓出版，共計八卷二十五册。含《京津卷》二册，《河北卷》一册，《山東卷》六册，《山西卷》四册，《河南卷》四册，《陝西卷》三册，《甘肅、寧夏卷》二册，《内蒙古、東北卷》三册。每册碑刻包括説明文字、實景照片、拓片圖版、録文、校勘記等。

總體而言，《元代北方金石碑刻集成》具有三方面的學術價值。

第一，首次整理彙編校訂跨越十餘省（區、市）的大型斷代金石碑刻資料，首次完成八卷二十五册的内容系統、録文規範、校勘嚴謹的元代北方地區金石碑刻遺存的集大成之作。此種整理和考校工作，有益於元代文史研究，便於把元代多元文化更全面地展現出來，爲傳承與弘揚中華文明盡綿薄之力。

第二，高清晰度的拓片圖版與規範嚴謹的整理工作相得益彰。課題組在搜集碑刻拓片圖版的基礎上，進行了著録説明、識别録文和文本校勘等整理工作。對非漢文文字也參照前人研究，做了比較規範的拉丁字母轉寫，儘可能多地爲後人提供研讀便利。

第三，各卷碑刻金石内容豐富，特色鮮明，在反映區域政治、經濟、社會、文化等方面，頗現亮點。近三分之一碑刻資料之前未見著録，部分爲首次公布。不少新碑刻是近年各地房地産開發及南水北調工程中搶救發現，有些甚至是傳世文獻未曾見的珍稀記録。這對於文獻資料不甚豐富的元史研究而言，學術意義的重要性不言而喻。例如，《京津卷》頤和園昆明湖畔出土《故中書左丞相耶律公（鑄）墓誌銘》所述耶律楚材家族相關史事頗詳，價值較高；《河北卷》大名新出土《宣差大名路達魯花赤小李鈐部公墓誌》的西夏文「鈐部」對應漢譯「統軍」，可解決學界的爭議；《山東卷》菏澤市出土的《八萬户都鎮撫畢侯（顯）神道碑銘》及《大元敕賜推忠宣義佐理功臣史公（惟良）神道碑》，或補史乘之闕；《山西卷》交城縣石壁山玄中寺《忽必烈皇帝牛年聖旨碑》，對研究八思巴字碑刻和元代佛教價值不菲；《河南卷》所收許衡家族墓碑、《珊竹公神道碑》等，又可校史補闕；《陝西卷》所收《故宣差都總管萬户成都路經略使劉公（黑馬）墓誌銘》、《大元懷遠大將軍成都經略使劉公（元振）墓誌銘》、《大元故懷遠大將軍成都路經略使行軍副萬户劉公夫人郝氏（柔）墓誌銘》等，堪稱近年蒙元碑刻最重要的考古發現；《甘肅、寧夏卷》所收《重修皇慶寺記》、《有元重修文殊寺碑銘》、《大元敕賜西寧王碑》、《亦都護高昌王世勛碑》和汪世顯家族墓出土的多件墓誌等，涉及察合台後裔豳王世系、大元國號、回鶻西遷、亦都護世系等重要史實和多民族文字的資料；《内蒙古、東北卷》翁牛特旗《大元追封薊國公張氏先塋碑》漢、蒙文字合璧，記述蒙古弘吉剌部魯王傅張應端家族事，頗受學界重視；同卷《鄂爾多斯蒙古源流博物館藏專輯》中《贈雲中郡公鐵著墓誌銘》等，可爲元西域人來華和怯薛制等補充珍貴史料。

在整理編纂過程中，天津師範大學歷史文化學院張沛之副教授和南開大學歷史學院研究生鄭鵬、沈伏瓊、王素强、魏亦樂、鄭旭東、王藝潔、曹猛、安敏、常瑩、張曉非、張晟峰、鄧靜、郭曉東、高宇、張煊赫、鍾君、趙佰悦、楊鵬雲、樓一格等參加了各卷初稿的文字校對。其中常瑩、魏亦樂、曹猛、張曉非、楊鵬雲在目録編製、文字辨識等方面做了大量協助工作，在此一併致謝。

值此出版之際，我們向中華書局領導和編輯們表示誠摯的謝意，向全國哲學社會科學工作辦公室、國家出版基金管理委員會及其辦公室，以及關心和支持本課題的社會各界人士，謹致由衷的謝忱。

李治安　王曉欣

二〇二二年七月八日

凡例

一　分卷與基本内容

「元代北方金石碑刻集成」以省級區劃爲單位分卷，收録今北京、天津、河北、山東、山西、河南、陝西、甘肅、寧夏、内蒙古、黑龍江、吉林、遼寧等省（區、市）的金石碑刻資料。各卷下按現存碑刻情況整理分册。碑刻内容含説明文字、實景照片、拓片圖版、録文和校勘記五部分。

二　收録原則

本資料收録上述各省（區、市）境内出土、保存之金石碑刻及碑佚拓存者，時間範圍從大蒙古國至北元。以往金石文獻有著録但現碑石等實物、拓片皆不存者不收。有同時期内容，但年款爲宋、金、明代的碑刻不收。各卷碑刻資料，按大蒙古國、元代的時間先後排列著録。凡時間相同者，一般按標題音序排列。

三　類别

凡有文字的碑刻，主要分爲：碑、墓誌、經幢、塔銘、摩崖石刻、地圖綫刻等。碑包括聖旨碑、記事碑、神道碑、德行碑、僧道碑、警示碑等。墓誌包括墓誌銘、墓誌磚、墓誌蓋、墓表等。璽印、牌符、銅權等，亦適當搜録。

四　説明文字

（一）標題：碑刻如已有前人著録，仍依著録原題；原題過長者適當簡略官爵名號，不另擬簡稱。碑刻如有碑額，儘量以碑額爲題。如原碑題中人名只有姓氏而無名，在姓後括注其名。聖旨碑題根據内容補充自擬。

（二）碑刻具體年代：標題之後爲年代，用元代年號紀年。碑石年代指碑刻立石時間；墓誌年代以墓主葬期爲準，葬期不詳者以墓主卒年爲準。

（三）出土時間地點：碑刻詳細的出土時間地點。無出土時間地點者注明發現或入藏時間地點。

（四）現存地：碑刻或拓片現藏詳細地址。碑佚者指出拓片所存處。

（五）形制：碑刻之形狀，如長方形、正方形、尖頂方底、平首方趺、尖首方座、圓首方趺、螭首方座、螭首龜座、螭首龍座（四龍方座）等。墓誌則分述蓋、誌形狀，無蓋者只述誌石之形制。碑刻有損毁處注明。

（六）尺寸：以釐米爲單位。包括長（邊長）、寬、高（通高，指碑額、碑身和碑座的全高。如缺其中某部分，則標明具體高度，如碑高或碑額、碑身高等）、厚等。因碑石尺寸上下并非一致，測量時取中間值。墓誌若爲盝形蓋，指出底邊長、斜邊長、斜高、唇高等。

（七）文字：包括字體、碑刻文字行數、滿行字數。行數指涵蓋所有文字的部分，既包括正文行數，也包括標題及相關題款行數。碑石碑陽、碑陰分述之。墓誌則誌蓋、誌石分述之。

（八）撰書者：包括撰者、書者、篆額者、篆蓋者、刊石者姓名等，均以碑刻文字爲準。

（九）紋飾：主要説明有史學和民族、宗教價值的紋飾。包括碑刻四周及碑首、碑座或碑文所飾之圖案、花紋。墓誌則誌蓋、誌石分述之。

（一〇）著録情況：説明金石文獻以及學術論文、著作等的著録情況。

五　實景照片

凡碑刻及牌符、印章等實物現存者，一般攝有實景照片。璽印除實景照片外，一般含朱紅鈐印和印背字迹拓片。

六　圖版

碑石、墓誌、璽印、牌符等製作拓片圖版。因特殊情況無法拓片製版者，改用高清照片。碑石照片含碑陽、碑陰、碑首、碑座以及碑四周凡有文字處（適當包括主要紋飾處）。墓誌照片含誌蓋、誌石及主要紋飾。如實物已佚，使用現存拓片作爲收録碑刻的圖版。

七　録文

（一）録文用字：一般採用通行繁體字，適當保留異體字，避諱字及部分俗體字、假借字照録原文。録文中的數字使用漢字。

（二）録文格式：碑石、墓誌標題頂格，撰者、書者、篆額者題名行首空兩格，碑石、墓誌正文首行空兩格，不分段。銘、贊等另起行，首行上空四格。爲區分行款，行末字下加「∟」號。

（三）録文標點：標點使用逗號、句號、頓號、分號、冒號、引號、問號等。

（四）録文中的替代符號：碑刻中殘缺、漫漶處，能判斷缺字字數者，酌情以「□」表示；一行之内無法判斷字數者，使用▯（上闕）、▯（中闕）、▯（下闕）三種符號。大段文字脱落處用前闕、後闕表示。

（五）非漢文文字：各卷圖版中的畏兀體蒙文、八思巴體蒙文、波斯文、阿拉伯文等非漢文文字多以拉丁字母轉寫。

八　校勘

校勘主要針對碑文文字及内容有訛、脱、衍、乙處進行。原碑刻、牌銘中明顯的訛字予以改正，出校説明。脱、衍、乙處一般不改，酌情出校説明。前人著録與所收碑刻不協處，以録文所據碑刻爲準。所據碑刻字迹不清，但可據前人成果補充相關文字者，出校説明。

前言

甘肅、寧夏二省（區）位於我國黄土高原、青藏高原和蒙新高原交匯處，地處黄河上游，既是華夏文明的發祥地之一，也是「絲綢之路」的重要通道。兩省（區）歷史悠久，自然條件獨特，現代行政區劃與元朝時期所設立的甘肅等處行中書省（甘肅行省）有淵源關係。作爲元朝十個行中書省之一的甘肅等處行中書省是直屬元朝中央政府的一級行政區，轄七路二州，包括今甘肅和寧夏大部、青海東北部、内蒙古的部分地區。今寧夏南部、甘肅的黄河及洮河以東地區在元代爲陝西等處行中書省轄地。

二〇一三年，「元代北方金石碑刻遺存資料的搶救、發掘及整理研究」項目之甘肅、寧夏子課題啓動。結合全國第一次可移動文物普查工作，調查組不斷深入查訪甘肅、寧夏地區文博單位的藏品和新出土發現的文物。調查工作以張維《隴右金石録》著録的相關内容爲主要綫索，并參考專題著録，如陳垣《道家金石略》，王其英主編《武威金石録》，吴景山《西北民族碑文》，李龍文主編《蘭州碑林藏甘肅古代碑刻拓片菁華》，薛仰敬主編《蘭州古今碑刻》，唐曉軍《甘肅古代石刻藝術》，汪楷主編《隴西金石録》，銀川美術館編《寧夏歷代碑刻集》，楊繼國、胡迅雷主編《寧夏歷代藝文集》，寧夏固原博物館編《固原歷代碑刻選編》等。二〇一五至二〇一八年間，我們相繼赴定西市安定區、隴西縣、漳縣，天水市武山縣、甘谷縣、秦安縣、清水縣、秦州區、麥積區，隴南市徽縣、兩當縣、成縣、禮縣，平凉市崆峒區、涇川縣、靈臺縣、靜寧縣，慶陽市正寧縣、寧縣、合水縣、華池縣、環縣、慶城縣，固原市原州區、隆德縣、彭陽縣，武威市古浪縣、凉州區，張掖市甘州區、山丹縣、肅南裕固族自治縣，酒泉市肅州區等市縣區的文博單位、文物保護點實地考察，共完成一一九件（通）元代金石碑刻的信息採集與資料整理工作。

甘肅、寧夏地區現存金石碑刻資料在反映元代政治、軍事、經濟、文化等方面具有重要的學術價值。如酒泉《大元肅州路也可達魯花赤世襲之碑》、《重修皇慶寺記》，張掖《有元重修文殊寺碑銘》，武威《大元敕賜西寧王碑》、《亦都護高昌王世勳碑》，其内容關係回鶻族的起源、流派、民族關係等多方面的史實。再如禮縣《敕賜雍古氏家廟碑》（亦作《趙氏先廟碑》、《魯國公家廟碑》），碑文表彰趙世延的祖父征行大元帥按竺邇在蒙古汗國時期的顯赫功績，記録朝廷追封趙世延曾祖父黒公、祖父按竺邇、父趙國寶的爵位，以及趙世延出任雲南行省平章政事的歷史事實。此外，該碑由趙孟頫書丹，爲趙氏書法藝術成熟期作品，風格獨特，是研究元代書法藝術的珍貴資料。又如漳縣元代開國功臣汪世顯家族墓是我國保存完整且比較少見的元代家族墓羣，也是我國最大的元墓羣，二〇〇一年被列爲第五批全國重點文物保護單位。

一九七二至一九七九年間先後發掘清理墓葬二七座，出土陶、瓷、銅、竹、木、金、銀、玉、絲織品及墓誌等文物七三五件，充分展現元代軍事貴族生活的細節。其中《中書右丞四川行省事便宜都總帥汪公（惟孝）壙誌》、《大元中書左丞謚貞肅汪公（惟正）貞善夫人耶律氏（晝錦）之墓誌》、《大司徒汪公（惟賢）夫人祁氏墓誌》、《鞏昌權總帥汪惟純及夫人王氏墓誌》、《鎮國上將軍征西都元帥汪公（惟永）墓誌》、《汪公（懋昌）墓前壙誌》、《大元明威將軍保寧等處萬户府萬户汪公（惟簡）壙誌》、《大元故大司徒汪公（壽昌）墓》、《元故奉訓大夫汪公（源昌）之墓》、《汪公（舜昌）墓誌》記録汪世顯、汪良臣、汪惟勤、汪惟簡、汪惟孝等人生平事迹，對深入研究元代鞏昌汪氏家族大有裨益。此外如慶陽《大石窟寺重續宗派圖銘》，平凉《鎮海之碑》、《創修崆峒山寶慶寺記》、《重修崆峒山寺記》，天水《玉仙山會明巖題記》、《建修朝元觀碑記》、《大元崇道詔書之碑》、《創建玉泉觀記》、《創建玉陽觀碑記》、《秦州玉陽觀碑銘》、《重修北極宫碑》，隴南《重修三清閣記》、《感應金蓮洞記》，定西《廣嚴寺白話旨文碑》、《興國寺常住碑記》等，記録元代道教全真派、佛教在當地的發展和傳播，實爲研究元代文化的寶貴資料。

隨着工作的不斷深入，我們盡力收集新出土、新發現金石碑牌符刻文物的信息，對甘肅、寧夏地區的金石碑刻研究有諸多補充。特别是甘肅、寧夏地區考古發掘和幾次全國性文物普查工作中新出土和新發現的元代文物，包括古建築題刻、墓誌、墓地券和印章數量較多，尤其涉及回鶻文、西夏文、八思巴文、蒙古文、藏文等民族文字書寫、鐫刻的内容，需要專家學者繼續探討，爲元史研究再立新功。

經調查統計，甘肅、寧夏地區已知金石碑刻達二四〇件（套）左右，但是大約一半已佚，保存狀況不容樂觀。雖勉力爲之，但實地調查及整理、研究工作仍有疏漏，待日後再擇機補充完善。

俄軍

二〇二〇年六月

目録

上册

一　十八族安撫司印　中統三年 …… 一
二　建修朝元觀碑記　中統三年 …… 三
三　重修三清閣記　中統五年 …… 八
四　環州景福寺塔相輪題記　中統五年 …… 一二
五　至元二年銅權　至元二年 …… 一六
六　故鞏昌路便宜都總帥汪公（德臣）神道碑　至元四年 …… 一八
七　至元四年雙龍戲蓮紋銅鏡　至元四年 …… 二五
八　漁關蘸提領印　至元五年 …… 二七
九　玉仙山會明巖題記　至元八年 …… 三〇
一〇　重修北極宮碑　至元十二年 …… 三三
一一　創修崆峒山寶慶寺記　至元十五年 …… 三七
一二　駙馬忠惠汪公（良臣）墓碑　至元十八年 …… 四〇
一三　大元中書左丞貞肅汪公（惟正）神道碑　至元二十三年 …… 四三
一四　開成路官造銅權　至元二十三年 …… 五三
一五　西涼報慈安國禪寺銅壺　至元二十三年 …… 五六
一六　敏公詩跋石刻　約至元二十三年 …… 五九
一七　勅賜雲壽禪院牒刻石　至元二十四年 …… 六二

一八　□□路造銅權　至元二十四年……六四
一九　蒲法先墓券　至元二十六年……六七
二〇　水泉禪寺銅香爐　至元二十八年……七〇
二一　至元歲次戊寅題玉泉觀詩碑　至元三十年……七三
二二　重修崆峒山寺記　至元三十年……七五
二三　鎮海之碑　元貞元年……八〇
二四　中書右丞四川行省事便宜都總帥汪公（惟孝）壙誌　大德元年……八八
二五　大德二年銅權　大德二年……九二
二六　平凉府官造銅權　大德二年……九四
二七　重修王母宫碑　大德三年……九六
二八　大德三年銅權　大德三年……一〇二
二九　大德三年銅玉壺春瓶（一）　大德三年……一〇四
三〇　大德三年銅玉壺春瓶（二）　大德三年……一〇七
三一　創建玉泉觀記　大德六年……一一〇
三二　感應金蓮洞記　大德六年……一一三
三三　大元崇道詔書之碑　大德六年……一一九
三四　蹇興施佛結緣銅鏡　大德六年……一二九
三五　大元故提領燕君（慶安）墓表銘　大德七年……一三一
三六　大元中書左丞謚貞肅汪公（惟正）貞善夫人耶律氏（晝錦）之墓誌　大德八年……一三五
三七　大德九年興元路官造銅權　大德九年……一三八
三八　大司徒汪公（惟賢）夫人祁氏墓誌　大德十年……一四〇

三九　至大二年白釉瓷扁壺　至大二年……一四三
四〇　沈妙清墓買地券　至大三年……一四五
四一　同知宣慰使司副都元帥孟公信武顯揚先墓碑　至大三年……一四七
四二　秦州夕陽鎮重修岱嶽廟記　延祐元年……一五三
四三　陳子玉買地券　延祐六年……一五六
四四　薛文玉墓買地券　延祐六年……一五八
四五　大石窟寺重續宗派圖銘　延祐七年……一六一
四六　大元重修西江廟碑　延祐年間……一六四
四七　重修鞏昌府城隍廟碑記　至治元年……一六八
四八　至治元年奉元路官造銅權　至治元年……一七四
四九　鞏昌權總帥汪惟純及夫人王氏墓誌　至治二年……一七六
五〇　常德用墓券　至治三年……一八〇
五一　潁川郡陳宅墓誌　泰定元年……一八三
五二　泰定元年青釉瓷扁壺　泰定元年……一八五
五三　鎮國上將軍征西都元帥汪公（惟永）墓誌　泰定二年……一八七
五四　有元重修文殊寺碑銘　泰定三年……一九一
五五　鞏昌伏羌縣墓券　泰定四年……一九八
五六　創建玉陽觀碑記　泰定五年……二〇〇
五七　汪公（懋昌）墓前壙誌　天曆二年……二〇五
五八　大元明威將軍保寧等處萬户府萬户汪公（惟簡）壙誌　天曆三年……二〇八
五九　惠澤大王靈湫祈雨記　至順二年……二一二

六〇　秦州玉陽觀碑銘　至順三年……二一四

下册

六一　亦都護高昌王世勛碑　元統二年……二二一
六二　重脩三門之記　元統三年……二四一
六三　太祖山行祠記　後至元三年……二四六
六四　張公（庭祐）壙誌　後至元三年……二四九
六五　敕賜雍古氏家廟碑　後至元三年……二五三
六六　西江廟龍宮獸鼎爐　後至元五年……二五九
六七　大元崖石鎮東岳廟之記　後至元五年……二六三
六八　西江廟焚香寶鼎爐　後至元五年……二七〇
六九　至正元年鐵瓮　至正元年……二七三
七〇　清水縣創建宣德堂記　至正元年……二七六
七一　至正元年鼎形銅爐　至正元年……二八〇
七二　至正元年鈔版　至正元年……二八三
七三　至正元年銅壺　至正元年……二八六
七四　嚴惠昭買地券　至正四年……二九〇
七五　興建廣嚴寺大殿功德碑　約至正五年……二九三
七六　通明顯密大師琉璃塔　至正七年……二九五
七七　大元故大司徒汪公（壽昌）墓　至正八年……二九八
七八　大元故資善大夫陝西等處行中書省左丞伯不花之墓　至正八年……三〇二

七九 莫高窟六字真言碣 至正八年……三〇五
八〇 東君明墓券 至正九年……三〇九
八一 石造像塔 至正九年……三一一
八二 興國寺常住碑記 至正九年……三一五
八三 重修文廟之碑 至正九年……三二三
八四 湫山觀音聖境之碑 至正九年……三二八
八五 元故奉訓大夫汪公（源昌）之墓 至正十年……三三五
八六 重修皇慶寺記 至正十一年……三三八
八七 重修通安站記 至正十一年……三四三
八八 汪公（舜昌）墓誌 至正十一年……三四六
八九 史瑄墓券 至正十三年……三四九
九〇 史瑄家族墓地題記磚 至正十三年……三五一
九一 師德順墓買地券 至正十五年……三五三
九二 八思巴文屯田百户印 至正十五年……三五七
九三 八思巴文新野等處軍民百户印 至正十五年……三五九
九四 八思巴文乾州分千户所印 至正十六年……三六一
九五 齊天顯聖崇寧廣福乾元宣烈蓋國大天帝本末之記 至正十六年……三六三
九六 有元秦州天靖山修建佑文開化之祠碑銘 至正十六年……三六八
九七 創修仁壽山普光禪院功德碑 至正十七年……三七二
九八 秦州西關新市創建武安王廟記 至正十七年……三八〇
九九 重修崆峒山大十方問道宮碑 至正十七年……三八二

一 十八族安撫司印 中統三年

十八族安撫司印，中統三年（一二六二）正月造。該印徵集於甘肅省天水市武山縣，現存甘肅省博物館。印黄銅質，邊長五點五至五點七釐米，印臺厚一點一釐米，通高五點六釐米。印臺方形，印面廓較寬，九疊篆書陽文「十八族安撫司之印」二行八字。背橛鈕，鈕頂刻楷書陰文「上」字，并横刻一劃，一角砍缺。鈕兩側鑿刻楷書陰文，左爲「行中書省發」，右爲「中統三年正月日造」。

該印對於金末元初十八族的發展、元初對十八族管理等方面的研究具有重要參考價值。

十八族安撫司印（中統三年）印背照片

十八族安撫司印（中統三年）印體照片

十八族安撫司印（中統三年）印文照片

録文

印文

十八族安⌞撫司之印⌞

印背

行中書省發。⌞

上⌞

中統三年正月日造。⌞

二　建修朝元觀碑記　中統三年

《建修朝元觀碑記》，中統三年（一二六二）十月立。二〇〇九年第三次全國文物普查時發現，現存甘肅省天水市麥積區伯陽鎮韓河村七真觀舊址。碑白色大理石質，碑首、碑座已佚，碑身斷爲兩截，下部略殘缺。碑身長方形，殘高約一〇四釐米，寬五八點五釐米，厚一九點五釐米；上端榫頭高三點五釐米，寬四五點五釐米。碑陽飾卷草紋邊框，中上部以陰刻雙綫分爲兩欄。碑文楷書，上欄八行，滿行六字，下欄二〇行，滿行二七字。鄭知炎撰文。碑陰分爲兩欄，楷書，行字不等。汪明《麥積區金石校注》（三秦出版社，二〇一五年）、劉雁翔《天水金石文獻輯録校注》（三秦出版社，二〇一七年）著録。

碑文記載中統三年全真道士李志堅、張知和等在秦州伯陽七真舊居結草築庵、建修道觀、傳播全真教及宋披雲賜觀額「朝元」之事迹。該碑是甘肅現存元代最早有關全真教的碑刻。

建修朝元觀碑記（中統三年）碑陽照片

建修朝元觀碑記（中統三年）碑陰照片

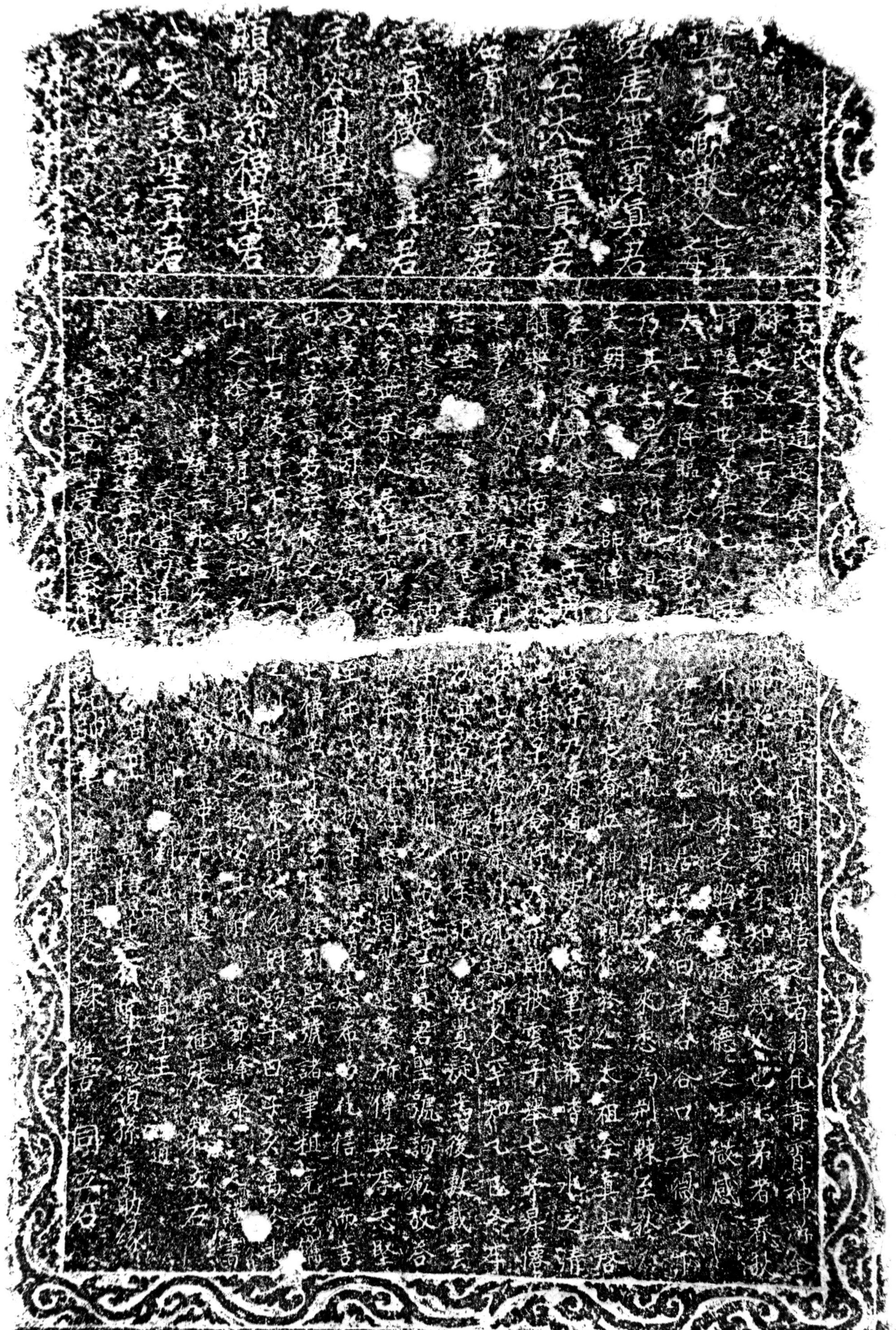

建修朝元觀碑記（中統三年）碑陽拓片

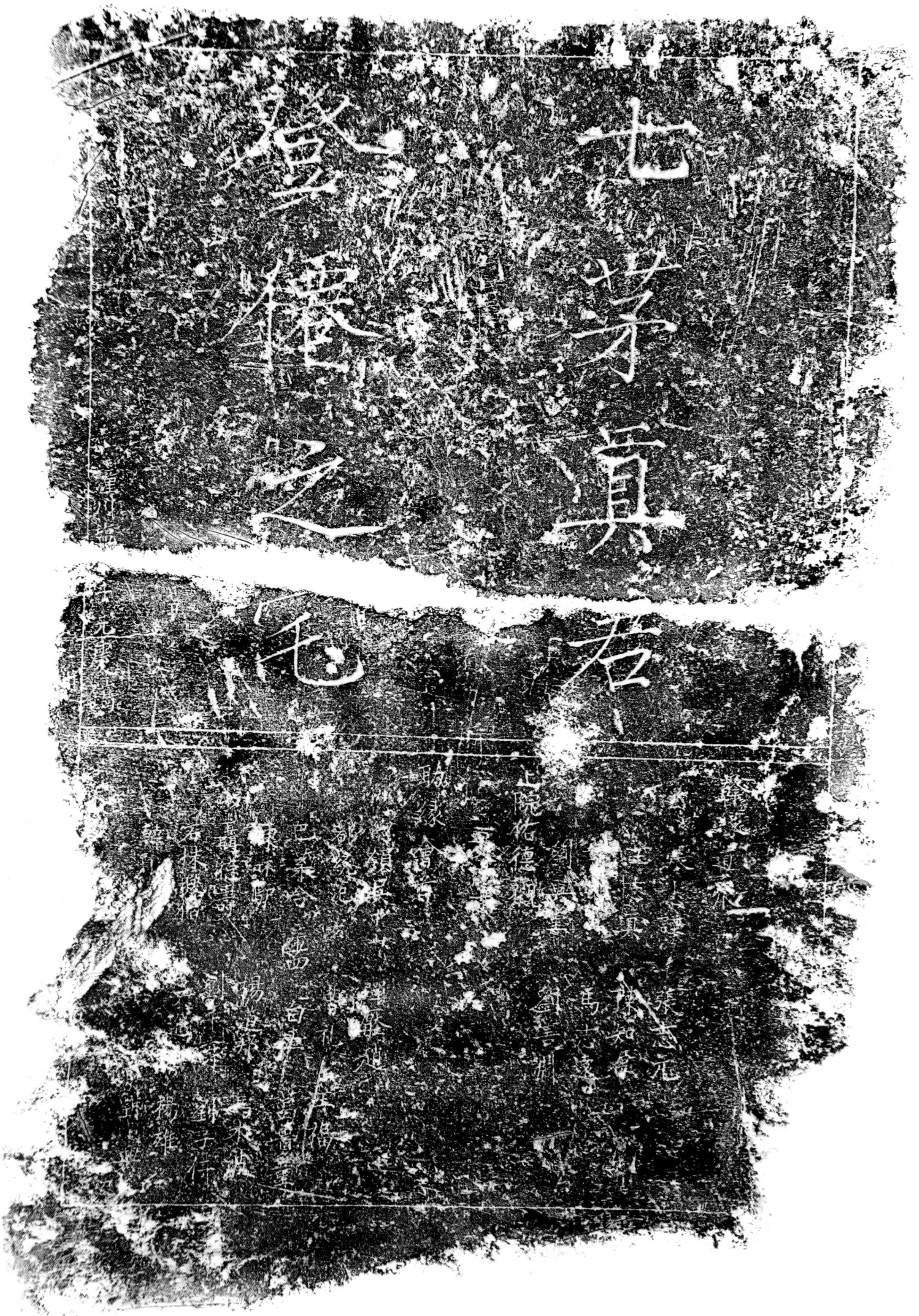

建修朝元觀碑記（中統三年）碑陰拓片

録文

碑陽

上欄

靈光完頤散人七真之母 ㄴ若虛靈寶真君 ㄴ若空太靈真君 ㄴ若霄太華真君 ㄴ玄真微□真君（一） ㄴ完容圓聖真君 ㄴ顯頤紫福真君 ㄴ八天護聖真君 ㄴ

下欄

老氏之道，遠矣大矣，□□杳冥（二），深不可測，然悟之者羽化青霄，神游金ㄴ闕。是以上古之士慕斯道而超凡入聖者，不知其幾人也。七茅者，春秋ㄴ時隱者也。兄弟七人，同居不仕，處山林之幽寂，探道德之玄微，感ㄴ太上之降臨，致拔宅而輕舉。迄今茲山居民號曰茅谷。谷口翠微之下，ㄴ乃其上昇之所也。道家者流，屢建觀宇。自兵燹以來，悉爲荆棘。至於ㄴ大朝，重陽王祖師傳授於七真，長春丘神僊親化於太祖，全真大啓，ㄴ至道隆興，修鍊之士所□雲集（三）。乃有道人李志堅、董志希嗜雲水之清ㄴ閑，樂簞瓢之恬澹，遂化□地（四），結草爲菴。時大宗師披雲子舉七茅昇僊ㄴ之事，賜以觀額，號曰「朝元」。然七茅僊傳，歲月流邁，時人罕知。乙巳冬，李ㄴ志堅忽□寢（五），夢一僊童□以真君聖號（六），而李記之。既覺疑焉。後數載雲ㄴ遊定西，邂逅一宋人袖□手軸（七），舒而閱之，乃七茅真君聖號。詢厥故，荅ㄴ云：「家世秦人，居于茅谷，□常奉之（八）。雖經喪亂，罔敢遺棄。」所傳與李志堅ㄴ之夢果合，因感靈應如□（九）。至壬戌之秋，李志堅、董志希乃化信士而言ㄴ曰：「七茅真君登僊之地，□□構堂宇（一〇），妝法像，鏤刻聖號，諸事粗完。若鐫ㄴ之山石，使傳不朽，亦一□之妙瞻也（一一）。」衆皆欣允，因訪予，曰：「子久寓於此ㄴ山之陰，可謂聞而知之□（一二），爲我記之」。遂以其辭爲記。寶峰鄭知炎謹書。ㄴ

中統三年孟冬□□終南靈沖子李志堅、黄冠張知和立石。ㄴ秦州管内道正□閑心子劉志然、清真子王知通、ㄴ鎮遠軍節度判官秦□□領王貴興捨觀基□，質子總領孫亨助緣。ㄴ鎮遠軍節度副使秦州□副元帥鞏□起洎夫人蘇進善同立石。ㄴ

碑陰

上欄

七茅真君∟登僊之宅∟

潼川鹽□李元慶鐫。∟

下欄

幹緣道衆：∟張志謹　張志元　∟王志真　陳知厚　∟李志堅　馬志遠　∟劉興童　劉善淵　∟上院佑德觀：∟王□□　∟助緣會首：∟總領吴中山　彈壓趙□□　∟都統范宏　曹禮　王福元　∟巴葉合　王四　白五　葛貴童　∟陳吓驢　楊道邦　馬木波　∟聶德壽　劉千寂　劉子仁∟石抹晚僧　吴進　楊雄　∟韓□□　□野驢　劉□興　∟□□□　□□　韓□□　□□□∟

校勘記

〔一〕玄真微□真君　「微」後殘一字，《天水金石文獻輯録校注》作「妙」。

〔二〕□□杳冥　「杳」前殘二字，《天水金石文獻輯録校注》作「隱微」。

〔三〕修鍊之士所□雲集　「所」後殘一字，《天水金石文獻輯録校注》作「在」。

〔四〕遂化□地　「化」後殘一字，《天水金石文獻輯録校注》作「此」。

〔五〕李志堅忽□寢　「忽」後殘一字，《天水金石文獻輯録校注》作「晝」。

〔六〕夢一僊童□以真君聖號　「童」後殘一字，《天水金石文獻輯録校注》作「告」。

〔七〕邂逅一宋人袖□手軸　「袖」後殘一字，《天水金石文獻輯録校注》作「出」。

〔八〕□常奉之　「常」前殘一字，《麥積區金石校注》、《天水金石文獻輯録校注》作「晝」。

〔九〕因感靈應如□　「如」後殘一字，《天水金石文獻輯録校注》作「見」。

〔一〇〕□□構堂宇　「構」前殘二字，《麥積區金石校注》作「依舊址」，《天水金石文獻輯録校注》作「依舊趾」。

〔一一〕亦一□之妙瞻也　「一」後殘一字，《天水金石文獻輯録校注》作「方」。

〔一二〕可謂聞而知之□　「之」後殘一字，《天水金石文獻輯録校注》作「者」。

三　重修三清閣記　中統五年

《重修三清閣記》，中統五年（一二六四）正月立。原存甘肅省隴南市兩當縣鸑鷟山三清閣，現存兩當縣博物館。碑首身相連，圓首，下端出榫頭，碑座已佚。通高一二〇釐米，寬六五釐米，厚一〇釐米。碑額横題楷書「重修三清閣記」一行六字。碑文楷書，三四行，滿行三八字。趙逵夫主編《隴南金石校録》（社會科學文獻出版社，二〇一八年）、蔡副全《隴南金石題壁萃編》（中華書局，二〇二一年）著録。

碑文記載張果於鸑鷟山登真洞飛升登仙的傳説，以及重建徽州鸑鷟山登真洞三清閣的經過。

重修三清閣記（中統五年）碑體照片

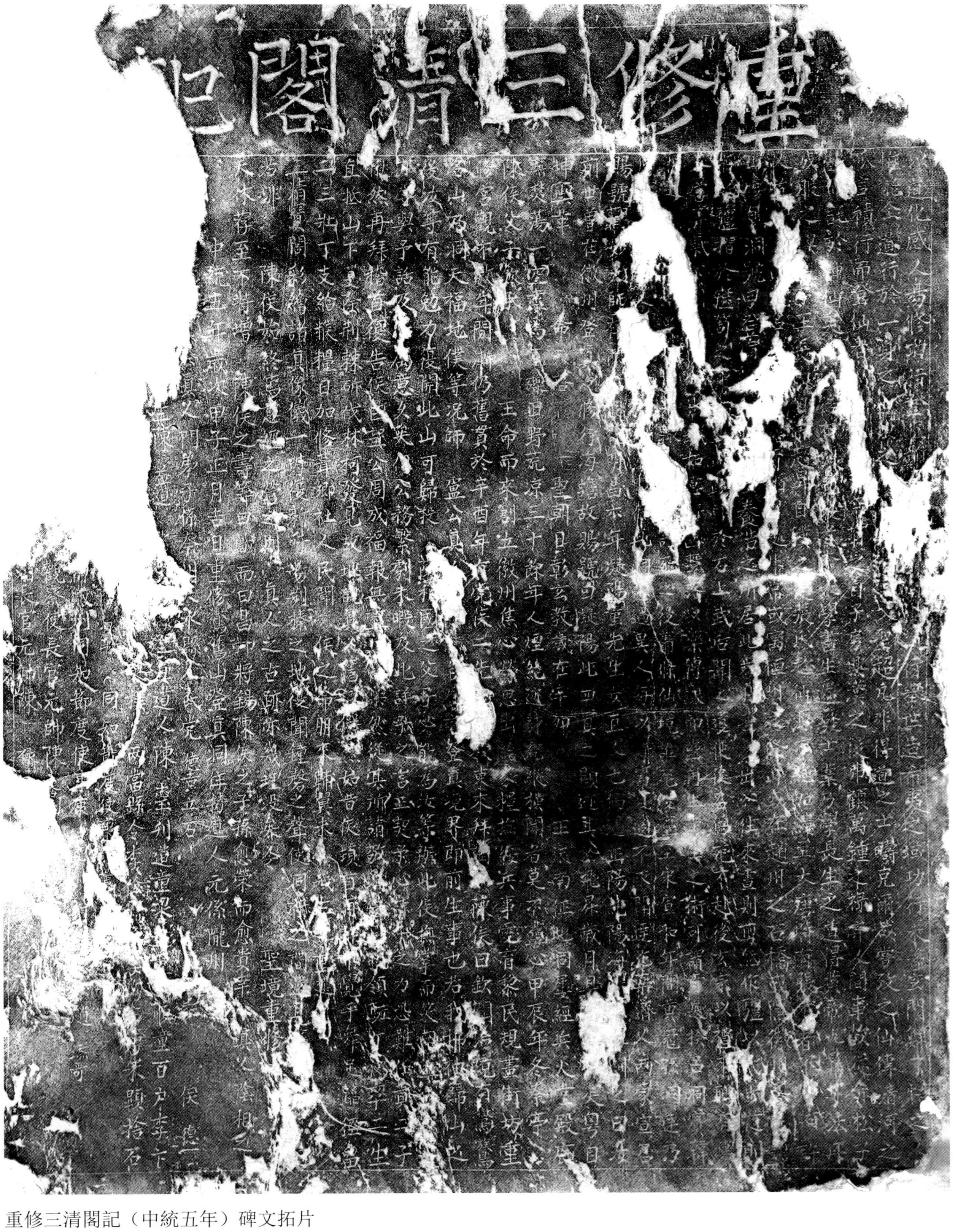

重修三清閣記（中統五年）碑文拓片

録文

重修三清閣記（額）乚

以道化感人易，修功行登真難。□□□□□□道行，舉世造希夷之域，功行未著，玄門鮮了悟之人。乚惟能全道行於一身之内，以之□□□□□入聖超凡，非得道之士疇克爾哉？嘗攷之仙傳，清河之乚派言積行而登仙者□□□□□罕有之，自子房興漢之後弗顧萬鍾之禄，弃人間事，欲從赤松子乚遊，而託於神仙矣。□□後有張道陵者，本太學書生，遽廢士業，乃學長生之道，得黄帝九鼎丹法，丹乚成服之，與弟子王長，以丹而超昇。自漢之後，張氏之仙源不絶如縷。至大唐時，有張果者，不知何許乚人，道□□□，□名□□，□□□□，□處非常。或寓恒州之條山，或在趙州之石橋，或隱徽州之鸑鷟。乚山腰有洞，號曰「登真」，□□□□□養浩之所，居此歲月甚多。出入往來，晝則剪紙作驢以代步，夜則乚將紙驢摺於篋笥之中，□□□此印於石上，武后聞之，遣使促召，僞死不赴。後玄宗以禮來聘，肩輿乚入宫。屏氣不□□□□出鐵如意將齒擊落，以藥傅齦而齒再生。先生之術，可謂奇矣！揆吕洞賓、韓乚湘□□□□□□□□□輒□□□□飛之後，蕭條仙境誰尾後塵？至宋宣和年間，黄冠孫洞達，乃乚□□□□□人□□□□□□□此洞忽遇異人，每以詩篇自適，不求聞達，施藥濟人，兩蒙宣召，乚賜號觀妙大師，□□□羽化明昌六年，凝陽董先生，女直人也，偶遇正陽、純陽、海蟾□□師之，曰：「汝乚前世曾在徽州登真洞修行。」海蟾故賜號曰「凝陽」。此四真之顯迹，其於飛昇，歲月具□□□矣！粤自乚坤輿革命，天落聖朝，日彰玄教。歲在辛卯，王旅南征。此洞屢經兵火，堂殿廊乚廡焚蕩一空，盡爲瓦礫，田野荒涼三十餘年，人煙絶迹，豺虎縱横，聞者莫不盡心。甲辰年冬，秦亭乚陳侯父子欽承王命而來，創立徽州，焦心勞思，出給家糧，撫綏兵事，愛育黎民，規畫街坊，重乚修宫觀。不數年間，漸仍舊貫。於辛酉年有党、侯二先□□□東來，拜謁□陳侯，曰：欽聞治境有鸑鷟乚名山，乃洞天福地，僕等況師盧公真□□□□□□□登真境界，即前生事也。若我拂袖歸山之乚後，汝等有能勉力復開此山，可歸投□□國之父子[一]，必能爲汝等辦此。侯撫掌而笑曰：「盧公□□乚亦嘗與予話及，□屬意久矣。但公務繁劇，未暇及此。詳子之言，正契予心。恃子之力，恐難任責。」二子乚愀然再拜稽首，復告侯曰：「望公周成，福報無盡。」□□欒然從其所請，敬承□□，親領驅丁，仍率二生乚直抵山下，芟除荆棘，斫伐林柯，發見故址，覩真人舊□，儼然如昔。侯頓首再拜，不覺手舞足蹈。徑留乚二三壯丁，支給糇糧，日加修葺。鄉社人民，聞侯之命，朋來輔翼。未□幾三年重建乚三清寶閣，彩繪諸真像儀，一時復新。吁！易荆榛之地，復聞鐘磬之聲，使洞府之間還見□□□□□ㄴ若非陳侯始終篤意，經之營之，則真人之古跡亦幾埋没矣。今聖境重修ㄴ天休荐至，不特增陳侯之壽筭，日熾而日昌，抑將錫陳侯之子孫，愈榮而愈貴。幸真人陰相之。ㄴ

中統五年歲次甲子正月吉日，重修鸑鷟山登真洞。住持道人元係隴州ㄴ□□□□真人門弟子係秦州天水縣人氏党德吉立石。侯德ㄴ▯生陳益道，□□□□全真道人陳志玉刊。道童梁□童、□順童，百户李下ㄴ▯撰。兩當縣令李儉，縣□李海，主簿宋顯捨石。ㄴ▯陳□聰〔二〕 同知節度使事康□□ ㄴ▯徽州同知節度使事康□□〔三〕 □□□□趙添哥 ㄴ▯觀察使長官元帥陳□□〔四〕 ㄴ▯府長官元帥陳禄□□ㄴ

校勘記

〔一〕可歸投□□國之父子 「投」後殘二字，《隴南金石題壁萃編》作「陳相」。

〔二〕陳□聰 明趙廷瑞修《（嘉靖）陝西通志》卷二二《鞏昌府名宦》載「陳思聰，中統五年，徽州觀察副使」，疑即此人。

〔三〕▯徽州同知節度使事康□□ 明趙廷瑞修《（嘉靖）陝西通志》卷二二《鞏昌府名宦》載「康遥喜，中統七年，徽州同知節度使」，疑即此人。

〔四〕▯觀察使長官元帥陳□□ 明趙廷瑞修《（嘉靖）陝西通志》卷二二《鞏昌府名宦》載「陳哈剌，中統甲子，宣授徽州宣化軍節度使兼管内觀察使」，疑即此人。

四　環州景福寺塔相輪題記　中統五年

《環州景福寺塔相輪題記》，中統五年（一二六四）八月刻。現存甘肅省慶陽市環縣環城鎮紅星村靈武臺，始建於北宋慶曆三年（一〇四三）。相輪銅質，鎏金脱落。整體形如小塔，下段若葫蘆狀覆鉢，其表面分四欄，欄内鑄題記文字。題記楷書陽文，二三行，行字不等。

環州景福寺塔，又名環縣塔、古塔寺塔。題記表明，元中統五年曾維修此塔，并重鑄了塔刹相輪。題記記都倜彦福、都功福主元帥慕福住等爲皇帝和只必帖木里大王祈福之事，并有環州官員題名。

環州景福寺塔相輪題記（中統五年）全景照片

環州景福寺塔相輪題記（中統五年）相輪照片（一）

環州景福寺塔相輪題記（中統五年）相輪照片（二）

環州景福寺塔相輪題記（中統五年）相輪照片（三）

環州景福寺塔相輪題記（中統五年）相輪照片（四）

録文

一

皇帝萬歲，∟只必帖木里∟大王千秋，∟國泰民安，∟法輪常轉。∟

二

環州景福寺重建相輪∟

都僴彥福等 ∟都功福主元帥慕福住 ∟都會首、達魯花赤蘇 ∟副會首參議韓 ∟同知韓 ∟副會首軍判俄 ∟州判趙 ∟軍民總領慕 縣令、∟縣丞、縣尉、吏目等∟

三

匠人：∟河東南路河中府∟河津縣故鎮∟王仲 ∟王伸 ∟王信∟

四

鄜州郭銓∟

中統五年仲秋上旬有五日。∟

五　至元二年銅權　至元二年

至元二年銅權，至元二年（一二六五）造。甘肅省定西市博物館舊藏。權黄銅質，通高九點二釐米，底徑四點五釐米。方鈕方穿，體如圓瓶，廣肩，束腰，疊澀座，座平底。肩腹部鑄楷書銘文。

至元二年銅權（至元二年）照片

録文

至元二∟年□□∟

六　故鞏昌路便宜都總帥汪公（德臣）神道碑　至元四年

《故鞏昌路便宜都總帥汪公（德臣）神道碑》，至元四年（一二六七）立。原存甘肅省定西市隴西縣仁壽山大碑院（即隴西公祠堂），二十世紀六十年代被砸碎。碑首、碑座已佚，現碑首、碑座係誤置。碑身殘損嚴重，殘存部分高約一七〇釐米，寬約一五〇釐米。碑陽原有大字三行、小字一行，現僅見雙鈎「故鞏昌路」四字。碑陰楷書，原約四四行，滿行一〇二至一〇三字，現殘存三九行。王鶚撰，商挺書丹并題額。《汪氏族譜》、《隴西藝文集》、張維《隴右金石録》（蘭州古籍書店，一九九〇年）、《漳縣金石録》（漳縣文史資料委員會，二〇一〇年）、汪楷主編《隴西金石録》（甘肅人民出版社，二〇一一年）著録。

碑文記載汪德臣生平及家族世系。

故鞏昌路便宜都總帥汪公（德臣）神道碑（至元四年）照片

碑陽

故鞏昌路後闕（一）

碑陰

⊔西忠烈公汪公神道碑銘（二）⌞

翰林學士承旨、資善大夫□□□□□□□□□（三）。⌞

正奉大夫、中書□□□□□□□□□□□□（四）。⌞

⊔業之君（五），誕受天命，肅將天威，厎天罰，成天功，期於統一四海，爲子孫立萬世之基，雖列聖相承，指授方略，而中原豪傑⊓（六）⌞⊔多山西（七）；將種所出，天下公論莫不以襄武汪氏爲稱首。汪本姬姓，宋末金初，世掌汪骨族，因氏焉。⊓（八）⌞⊔闊端重兵壓境（九），示以蔡破之驗，乃東首號哭盡哀，然後率衆歸降。世顯自効，久抗王師，非軍民罪，請釋勿問。⌞⊔歎慰勞（一〇），令其下絲毫無犯，蓋所存活者數十萬衆。自爾從征，略無虛歲。以劬勞得疾，竟至不起。享年弗永⊓（一一）⌞⊔七人（一二），見公性倜儻，有志節，常以遠大期。年十四，⌞⊔太子（一三），視之如己子。數從畋獵，矢無虛發，自是益奇之。歲癸卯，義武薨，命襲父爵，佩虎符，時年二十有二。是歲秋，領軍入⊓（一四）⌞⊔前驅（一五），入則殿後，每有功。辛亥夏，蜀帥余玠寇漢中，公檄諸郡，晝夜星馳。玠聞公來，設虛寨而遁。秋⌞⊔帝即位（一六），公直入覲，⌞□稔熟公名（一七），見之喜甚，所陳利病，咸見嘉納，賜爾易符，俾仍舊職。壬子春，奉旨城沔州。沔爲嘉陵上流，寔⊓（一八）⌞□百人以歸（一九）。進次隆慶，軍復夜出，公與力戰，殲焉。聞都元帥火荅兒阻劍門，不得前。公從高谿間道奪之，殺傷甚衆。⊓（二〇）⌞⊔爲皇太弟（二一），將有事於西南。公入見，首言益昌之役，乞免徭役、捐課稅，運糧屯田，爲久駐之計，所⊓（二二）⌞⊔千餘（二三），戍江之南，以爲外拒。益昌，蜀喉衿，經營之始，百廢未完，應援亦寡。然蜀人素憚公威，劍、閬諸州⊓（二四）⌞國□□方面付我（二五），有死而已。遂襲嘉州，得糧二千餘石。繼略陰平、彰明，而雲頂呂達將五千人截戰。兵⊓〔二六〕∟⊔獲宋提轄崔忠、鄭再立〔二七〕，縱令持檄諭苦竹，守將南清，以城降，凡彼之子弟先爲我俘者，悉歸之。⊓〔二八〕∟⊔其柵〔二九〕，斬首萬餘級，溺死者不勝計，潤僅以身免。乙卯春，蜀將焦達領兵餉苦竹，公戰敗之，悉⊓〔三〇〕∟⊔名馬〔三一〕、金幣以寵其歸。漁關抵沔，峽水曲折，百有八渡，人每病涉。公委官督夫匠，架橋棧⊓〔三二〕∟⊔次漢中〔三三〕，公朝于行在所。初，諸路軍立成都，猝爲南人所圍。都元帥紐鄰索援於公⊓〔三四〕∟⊔昌〔三五〕，駐驛於北山，周覽城郭，問：「未降山寨去此幾何？」公奏：東有巴州，南有大獲、長寧，西⊓〔三六〕∟⊔來〔三七〕，皆云汝立利州，今朕親見在敵中，汝身雖小，膽若山大。問：敵兵曾薄⊓〔三八〕∟上曰：「□畏爾威名耳〔三九〕。」賜以金帶，勒功于石。駕臨江濱，見嘉陵、白水交會，勢甚⊓〔四〇〕∟上至，顧謂諸王曰：「汪總帥言不虛發，今濟大江如履平地。」賜白金三十斤，將⊓〔四一〕∟上以問公，公奏：「先登陷陣，臣所不辭。橋之成否，臣不敢知。」已而，橋果無成，公躬率將⊓〔四二〕∟上目擊，歎曰：「人稱汪帥膽勇，果非虛譽！」南軍趙仲武開門納款，而守將楊禮猶拒⊓〔四三〕∟上對諸王勞之曰：爾疾皆爲我家。右持蒲桃酒，左執所御玉帶，飲我所飲⊓〔四四〕∟上曰：「他人寧肯相讓。」詔從之。公奏遣人檄諭龍州，守將王德新遣親信詣⊓〔四五〕∟車駕順流東下，詔以公爲御前先鋒，凡有升附城寨諸事，聽直入⊓〔四六〕∟制可。繼運山張大悅迎降，公引見之，吏民按堵。清居、大梁亦望風來附，遂⊓〔四七〕∟乘輿所至，諸城風靡，獨此旅拒。捐軀圖報，正其時也。單騎逼城下，名呼堅⊓〔四八〕∟上遣使問勞，詔還益昌。公辭曰：陛下以萬乘之尊，猶冒暑雨。⊓〔四九〕∟上聞，拊髀歎惋，如失左右手。遣軍護喪歸葬，仍命其子：速來，我⊓〔五〇〕∟子惟正請于∟朝，追封隴西公，謚曰忠烈。公天資穎悟，見善明，用心剛，⊓〔五一〕∟出師與士卒同甘苦，遇攻戰則率將校⊓〔五二〕∟璽書畀之，曰：鞏昌路已付良⊓〔五三〕∟國恩，死其分也。忠孝⊓〔五四〕∟⊔王事⊓〔五五〕∟

校勘記

〔一〕故鞏昌路後闕　碑陽文字共四行，據《隴右金石録》，前三行大字作「故鞏昌路便宜都總帥本路兵馬都總管知府事隴西忠烈公汪公神道之碑」三〇字，第四行小字作「門下潘珍書」五字。

〔二〕⊔西忠烈公汪公神道碑銘　《隴右金石録》未録首題，碑題作「汪忠烈公神道碑」。《汪氏族譜》、《漳縣金石録》作「故鞏昌路便宜都總帥兼本路兵馬督總管知府事贈隴西忠烈公汪公神道碑銘」。

（三）翰林學士承旨資善大夫□□□□□□□□□□□　「夫」後殘一〇字，《汪氏族譜》、《漳縣金石録》作「知制誥兼修國史王鶚撰」。

（四）正奉大夫中書□□□□□□□□□□□□　「書」後殘一二字，《汪氏族譜》、《漳縣金石録》作「省參知政事商挺書並拜題額」。

（五）□業之君　上闕文字，《隴右金石録》作「自古創」。

（六）而中原豪傑□　下闕文字，《隴右金石録》作「英偉之士，雲龍風虎，乘時崛起，必有戮力悉心相與助焉者耳」。

（七）□多山西　上闕文字，《隴右金石録》作「國朝肇造，其人實」。

（八）因氏焉□　下闕文字，《隴右金石録》作「西土用兵，有擢倅臨洮者，以義勇聞。若子若孫，分列旁郡，聲震夏蜀，未嘗遠徙。天興之亂，其父世顯知鞏昌，以保石門，國亡再期，而守節不變」。

（九）□闊端重兵壓境　上闕文字，《隴右金石録》作「迫皇太子」。

（一〇）□歎慰勞　上闕文字，《隴右金石録》作「太子嘉」。

（一一）享年弗永□　下闕文字，《隴右金石録》作「朝議惜之。後追封隴西公，謚義武，遺奏以仲子德臣嗣。德臣，字舜輔，賜名田哥，即忠烈公也，太夫人潘氏所生。幼嗜學，爲師門賞識。義武公」。

（一二）□七人　上闕文字，《隴右金石録》、《汪氏族譜》、《漳縣金石録》作「有子」。

（一三）□太子　上闕文字，《隴右金石録》作「遣使」，《漳縣金石録》作「遣侍」。

（一四）領軍入□　下闕文字，《隴右金石録》作「領軍入蜀，援瀘而還。乙巳，出忠、涪，將前軍，所向克捷。丙午，攻運山，率其步卒直前，俄飛石斃所乘馬，步拔外城，其弟直臣死之，戊申。討西羌，越松潘，始旋師」。

（一五）□前驅　上闕文字，《隴右金石録》作「出則」。

（一六）□帝即位　上闕文字，《隴右金石録》作「先皇」。

（一七）□稔熟公名　「稔」前殘一字，《隴右金石録》作「上」。

（一八）寔□　下闕文字，《漳縣金石録》作「取蜀漕源，即葺城雉，置官屬，刻日就緒。冬，進攻嘉定，迫城而陣。城中夜縱軍出，公逆戰，殺數百，回抵左錦，而雲頂南軍夜斫公營，覺之，遂殺千餘人，生」，《隴西金石録》作「取蜀漕源，即葺城雉，置官屬，刻日就緒。冬，回抵左綿，而雲頂南軍夜斫公營，覺之，遂殺千餘人，生」。

〔一九〕□百人以歸　「百」前殘一字，《隴右金石録》作「擒」。

〔二〇〕殺傷甚衆□　下闕文字，《隴右金石録》作「及馬漕溝，遇伏兵邀我歸路，復與之戰，又殺數百人，獲其統制羅延鶚。癸丑，詔公城益昌，諸所屯衛戍皆聽節制。時」。其中，《漳縣金石録》稍異，「及馬漕溝」作「及馬槽溝」，「羅延鶚」作「羅廷鶚」。

〔二一〕□爲皇太弟　上闕文字，《隴右金石録》作「今上皇帝」。

〔二二〕所□　下闕文字，《隴右金石録》作「請悉從。命置行部於鞏，設漕司於沔，造楮幣、給鹽引，以通商販，以貯軍儲。冬，公以兄忠臣攝總府事，使己得專事於益昌。於是度地寶峰，遣弟良」。

〔二三〕□千餘　上闕文字，《漳縣金石録》作「臣統鋭卒千餘」。

〔二四〕諸州□　下闕文字，《隴右金石録》作「環視而不敢出。甲寅春，旱，嘉陵水澀，漕運頗艱，諸將議棄之。公盡殺其所乘馬分饗將士，勞之曰」。

〔二五〕國□□□方面付我　《隴右金石録》作「國家以方面付我」。

〔二六〕兵□　下闕文字，《隴右金石録》、《漳縣金石録》作「交，擒達，殺千餘人，復獲糧五千石。尋，金牛以陸運、漁關以水運皆至，營田之麥是歲亦登，食用不匱，衆恃以安，然後招亡逃，謹斥候，行旅通便，市肆翕集，益昌遂爲名城」。《隴西金石録》稍異，「漁」作「虞」，「皆」作「偕」。

〔二七〕□獲宋提轄崔忠鄭再立　上闕文字，《隴右金石録》作「四月」。

〔二八〕悉歸之□　下闕文字，《隴右金石録》作「城中復有東南戍卒數百，公知其有去志，給券縱之，皆感泣而去。後，山寨相繼輸款，懷此義也。五月，蜀帥余晦遣都統甘潤領兵數萬城紫金山。未就，公選精騎銜枚夜突」。

〔二九〕□其栅　上闕文字，《隴右金石録》作「遂破」。

〔三〇〕悉□　下闕文字，《隴右金石録》作「獲所送資糧。十月，軍二萬復至，又敗之，獲糧百餘艘凱還，人以爲神。丙辰，再覲」。

〔三一〕□名馬　上闕文字，《隴右金石録》作「賜錦衣」。

〔三二〕架橋棧□　下闕文字，《隴右金石録》作「八千餘間，如歷坦途，行人歌頌之。戊午」。

〔三三〕□次漢中　上闕文字，《隴右金石録》作「上親征」。

〔三四〕索援於公□　下闕文字，《隴右金石録》作「公遣將赴之，與諸將約曰：『先破敵者，奏領此城。』既爲我軍首潰其圍，奏聞，詔曰：『籍記之，江南事定，當以付汝。』冬十月八日」。

〔三五〕□昌　上闕文字，《隴右金石録》作「駕幸益」。

〔三六〕西□　下闕文字，《隴右金石録》作「有劍門、陰平，皆相距不遠」。

〔三七〕□來　上闕文字，《隴右金石録》作「上曰使」。

〔三八〕敵兵曾薄□　下闕文字，《隴右金石録》作「汝城否？公奏：『仗陛下洪福，未嘗一來。』」

〔三九〕□畏爾威名耳　「畏」前殘一字，《隴右金石録》、《漳縣金石録》作「彼」。

〔四〇〕勢甚□　下闕文字，《漳縣金石録》作「湍急，問能用船幾何？公奏：『大軍百萬，難於運濟，當別議規畫。』即令鳩工架舟爲梁，一夕而辦。黎明」。

〔四一〕將□　下闕文字，《隴右金石録》、《漳縣金石録》作「佐金帛有差，仍命刻石江濱以紀其事。先是，南清以苦竹降，及清北覲，其下殺清家屬以叛。至是，命攻之。苦竹巖壁峭險，有請建天橋者」。

〔四二〕公躬率將□　下闕文字，《隴右金石録》作「士魚貫而進」。

〔四三〕楊禮猶拒□　下闕文字，《隴右金石録》作「戰，我軍奮擊，盡殪之，夷其城。公忽微疾」。

〔四四〕飲我所飲□　下闕文字，《隴右金石録》作「佩我所佩，應厥疾早瘳。公泣謝曰：『昨已蒙賜金帶，今復賜玉帶，願以前賜分遺同事忽剌木。』」

〔四五〕守將王德新遣親信詣□　下闕文字，《隴右金石録》作「公，云：『能活一郡生靈，即當效順。』公奏，受其降。十有一月八日，進攻長寧。拔之，議欲分其衆，公奏曰：『負固不服，罪在守臣，其衆何辜？止執王佐父子戮之。』」

〔四六〕聽直入□　下闕文字，《隴右金石録》作「奏。至大獲山，宋軍出護水門，公奪之。是夜，守將楊大淵遣子乞活數萬人命，公引至御榻，爲之請。詰旦，大淵等率衆以降。大淵嘗害所遣使，時欲罪之，公請曲赦，以勸來者」。

〔四七〕遂□　下闕文字，《隴右金石録》作「抵釣魚山。其將王堅素恃江險，公力戰，奪戰船數百餘艘，殺傷不可勝計。公遣人諭以禍福，攻圍凡五閲月不下。公指心自誓曰：吾家累世受恩，常恨不能報。今」。

〔四八〕名呼堅□　下闕文字，《隴右金石録》作「曰：『吾來活汝一城軍民耳！』語未既，幾爲飛石所中，公遂感疾」。

〔四九〕猶冒暑雨□　下闕文字，《隴右金石録》作「臣待罪戎行，死復何憚！又遣丞相兀貞賜湯劑，以縉雲山寺高爽，命往居之。公雖卧病，見山多大木，猶命工度材造舟，爲東下計。俄以疾薨，時己未六月二十一日也，春秋三十有八」。

〔五〇〕我□　下闕文字，《隴右金石録》作「必有以處之。鞏昌吏民出迎者莫不哀慟。公夫人黃擲氏，以賢淑稱。子六人：長惟正，襲便宜都總帥，次惟賢、惟和、惟明、惟能、惟純。女一，適抱。以其年十月葬公古障，附祖塋也。中統壬戌，嗣」。按，「抱」應爲「包」。

〔五一〕用心剛□　下闕文字，《隴右金石録》作「事無巨細，裁決適宜。握兵十七年未嘗妄殺，寬厚和易，有長者風。孝于親，友于兄弟，輯睦宗族，一無間言。輕財樂施，愛恤軍民，將士僚佐有疾、故，必親問吊，未嘗以富貴驕人。至其莅衆馭下，小有弗謹，不加以辭色。凡」。

〔五二〕遇攻戰則率將校□　下闕文字，《隴右金石録》作「先登，故人樂爲之用。士類入樊中者，多所拯拔。雖在軍旅，數引儒生誦説經史。每與賓客會飲，必使盡歡。事有關於軍國，則夙夜無寐，焦心勞思，故年未強而鬚髮頒白。初，南征過劍門，呼母弟翰臣，悉以前後」。

〔五三〕鞏昌路已付良□　下闕文字，《隴右金石録》作「臣，府事汝其任之。吾家世受」。

〔五四〕忠孝□　下闕文字，《隴右金石録》作「不兩全，儻得死所，汝兄弟善事母太夫人，無俾貽憂。言訖，躍馬就道。觀公此言，可謂奮不顧身，志於殉國者矣。公之兄忠臣殁於副總帥，弟直臣殁於中翼都總領，佐臣殁於奥魯都總領，良臣軍前便宜都總帥，翰臣攝其職，清臣率鞏昌。兄弟七」。

〔五五〕□王事□　《隴右金石録》作「人，殁於王事者半，可謂忠義一門，雖衛青之於漢，卞壼之於晉，宜無少讓。歲丁卯，嗣帥走書數千里，持門下士潘珍所爲行狀乞銘於余，曰：『惟正不孝，不幸先人早逝世。惟平昔爲國忠節，身名俱榮，章章在人耳目。竊欲刻貞石以慰孝思，非大手無可托者。』予於中統二年，承乏翰林，奉旨爲義武忠烈作追封謚草，雅知二公之忠。五年，始識今帥於上都。帥來拜謝，且以碑銘見屬。予諾之。今兹來請，義不容辭，乃即其狀而銘之。銘曰：西州著姓，因官氏汪。一門忠義，烈日秋霜。維忠烈公，嗣總戎行。奉命徂征，所至靡抗。欲下苦竹，先城益昌。長江之險，如一葦航。鐵衣百萬，虎賁龍驤。料敵制勝，績用章章。帝曰汝嘉，待之異常。帶以手授，酒以手觴。天胡不憫，壞此棟梁？輀車所至，軍民涕滂。賴有賢嗣，紹克餘芳。請謚封爵，存殁有光。追述忠烈，孝思不忘。亭亭豐碑，樹之祠堂。子繼孫承，公維不亡」。

七　至元四年雙龍戲蓮紋銅鏡　至元四年

至元四年雙龍戲蓮紋銅鏡，至元四年（一二六七）造。一九七二年出土於甘肅省漳縣汪氏墓一號墓，現存漳縣博物館。青銅鑄造，圓形，半球鈕。直徑二二點五釐米，厚零點七五釐米。鏡背寬緣，飾減地雕雙龍戲蓮紋，鈕座方框内鑄楷書陽文「至元四年」四字，四字空隙間又鎸刻陰文八字。甘肅省博物館、漳縣文化館《甘肅漳縣元代汪世顯家族墓葬》（《文物》一九八二年第二期）著録。

至元四年雙龍戲蓮紋銅鏡（至元四年）鏡背照片

至元四年雙龍戲蓮紋銅鏡（至元四年）鏡面照片

至元四年雙龍戲蓮紋銅鏡（至元四年）銘文照片

録文

至元∟四年∟

長安∟製造∟出自∟□家〔一〕∟

校勘記

〔一〕長安製造出自□家　《甘肅漳縣元代汪世顯家族墓葬》作「長安□家□□製造」。

八　漁關醮提領印　至元五年

漁關醮提領印，至元五年（一二六八）閏正月造。一九七九年收購於甘肅省徽縣農副公司魚關收購門市鋪，一九八〇年徽縣文化館徵集，現存徽縣博物館。印銅質，印體呈方臺狀，梯形橛鈕。印面邊長五點六至五點七釐米，厚一點六釐米，鈕高、寬、厚分别爲四點三、三點八、一點二釐米。印面鑄九疊篆陽文「漁關醮提領印」二行六字。印背刻楷書陰文三行一九字。熊國堯《元代「漁關醮提領印」淺證》（《敦煌學輯刊》，一九八二年）、蔡副全《隴南金石題壁萃編》（中華書局，二〇二一年）著録。党寶海《十六方元朝驛站官印集釋》（《元史及民族與邊疆研究集刊》第二五輯，二〇一三年）有考釋。

漁關醮提領印（至元五年）印背照片

漁關醮提領印（至元五年）印體照片

漁關蘸提領印（至元五年）印文照片

漁關蘸提領印（至元五年）印文拓片

録文

印文

漁關蘸」提領印」

印背

至元五年潤正月」□監造官□□□」行中書省發。」

九　玉仙山會明巖題記　至元八年

《玉仙山會明巖題記》，至元八年（一二七一）四月刻。現存甘肅省天水市甘谷縣古坡鎮大卜峪村南溝林區字崖灣一處石崖上，高一六〇釐米、寬一〇〇釐米。題記楷書，現存一一行。趙法真題。

題記記述秦州伏羌城玉仙山會明巖通靈庵住持李熙玉及徒衆十五人在此建修道庵之事。

玉仙山會明巖題記（至元八年）巖體照片

玉仙山會明巖題記（至元八年）全景照片

録文

玉仙山會▯本山住持係潼州路遂寧蓬溪利谷人氏，流寓乚本朝陝西路。本山係秦州伏羌城，本庵道衆計十五人，山主是乚金闕三皇法師李諱熙玉，號爲絶粒。五年，遊山到此，建庵修行。乚本師金城太陽通玄真人張道謙、張道本，在煉真岩開教，世位當乚虎必立繼位□。本山係己巳歲興隆。辛未至元八年四月十五日記耳。乚

□□□□□□，五百年前一會中。乚□□□□□□君，因緣又遇再相逢。乚

阿只吉大王作本庵功德主是也。左玄真人李吟□□□。乚

本山庵主李道法▯乚玉仙山會明嵓通靈宮，修造主法師趙法真題。乚庵主李緣鎮。乚

一〇　重修北極宫碑　至元十二年

《重修北極宫碑》，至元十二年（一二七五）八月立。現存甘肅省隴南市成縣金石殿仙人崖北壁，距地面高度約五米，摩崖而刻，浮雕碑首、碑身、碑座。碑圓首，碑身長方形，座爲四足方牀須彌式。通高二八八釐米，寬一一二釐米，首高六〇釐米，座高四二釐米。額題篆書「重修北極宫碑」三行六字。碑文楷書，三三行，滿行四七字。盤溪子撰，王□□書丹，馮□□篆額。《（乾隆）成縣新志》、陳垣《道家金石略》（文物出版社，一九八八年）、張維《隴右金石録》（蘭州古籍書店，一九九〇年）、趙逵夫主編《隴南金石校録》（社會科學文獻出版社，二〇一八年）、蔡副全《隴南金石題壁萃編》（中華書局，二〇二一年）著録。

碑文記述成州文武官員等出資修建北極宫及玉皇殿、靈官祠經過。

重修北極宫碑（至元十二年）碑體照片

重修北極宮碑（至元十二年）碑首照片

重修北極宮碑（至元十二年）碑座照片

重修北極宮碑（至元十二年）全景照片

重修∟北極∟宮碑（額）∟

重修北極宮記∟

同谷對鏡〔一〕，南山嵓嵓，青嶂環列。東顧鳳凰，西枕雞峰〔二〕，仰參雲霄，俯瞰龍峽，壁立萬仞，遠眺如道士之容，此其所以得名也。轉∟運游公留題云：「玉作冠簪石作骸，道衣鶴氅就巖裁〔三〕。精神似轉靈丹就，氣象如朝玉帝回。兩眼遠觀獅子洞，一身遥望鳳凰∟臺。自從跨鶴歸山去，直到如今不下來。」此詩寫盡其景矣！懸崖置屋，有∟玄帝及朱真人、保和真人聖像〔四〕。崖下舊有祥雲觀基，擬欲重修。以大宋乾道壬辰，甘露降乎仙崖〔五〕，龜蛇見于聖境，豈非∟真遊之瑞應耶？自兵火後〔六〕，殿閣隤圮，道路荆棘，∟聖像雖存，香火之奉缺如也。有武信軍蓬溪縣謝先生者，因丙申蜀難，飄泊隴西、臨洮間，見時世未寧，遂捨俗出家，後禮□∟自然子爲師，得通玄法，專以濟生度死爲念〔七〕，行符設藥，治病救人，無不効者。見大軍經過處〔八〕，横屍滿路，在在暴骨，動怵惕惻∟隱之心，自隴西、臨洮諸州，遍巡道路原野〔九〕，身負畚鍤，掩骼埋胔〔一〇〕，十有八年〔一一〕，不知幾千人矣！比至西康州主老元帥武侯見其∟積功修行〔一二〕，請住道士崖，同陳先生焚獻。不幸陳早歸化，後得順慶何意真、墊江何正真協力同心，率徒衆櫛風沐雨，自劬木∟石之功，補廢枝傾，修建∟玉皇殿、北極宮、靈官祠，廚房倉庫，一一全備。棟宇翬飛，樓閣壯麗，迥出煙霞之表，顯昭僊靈之古跡，真西康之勝境也。∟近來有遊山薦香者，於嵓洞石壁間〔一三〕，時聞鍾磬之音。此地與仇池不遠，無乃亦通於小有洞天者乎？落成，索予爲記。予不敏〔一四〕，∟爲紀其實〔一五〕，以詔來者〔一六〕，傳諸不朽云。

至元乙亥仲秋〔一七〕，普慈盤溪子記。∟成州道門提點淳靜子王□□書丹。∟葆光沖虚大師、宣授鞏昌路都道録兼利路道門提點馮□□篆額〔一八〕。∟開山住持謝成真、何意真、何玉真等上同∟本師自然子馮世裕、張世□□□□等立石。∟

同修造法眷□悟真　陳緣真　□師沈遇真　楊坤□　石匠王坤進　張坤□　武坤□　□□□　張刊若　∟成州天慶觀王□□萬壽宮住持前道門提點□道□　∟金洋州節度判官朱安□　∟金洋州帥府經歷武壽　∟金洋州前帥府參議都總領鐔之祥　∟金洋州同知節度使兼諸軍奧魯李

偉　㇄成州節度判官張懷信　㇄成州前節度副使郝孝義　㇄成州帥府經歷兼權奧魯都總領陳良翰　㇄成州前奧魯都總領權同知事武□　㇄成州前副元帥同知節度使武祥　㇄宣授金洋州元帥長官節度使兼諸軍奧魯雷光顯　㇄宣授成州副元帥同知節度使兼諸軍奧魯武□　㇄宣授成州元帥長官節度使兼諸軍奧魯武祐　㇄宣授西利成□打剌火赤張虎都□花　㇄

校勘記

〔一〕同谷對鏡　「鏡」，《隴右金石録》作「景」。

〔二〕西枕雞峰　「枕」，《隴右金石録》作「接」。

〔三〕道衣鶴氅就巖裁　「鶴」，《隴右金石録》作「褐」。「巖」，《隴右金石録》作「崖」。

〔四〕保和真人聖像　「保」，《隴右金石録》作「并」。

〔五〕甘露降乎仙崖　「乎」，《隴右金石録》作「於」。

〔六〕自兵火後　「火」，《隴右金石録》作「燹」。

〔七〕專以濟生度死爲念　「專」，《隴右金石録》作「時」。「度」，《隴右金石録》作「渡」。

〔八〕見大軍經過處　「軍」，《隴右金石録》作「兵」。

〔九〕遍巡道路原野　「路」，《隴右金石録》作「隰」。

〔一〇〕掩骼埋胔　「胔」，《隴右金石録》作「骸」。

〔一一〕十有八年　「八」，《隴右金石録》作「餘」。

〔一二〕比至西康州主老元帥武侯見其積功修行　「主」，《隴右金石録》作「王」。

〔一三〕於嵓洞石壁間　「嵓洞石壁」，《隴右金石録》作「崖壁」。

〔一四〕予不敏　「敏」，《隴右金石録》作「文」。

〔一五〕爲紀其實　「實」，《隴右金石録》作「始末」。

〔一六〕以詔來者　「者」，《隴右金石録》作「兹」。

〔一七〕至元乙亥仲秋　「乙亥」，《隴右金石録》作「辛亥」。「仲」，《隴右金石録》作「年」。

〔一八〕宣授鞏昌路都道録兼利路道門提點馮□□篆額　「馮」後殘二字，《隴南金石題壁萃編》作「抱珍」。

一一　創修崆峒山寶慶寺記　至元十五年

《創修崆峒山寶慶寺記》，至元十五年（一二七八）八月立。現存甘肅省平涼市崆峒區崆峒山東臺。碑青灰色石灰石質，碑座已佚，現存四螭碑首、長方形碑身。通高二五〇釐米，碑首高八八釐米，碑身高一六二釐米，碑首寬九六釐米，碑身寬八〇釐米，厚二九釐米。碑陽圭形額内題雙鈎隸書「寶慶寺記」二行四字。碑文楷書，二〇行，滿行三八字。商挺奉旨撰并書丹。碑陰爲藏文，局部於明嘉靖五年（一五二六）磨去後鎸刻監察御史郭登庸題記。現存藏文碑文磨泐嚴重，録文從略。清張伯魁《崆峒山志》、張維《隴右金石録》（蘭州古籍書店，一九九〇年）、仇非主編《新修崆峒山志》（甘肅人民出版社，一九九六年）、吴景山《崆峒山金石校釋》（甘肅文化出版社，二〇一四年）著録。

碑文記載安西王忙哥剌崇奉藏傳佛教，興建崆峒山寶慶寺經過。

創修崆峒山寶慶寺記（至元十五年）碑體照片

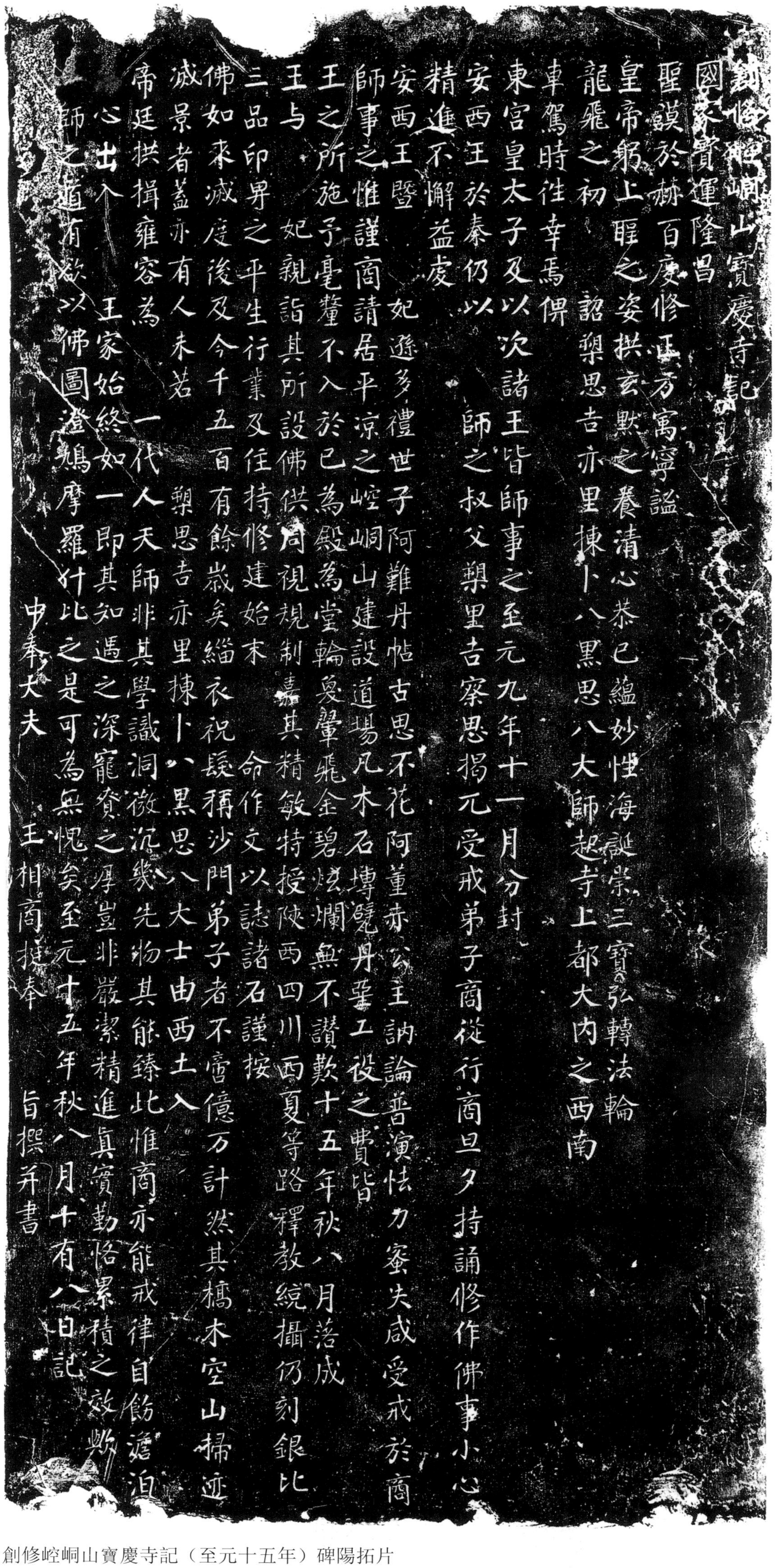

創修崆峒山寶慶寺記（至元十五年）碑陽拓片

創修崆峒山寶慶寺記∟

寶慶∟寺記（額）∟

國家寶運隆昌，∟聖謨於赫，百度修正，方寓寧謐。∟皇帝躬上聖之姿，拱玄默之養，清心恭己，蘊妙性海，誕崇三寶，弘轉法輪。∟龍飛之初，詔槊思吉亦里揀卜八黑思八大師起寺上都大內之西南，∟車駕時往幸焉。俾∟東宮皇太子及以次諸王皆師事之。至元九年十一月，分封∟安西王於秦，仍以師之叔父槊里吉察思揭兀、受戒弟子商從行。商旦夕持誦，修作佛事，小心∟精進，不懈益虔。∟安西王暨妃遜多禮，世子阿難丹、帖古思不花、阿董赤，公主訥論普演怯力蜜失咸受戒於商，∟師事之惟謹。商請居平涼之崆峒山，建設道場。凡木石塼甓、丹堊工役之費，皆∟王之所施予，毫釐不入於己。爲殿爲堂，輪奐翬飛，金碧炫爛，無不讚歎。十五年秋八月落成，∟王與妃親詣其所設佛供，周視規制，嘉其精敏，特授陝西、四川、西夏等路釋教統攝，仍刻銀比∟三品印畀之。平生行業及住持修建始末，命作文以誌諸石。謹按：∟佛如來滅度後，及今千五百有餘歲矣，緇衣祝髮稱沙門弟子者不啻億万計，然其槁木空山、掃迹∟滅景者蓋亦有人，未若槊思吉亦里揀卜八黑思八大士由西土入∟帝廷，拱揖雍容，爲一代人天師，非其學識洞微、沉幾先物，其能臻此？惟商亦能戒律自飭，澹泊∟爲心，出入王家，始終如一。即其知遇之深，寵賚之厚，豈非嚴潔精進，真實勤恪，累積之效歟？∟二師之道，有欲以佛圖澄、鳩摩羅什比之，是可爲無愧矣！

至元十五年秋八月十有八日記。∟中奉大夫、王相商挺奉旨撰并書。∟

一二　駙馬忠惠汪公（良臣）墓碑　至元十八年

《駙馬忠惠汪公（良臣）墓碑》，至元十八年（一二八一）立。原存甘肅省定西市漳縣汪家墳汪良臣墓前，現存漳縣博物館。碑首身相連，首殺角呈梯形，碑身長方形，下端出榫，碑座已佚。高一〇〇釐米，寬五〇釐米，厚八釐米。碑陽周邊刻減地卷草紋，額部刻減地牡丹紋。碑文楷書，四行，滿行八字。《漳縣金石録》（漳縣文史資料委員會，二〇一〇年）、汪楷主編《隴西金石録》（甘肅人民出版社，二〇一一年）著録。

駙馬忠惠汪公（良臣）墓碑（至元十八年）碑體照片

大元駙馬資善大夫
中書左丞行四川省
事贈儀同三司中書
右丞謚忠惠汪公墓

駙馬忠惠汪公（良臣）墓碑（至元十八年）碑文拓片

録文

大元駙馬、資善大夫、∟中書左丞行四川省∟事、贈儀同三司中書∟右丞、謚忠惠汪公墓∟

一三　大元中書左丞貞肅汪公（惟正）神道碑　至元二十三年

《大元中書左丞貞肅汪公（惟正）神道碑》，至元二十三年（一二八六）立。原存甘肅省定西市隴西縣城南門外大碑院，現存隴西縣仁壽山公園。碑漢白玉質，碑首、碑座已佚，現碑首屬於誤置。殘存碑身高二八四釐米，寬一三九點五釐米，厚四〇釐米。碑陽飾纏枝牡丹紋邊框。碑陽楷書，四行，滿行九字。宋渤書。碑陰楷書，三四行，滿行八四字。商挺撰并書，高凝篆額。張維《隴右金石録》（蘭州古籍書店，一九九〇年）、《漳縣金石録》（漳縣文史資料委員會，二〇一〇年）、汪楷主編《隴西金石録》（甘肅人民出版社，二〇一一年）著録。

碑文記載汪惟正生平及家族世系。

大元中書左丞貞肅汪公（惟正）神道碑（至元二十三年）碑體照片

大元中書左丞貞肅汪公（惟正）神道碑（至元二十三年）碑陽照片

大元中書左丞貞肅汪公（惟正）神道碑（至元二十三年）碑陰照片

録文

碑陽

大元故資德大夫中書∟左丞行陝西四川中書∟省貞肅汪公神道之碑∟

集賢學士、太中大夫宋渤書。鞏昌石匠提領王煥刻。∟

碑陰

□□□□□□□□□□行陝□四川中書省事謚貞肅汪公神道之碑銘〔一〕∟

正奉大夫、前參知政事、樞密副使商挺撰并書。□□侍讀學士知制誥、同脩國史、朝列大夫、陝西漢中道肅政廉訪使高凝篆額〔二〕。∟

□□□□□智〔三〕，輔弼世主，以至克有成功，謹獲封爵之賞。後嗣忘祖考之勤，濫以罪廢，幸而□□者或存〔四〕，古今一轍，未有不然者矣！∟□□□□□□□俊以定天下〔五〕，因裂地而侯之，厥初曷嘗不欲與國同休？逮今五六十載，其子孫□□陵夷〔六〕，或轉遷藩府，或降爲卑官，或至於黜絶。惟隴西汪氏不失舊封，然非∟□□□□□□□之也〔七〕，抑其能□世像賢歟〔八〕！考之於《書》，穆王命君牙曰：「惟乃祖乃父，世篤忠□，□□王家〔九〕，厥有成績，紀于太常。今命爾予翼，作股肱心膂，纘乃舊服，無忝爾祖考！」若便宜總帥義武公納土歸國，便∟□□□□□□□定遠〔一〇〕，合於所□「紀於太常」者〔一一〕。貞肅公竭忠徇國，夷大難者三，合於所謂「無□□□考」者〔一二〕，遂爲一代宗臣之家，盛矣哉！公諱惟正，字公理，忠烈公之家嫡。自幼入小學，記誦超凡兒。既長，喜收書，蜀中得∟□□□□□□□□昌私第〔一三〕，一貯□□川別墅〔一四〕，時與文士抽繹商略古今理亂、將相始終得失，□□戰陣、奇正〔一五〕、孤虚、風角，若指諸掌。每出獵，部勒從騎，爲備揚倚伏之狀。識者咸謂後必能爲國爪牙。戊午歲，忠烈公扈從∟□□□□□□□□□合州〔一六〕，薨於□〔一七〕。公在襄武，諸伯叔、衆門下將吏李庭玉等以公應嗣，奏於□在所〔一八〕，有旨召公。未及覲見，∟□□□□□□□□皇姪壽王〔一九〕，乃以公襲爵，佩其金虎符。始入蜀，守青居山。庚申，∟□□□□，□□□統〔二〇〕，□陝西四川宣撫司〔二一〕，治長安。是年，公真授鞏昌等二十四處便宜都總帥。初，∟□□□□□□海守六盤山〔二二〕，騎兵二萬；以大將乞待不花守青居，兵數千。至是，六盤兵叛□□□〔二三〕，宣司方併秦隴兵追襲，未克，甘涼已囂然。繼聞乞待不花有異志，宣司遣使與公計蜜圖之，曰：「六盤、青居實相表裏，∟□□□□，□□□應[二四]，一旦脅諸軍叛亂，蹂漢中，出散關，秦力不支，以重朝廷西顧憂，公將□□？」□毅然曰[二五]：「速則有濟，議決矣！」是夜，遣力士縛乞待不花帳中，縊殺之，後果得反狀。上嘉其功，東川軍事悉以委公。∟□□□□朝[二六]、賜甲冑、寶鞍。又明年，詔公還於鞏昌。鞏昌西有火都者，部長也，剛很不□，□鞏民患有素[二七]。承六盤之亂，亦以部兵叛，狐疑狁豫，去留未決，旁掠四民，咸被其害。公曰：「彼猰犬也，狂噬方疾，且戰我境∟內，當□□□□[二八]！苟不利，城邑爲墟，隴右不靖，惟勝之以不戰耳！」大徵兵踵之，不與戰。彼欲休，我則□□；□欲戰[二九]，我則避之。延兩月，涉千里，彼食乏，勢日蹙，公曰：「可矣！」屢戰屢捷，彼遂窘。先遣三十約降，公以二十人留，令十人∟還報火都曰：「可速來！」因潛兵躡其後，彼不意兵倏至，擒火都，殺之，西人始安。上多公三世□□□贈祖考謚爵[三〇]，祖曰義武，考曰忠烈，並封隴西郡公。再封祖妣潘氏貞順夫人，妣皇擱氏臨潢郡夫人。至元七年，宋人∟復修合州爲重慶捍蔽，詔公□武勝軍以距之[三一]。公作柵，臨嘉陵江以扼水道。日必閱武，旬□□□士[三二]，創城守具，夜懸大燈柵腹，又作新意，篊竹盛炬，順地勢轉走，以燭百步外，閑不□□人覘知有備[三三]，不復入襲，且知∟我軍精勇，不敢輕戰。九年，□詔公招合州、重慶諸山寨，不克；掠忠、涪，獲令、簿各一人。又破□□、□文[三四]、何老、土居、清平、鄧舍、帖平七寨，生擒其守將六人，户降千六百有奇，捕虜五百人。丞相伯顔克襄陽，議取宋。∟公志亦將東，奏于朝庭：「西蜀□下者數城[三五]，几上肉爾，守兵已多。餘杭不守，此將焉往？臣願□□□兵由嘉陵下夔峽[三六]，與伯顔會於錢塘，一戰而死，庸報答國恩。」上嘉，遣使賜公及諭之曰：「四川地重，非卿莫∟守。他日蜀平，功豈劣於彼耶？姑務□功[三七]，以成朕志。」是後，兩川行樞密院合兵圍重慶，詔公益□□□下[三八]，公以奇兵克其洪崖門，獲其將何統制。皇子安西王既胙土秦蜀，因鞏人之思公，乃召公還。十四年冬十月，∟詔王北伐。明年春，公方稟事王相府，藩王土魯叛於六盤，王相府以安西監郡別速帶領兵千□□□公爲副[三九]。監郡不閑兵事，軍行亂次。越三日，公曰：「兵不可以無律也。」始正部曲行陳，擊刁斗，設營衛，監郡倚公爲重。抵∟平涼，先以檄徵鞏兵。是日，至者八十人，皆健鬭者。公曰：「此足用，吾無憂矣！」至六盤，叛者據西山，□□□兵爲左右翼[四〇]，獨以鞏兵居中。前未至里許，皆下馬持弓矢。公方與督戰，中貴上食。中貴變色辭謝，公曰：「無恐，第觀士∟戰。」彼遣百騎突我，公令曰：「引滿毋發！」將及，公又令曰：「視必中而發！」又漸逼，衆矢齊發，飲鏃者三□□，□馳還[四一]。公麾兵逐之，爭走險。我登則彼下，我下則彼登，三踰山而北。追至武延川之蕭河，先獲叛將燕只哥，繼獲土魯。∟安西至自北伐，公迎拜道左。王枚數其功以勞之，曰：「□日深知總帥矣！」[四二]大宴王府，論功行□□□金尊[四三]、金盃、貂裘，飲以巵酒。執事贊曰：「賞功也，毋拜！」致公位諸將上，衣貂。將就位，始再拜於王，禮也。明日，公啓稟∟王妃曰：「臣有母，曩者之戰，以兵寡不敢爲臣憂。戰而報□□已辱上賞[四四]，不識老母能霑湛恩否[四五]？」妃曰：「汝克忠我家，我寧不念而母耶？」賜珠絡帽衣。公入謝，妃曰：「汝母福人，有子如是，故得皇家兒婦製衣。持歸，壽而母。」∟上召公來朝，比至京師，遣使者數輩速其至。及見，賜享，□玉食以食之〔四六〕，賜白金五千兩，錦衣一□，□□吾衛上將軍〔四七〕、開成路宣慰使。十七年，授龍虎衛上將軍，拜中書左丞，行秦蜀中書省。治長安去蜀遠，虞緩急失事宜，∟皇太子召公議，乃分政入蜀。公□□邊陲〔四八〕，□詔不□□白玉帶〔四九〕，皇太子亦賜錦衣。蜀□□□殘〔五〇〕，民無完户，居荒山野草間，一聞馬嘶，驚畏如雷霆，輒卷衣被逃避。公歎曰：「沃野良是，耕鑿葺舊者無幾，何以爲治？」∟乃下令禁官吏、軍士，侵擾者抵罪。□清事簡〔五一〕，蜀人便之。□□□遷資德大夫〔五二〕，仍舊職。二十二年，□□□西四川行中書省左丞〔五三〕，還治長安。公朝上都，感腹疾。上遣醫賜藥，尚膳賜食，疾稍平。條奏數事，上皆嘉納∟焉。乃西歸，八月至華州，疾復劇，□□□□在側〔五四〕，公謂曰：「我將不起，祖妣、吾父不得終養，吾母□□□〔五五〕，可恨已。」他事皆不及。薨，實二十有九日也，享年四十四。十一月初四日，歸葬鞏昌鹽川之祖塋，禮也。先娶石抹氏，卒。∟憲宗以故丞相耶律鑄長女爲配，□□□□以及下〔五六〕，□人稱其婦道焉〔五七〕。二子：長嗣昌，武略將□、□□等路管軍副萬户〔五八〕；次壽昌，昭勇大將軍、鞏昌等二十四處便宜都總帥兼鞏昌府尹。三女：長適元帥蒲察瑞，餘在室。∟上聞公薨，嗟惜久之，命太常謚，曰□□。□□閥閲〔五九〕，□□□氣習〔六〇〕。外若和易，其中繩墨皎然。居家□□□其孝愛〔六一〕，待親戚宿將曰伯叔伯舅，恩禮浹洽，皆得其歡心。及臨事發號令，斬斬然無毫髮貸。家人僚吏或不相中，咸∟欲有訴，侍公座隅，覩□□□〔六二〕，皆色□□□，不復啓而自止矣。雖臨大敵，意閑思暇，未嘗疾言遽□，□□攻取〔六三〕，屬秦人之望者二十年。謙慎抑畏，終不以功名自高，而好賢樂善之實，有不勝書者矣。論者謂克纘武功，光照∟先烈。公爲天下諸將最，信然。天命□□□□□□□〔六四〕，以予嘗在秦，知公爲深，挈諸孤以公□□□爲請〔六五〕，曰：「圖不朽計，非相君其誰託？」噫！公逝矣，予老矣，感念疇昔，尚忍銘公墓耶？辭不獲已，爲次第之，繫之以銘。銘曰：∟

山西出□，□出將門。粵□汪氏〔六六〕，合古有言。義武始基，忠烈勤垣。及公□□〔六七〕，有子有孫。秦蜀三叛，鯨踵而奔。公以折箠，□斃孤豚〔六八〕。∟皇帝曰忠，□馬斯蕃〔六九〕。皇子安西，旌以金尊。國初納土，比肩作藩。彼爲□□〔七〇〕，我固本根。未艾而薨，鞏人則冤。勳藏盟府，□□者存〔七一〕。鹽川之阡，羊虎行蹲。刻詩麗牲，永□忠魂〔七二〕。∟

校勘記

〔一〕□□□□□□□□□□□行陝□四川中書省事謚貞肅汪公神道之碑銘　《漳縣金石録》作「大元故資德大夫中書左丞行陝西四川中書省事謚貞肅汪公神道

之碑銘」。

〔二〕□□侍讀學士知制誥同脩國史朝列大夫陝西漢中道肅政廉訪使高凝篆額　《隴西金石録》、《漳縣金石録》作「翰林侍讀學士、知制誥、同修國史、朝列大夫、陝西漢中道肅政廉訪使高凝篆」。

〔三〕□□□□□智　《隴西金石録》、《漳縣金石録》作「夫人臣竭力盡智」。

〔四〕幸而□□者或存　《隴西金石録》、《漳縣金石録》作「幸而忠謹者或存」。

〔五〕□□□□□□俊以定天下　《隴西金石録》、《漳縣金石録》作「大元受命，總率雄俊以定天下」。

〔六〕其子孫□□陵夷　《隴西金石録》、《漳縣金石録》作「其子孫日漸陵夷」。

〔七〕然非□□□□□□之也　《隴西金石録》、《漳縣金石録》作「然非國家恩有厚薄、獨私之也」。

〔八〕抑其能□世像賢歟　《隴西金石録》、《漳縣金石録》作「抑其能繼世像賢歟」。

〔九〕世篤忠□□王家　《隴西金石録》、《漳縣金石録》作「世篤忠貞，服勞王家」。

〔一〇〕便□□□□□□□定遠　《隴西金石録》、《漳縣金石録》作「便宜總帥忠烈公恢武定遠」。

〔一一〕所□紀於太常者　《隴西金石録》作「所謂『紀於太常』者」。

〔一二〕所謂無□□□考者　《漳縣金石録》作「所謂『無忝祖考』者」。

〔一三〕蜀中得□□□□□□昌私第　《漳縣金石録》作「蜀中得二萬餘卷，一貯於鞏昌私第」。

〔一四〕一貯□□川別墅　《隴西金石録》、《漳縣金石録》作「一貯於蓼川別墅」。

〔一五〕□□戰陣奇正　《隴西金石録》、《漳縣金石録》作「兵家戰陣奇正」。

〔一六〕忠烈公扈從□□□□□□□□合州　《隴西金石録》、《漳縣金石録》作「忠烈公扈從憲宗皇帝入蜀，攻釣魚、合州」。

〔一七〕薨於□　《隴西金石録》、《漳縣金石録》作「薨於軍」。

〔一八〕奏於□在所　《隴西金石録》、《漳縣金石録》作「奏於行在所」。

〔一九〕□□□□□□□皇姪壽王　《隴西金石録》作「而憲宗棄羣臣。請於皇侄壽王」，《漳縣金石録》作「憲宗棄羣臣。請於皇侄壽王」。

〔二〇〕□□□□□□統　《隴西金石録》、《漳縣金石録》作「今上即位，建元中統」。

〔二一〕□陝西四川宣撫司　《隴西金石録》、《漳縣金石録》作「立陝西四川宣撫司」。

〔二二〕□□□□□□海守六盤山　《隴西金石録》、《漳縣金石録》作「憲宗以大將渾都海守六盤山」。

〔二三〕六盤兵叛□□□　《隴西金石録》作「六盤山叛將北歸」，《漳縣金石録》作「六盤兵叛，將北歸」。

〔二四〕□□□□□□□應　《隴西金石録》、《漳縣金石録》作「彼既先叛。此若外應」。

〔二五〕公將□□□毅然曰　《隴西金石録》、《漳縣金石録》作「公將奈何？公毅然曰」。

〔二六〕□□□□□朝　《隴西金石録》、《漳縣金石録》作「二年，公始入朝」。

〔二七〕剛很不□□犖民患有素　《隴西金石録》、《漳縣金石録》作「剛很不檢，爲犖民患有素」。

〔二八〕當□□□□　《隴西金石録》作「當與之戰耳」，《漳縣金石録》作「當與之戰」。

〔二九〕我則□□□欲戰　《隴西金石録》、《漳縣金石録》作「我則擾之；彼欲戰」。

〔三〇〕上多公三世□□□贈祖考謚爵　《隴西金石録》、《漳縣金石録》作「上多公三世元勛特贈祖考謚爵」。

〔三一〕詔公□武勝軍以距之　《隴西金石録》、《漳縣金石録》作「詔公立武勝軍以距之」。

〔三二〕旬□□□士　《隴西金石録》作「旬日以享士」，《漳縣金石録》作「旬日以饗士」。

〔三三〕閑不□□人覘知有備　《漳縣金石録》作「閑不虞。宋人覘知有備」。

〔三四〕又破□□□文　《隴西金石録》、《漳縣金石録》作「又破落甕、羅文」。

〔三五〕西蜀□下者數城　《隴西金石録》、《漳縣金石録》作「西蜀未下者數城」。

〔三六〕臣願□□□兵由嘉陵下夔峽　《隴西金石録》作「臣願以本部兵由嘉陵下夔峽」，《漳縣金石録》作「臣願以本部兵圍嘉陵下夔峽」。

〔三七〕姑務□功　《隴西金石録》、《漳縣金石録》作「姑務近功」。

〔三八〕詔公益□□□下　《隴西金石録》、《漳縣金石録》作「詔公益兵助城下」。

〔三九〕別速帶領兵千□□□公爲副　《隴西金石録》、《漳縣金石録》作「王相府以安西監郡別速帶領兵數千而西，以公爲副」。

〔四〇〕□□□兵爲左右翼　《隴西金石録》作「分安西兵爲左右翼」。

〔四一〕歃鏃者三□□□馳還　《隴西金石録》作「歃鏃者三之一，馬馳還」。

〔四二〕□日深知總帥矣　《漳縣金石録》作「今日深知總帥矣」。

〔四三〕論功行□□金尊　《隴西金石録》作「論功行賞，授公金尊」。

〔四四〕戰而報□□已辱上賞　《隴西金石録》作「戰而報捷，昨已辱上賜」。

〔四五〕不識老母能霑湛恩否　《漳縣金石録》作「不識老母能沾甚恩否」，《隴西金石録》作「不識老母能霑其恩否」。

〔四六〕□玉食以食之　《隴西金石録》、《漳縣金石録》作「推玉食以食之」。

〔四七〕錦衣一□□□吾衛上將軍　《隴西金石録》、《漳縣金石録》作「錦衣一襲，授金吾衛上將軍」。

〔四八〕公□□邊陲　《隴西金石録》、《漳縣金石録》作「公乞效邊陲」。

〔四九〕□詔不□□白玉帶　《隴西金石録》作「優詔不允，上賜白玉帶」，《漳縣金石録》作「優詔不復允。賜白玉帶」。

〔五〇〕蜀□□□殘　《隴西金石録》、《漳縣金石録》作「屬自被兵殘」。

〔五一〕□清事簡　《隴西金石録》、《漳縣金石録》作「政清事簡」。

〔五二〕□□□遷資德大夫　《漳縣金石録》作「二十年，遷資德大夫」。

〔五三〕□□□西四川行中書省左丞　《隴西金石録》、《漳縣金石録》作「復授陝西四川行中書省左丞」。

〔五四〕□□□□□在側　《隴西金石録》、《漳縣金石録》作「弟惟能、惟和在側」。

〔五五〕吾母□□□　《隴西金石録》、《漳縣金石録》作「吾母又如是」。

〔五六〕□□□□□以及下　《漳縣金石録》作「順以事上，慈以及下」。

〔五七〕□人稱其婦道焉　《漳縣金石録》作「邦人稱其婦道焉」。

〔五八〕武略將□□□等路管軍副萬户　《隴西金石録》、《漳縣金石録》作「武略將軍、成都等路管軍副萬户」。

〔五九〕命太常謚曰□□□□閥閲　《隴西金石録》作「命太常謚，曰『貞肅』。公生閥閲」。

〔六〇〕□□□氣習　《隴西金石録》、《漳縣金石録》作「無恩澤氣習」。

〔六一〕居家□□□其孝愛　《隴西金石録》、《漳縣金石録》作「居家事母，極其孝愛」。

〔六二〕覩□□□　《隴西金石録》作「睹見淵默」。

〔六三〕未嘗疾言遽□□□攻取　《隴西金石録》、《漳縣金石録》作「未嘗疾言遽色，戰勝攻取」。
〔六四〕天命□□□□□□□　《隴西金石録》作「天命□□□□。夫人在京」。
〔六五〕挈諸孤以公□□□爲請　《隴西金石録》、《漳縣金石録》作「挈諸孤以公神道碑爲請」。
〔六六〕山西出□□出將門粵□汪氏　《隴右金石録》、《隴西金石録》、《漳縣金石録》作「山西出將，將出將門。粵稽汪氏」。
〔六七〕及公□□　《隴右金石録》、《隴西金石録》、《漳縣金石録》作「及公堂構」。
〔六八〕□甇孤豚　《隴右金石録》作「剉甇孤豚」，《隴西金石録》作「挫甇孤豚」，《漳縣金石録》作「笑甇孤豚」。
〔六九〕□馬斯蕃　《隴右金石録》、《隴西金石録》、《漳縣金石録》作「錫馬斯蕃」。
〔七〇〕彼爲□□　《隴右金石録》、《隴西金石録》、《漳縣金石録》作「彼爲寓公」。
〔七一〕□□者存　《隴右金石録》、《隴西金石録》作「守典者存」，《漳縣金石録》作「忠藎者存」。
〔七二〕永□忠魂　《隴右金石録》、《隴西金石録》、《漳縣金石録》作「永表忠魂」。

一四　開成路官造銅權　至元二十三年

開成路官造銅權，至元二十三年（一二八六）造。一九八九年徵集於寧夏回族自治區固原縣七營鎮北咀村，現存固原市原州區文物管理所。權青銅質，通高一〇點五釐米，體寬四點五釐米，座寬四點九釐米，厚三點三釐米。方鈕方穿，權體呈扁六棱體，正、背兩面較側面寬，每面下部稍寬，束腰及座亦呈六棱，如須彌座式，座平底。正、背兩面刻楷書陰文。《固原文物精品圖集》（寧夏人民出版社，二〇一三年）著録。

開成路官造銅權（至元二十三年）照片

開成路官造銅權（至元二十三年）背面照片

開成路官造銅權（至元二十三年）正面照片

録文

正面

開成路」

背面

官造」

至元二十三年」

一五　西涼報慈安國禪寺銅壺　至元二十三年

西涼報慈安國禪寺銅壺，至元二十三年（一二八六）造。一九八二年出土於甘肅省武威縣校尉鄉珍珠臺村元代西涼報慈安國禪寺遺址，現存武威市博物館。壺青銅質，通高四三點五釐米，口徑一一點四釐米，足徑一七點二釐米。直口，長頸，斜肩，鼓腹，銜環龍首耳，下腹內收，喇叭形圈足。頸中部、下腹、足脛處飾雲雷紋，點綴五瓣梅花。口沿綫刻一六字。梁繼紅《武威校尉鄉元代窖藏清理簡報》（《隴右文博》武威專輯，二〇〇四年）、党菊紅《武威校尉鄉珍珠臺窖藏元代銅器銘文辨析》（《敦煌研究》二〇一五年第一期）著録。

西涼報慈安國禪寺銅壺（至元二十三年）照片

西涼報慈安國禪寺銅壺（至元二十三年）銘文照片（一）

西涼報慈安國禪寺銅壺（至元二十三年）銘文照片（二）

西涼報慈安國禪寺銅壺（至元二十三年）銘文照片（三）

録文

至元丙戌西涼報慈安國禪寺僧仁敏置。」

一六　敏公詩跋石刻　約至元二十三年

《敏公詩跋石刻》，約至元二十三年（一二八六）立。原嵌於甘肅省武威北城門上，一九三九年移至武威文廟。石刻殘高一二四釐米，殘寬七〇釐米，厚一三釐米。四周邊緣均有改製痕迹，邊緣文字殘損較爲嚴重。正面銘文自上而下分四欄：第一欄殘存二一行，第二欄殘存二一行，第三欄殘存一九行，第四欄殘存二一行，行字不等，爲楷書、行書和草書。明代將刻石改爲武威北城門額，在另一面横題楷書「通化門」三字，右側行書「涼州衛指揮司立」七字。王其英主編《武威金石録》（蘭州大學出版社，二〇〇一年），吴景山《西北民族碑文》（甘肅人民出版社，二〇〇一年），高輝、于光建《元〈敏公講主江南求法功德碑〉考釋》（《西夏研究》二〇一二年第三期），鄭炳林主編《涼州金石録》（甘肅文化出版社，二〇二二年）著録。

敏公講主係西夏遺僧，該石刻係高僧福俗等爲歌頌敏公禪師赴江南求取大藏經之功德而撰寫的詩歌及跋文。

敏公詩跋石刻（約至元二十三年）碑體照片

録文

第一欄

敏公詩敬跋└

□□敏公講主大師之西夏□，└蛻骨長藏僊□漫，雄□壯氣凌雲└漢。掣開金鎖挾玄珠，□文如光射彼└岸。恢吾宗，赤幡處處生清風；□吾└教，吼石輪金多變豹。從教習梵每└喧天，規布綿綿聲浩浩。奇哉卓犖龍└門客，去住須參古標格。梵本別我驅└春風，花雨溟濛杳然隔。不相隔，長相└隨。月支有月還生西，照古照今□└光陸離〔一〕。

旹丙戌□初冬後一日，└古煜紫川福俗書。└

佛法本□西方出〔二〕，└敏公却來南方求。琅函└玉軸載將去，開□西涼人└未休〔三〕。西涼人若樂佛性，└列段分科□師□。中間一字└涉諳訛，一大□□解不盡。└解得盡，萬象森羅自作證。└

右送└敏公講主之西涼西南繼規園中。└

第二欄

西涼州敏講主欲千里至└江南，求贖大藏經文，可謂└持決定志，其決定信成就，└決定境界中事，可謂決定信。└□故爲大地衆生塵勞煩惱，└泛入生死苦海中，發爲膏└肓痼疾。故五千四十八卷，頓└漸權實，半滿偏圓〔四〕，如世醫身└□病□藥者處衆生，痛去└藥除返至，孰爲病滋。苟使□└始從鹿野苑，終至跋提河。└於其二中間，未嘗説一字，如└惜毒藥醍醐，鎔作金團，迺└練於此時，得便見法師□□言。└道德文字，非至慧□别而└不能解，慎勿執印。□□□打□└黄卷赤軸爲壽。□寔明講主└庫内無如是好。└

至元廿三季元宵，淛東└鴈宕山人梢堂性益└書于靈隱西軒。└

第三欄

西涼曾未□紀□，□藏└靈文已放光。具眼宗師└輕舉侶，珠回玉轉壽吾皇。└

敏公講主遠奉└聖旨及└國師法旨，特取大藏經回。└見其忍苦捍勞，究□知└洞山至大藏，只是今之└□□。又僧問雲門：「如何是一∟代時教？」雲門對一説。又僧問：∟「五祖睦州道，一大藏教只是∟不切脚，且道切什麽字？」祖云：「八∟羅娘。」看前三大老恁麽提∟持？若識得渠親切處，便見∟大光明藏，不在内，不在外。若是∟伶利，講主聊聞，舉着便乃知〔五〕∟□大振此宗，竪法幢，燃法炬。告∟天祝壽報佛恩，孰不綽綽然有∟餘裕哉！」因其行信筆書此。∟

第四欄

初見▯∟□真心取三乘，權實聖□□∟之恒，宜貴金言之常，住持□□∟俾將沉之佛日重□，∟使欲滅之惠燈再燄，承□□□∟殊勛，願保∟皇基之永固。以此無窮□□，∟弘正法之流通。雖然如是，□□∟藏即今在什麽處，遠知□□∟道，出息入息，廕界衆緣□□。∟百万億卷文，大隋□□□∟得半藏，且可如何得全□□∟教漂入眼，特地出遠遊□□∟大經卷量等三千界□□□∟一切塵悉然有一聰惠□□∟經卷且同，何者是此？□□□∟眺聽思議，請試辨看，□□□∟遠涉，歸程驛路，長臨□□，∟憶昔年具輦離西涼，□□∟出古杭佶岸，如金堤□□∟似錦，野花芳情，如此去。∟

校勘記

〔一〕照古照今□光陸離　「今」後殘一字，《武威金石録》作「子」。

〔二〕佛法本□西方出　「本」後殘一字，《武威金石録》作「由」。

〔三〕開□西涼人未休　「開」後殘一字，《武威金石録》作「學」。

〔四〕半滿偏圓　《武威金石録》作「由落倫園」。按《了庵和尚語録》卷一云「一大藏教，五千四十八卷，半滿偏圓，權實空有，不消一擊」，此句當爲「半滿偏圓」。

〔五〕舉着便乃知　「舉」，《武威金石録》作「乘」。

一七　勑賜雲壽禪院牒刻石　至元二十四年

《勑賜雲壽禪院牒刻石》，亦作《至元勑碑》（見張維《隴右金石録》），刻立時間不可辨讀，《隴右金石録》繫於至元二十四年（一二八七）。原存甘肅省慶陽市正寧縣要册湫，現存正寧縣博物館。刻石砂岩質，長方形。現已斷爲兩截，文字有磨泐。銘文八行，有楷書、行楷、草書等書體。張維《隴右金石録》（蘭州古籍書店，一九九〇年）、葉昌熾《緣督廬日記》（江蘇古籍出版社，二〇〇二年）著録。

勑賜雲壽禪院牒刻石（至元二十四年）照片

録文

尚書禮部牒⌐

尚書禮部牒，⌐牒奉⌐勑可特賜雲壽禪院牒□准⌐勑故牒。⌐

中憲大夫、行員外郎李⌐宣威將軍、郎中耶律⌐侍郎⌐後闕

一八　□□路造銅權　至元二十四年

□□路造銅權，至元二十四年（一二八七）造。一九五九年上海文管會調撥，現存寧夏回族自治區博物館。權青銅質，通高八點八釐米，寬五點八釐米，厚二點八釐米；座長六點二釐米，座寬三點三釐米。鈕殘，權體呈扁六棱體，每面上窄下寬，束腰及座亦呈六棱，如須彌座式，座平底。其中第一、第二、第四、第五面刻楷書陰文，第三、第六面無字。

□□路造銅權（至元二十四年）照片

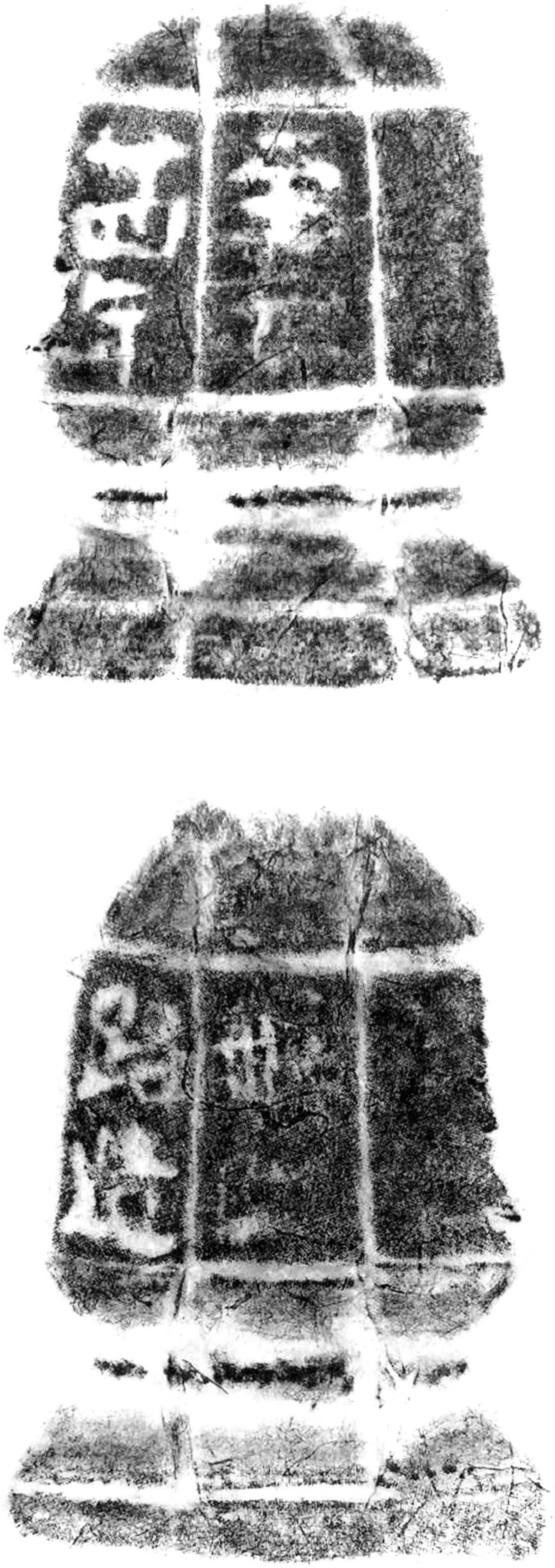

□□路造銅權（至元二十四年）拓片

録文

至元ㄴ廿四年ㄴ□□ㄴ路造。ㄴ

一九　蒲法先墓券　至元二十六年

《蒲法先墓券》，至元二十六年（一二八九）三月立。一九九八年出土於甘肅省武威市永昌鎮劉沛村，現存武威市博物館。墓券松木質，長方形，長五七點五釐米，寬二二釐米，厚二釐米。殘朽并蟲蛀，有裂隙，略缺損。券文朱砂書寫，行書，左起，一二行，滿行二六字。梁繼紅《武威元墓清理簡報》（《隴右文博》二〇〇三年第二期）、杜玉奇《武威出土〈元代至元二十六年蒲法先買地券〉研究》（《西夏學》第一二輯，二〇一六年）著録。

蒲法先墓券（至元二十六年）正面照片

蒲法先墓券（至元二十六年）背面照片

録文

□□□國永昌府居致祭孝男蒲文中〔一〕，□□□以伏念故父蒲法先命∟係壬辰相〔二〕，今卜兑山之下神穴之原安厝，□謹用錢九萬九千九百∟九十九貫文兼五綵信幣買地一段，東置青龍，西置白虎，南□□□，∟北置玄武。內方勾陳，分掌四域。丘承墓伯封部界畔，道路將軍齊整∟阡陌。千秋万歲，永無殃咎。若輒□犯訶禁者，將軍亭長收付何伯。∟今以牲牢酒飯、百味香新，共爲信契。財地相交，分付工匠修營∟安厝。已後永保休吉。知見人：歲月主。保人：今日直符。故氣邪精∟不得干悋，先有居者永避万里。若違此約，地府主吏自當其禍，∟主人內外存亡悉皆安吉。急急一如∟女青詔書律令。∟

太歲己丑至元二十六年三月庚辰旦初五日甲申直吉時告下。∟給付故蒲法先收執。∟

校勘記

〔一〕□□□國永昌府居致祭孝男蒲文中　「國」前殘三字，疑爲「維大元」。

〔二〕□□□以伏念故父蒲法先命係壬辰相　「命」，《武威元墓清理簡報》作「存」。

二〇　水泉禪寺銅香爐　至元二十八年

水泉禪寺銅香爐，至元二十八年（一二九一）七月造。二〇一六年出土於甘肅省平涼市涇川縣城關鎮共池村。爐黄銅質。高六一釐米，内沿口徑三五點五釐米，外沿口徑四九釐米，雙耳間距五四點五釐米。體呈鼎形，盤狀口沿，短頸，雙立耳（一斷，一殘缺），圓腹，三足外撇。頸肩部飾雲雷紋；腹部八個開光與上下如意雲紋相間，開光内鑄八卦符號；鼎腹下部飾一周蓮瓣紋；足有獸面紋。口沿一周鑄楷書陽文。魏海峰、杜賓清《元辛卯水泉禪寺銅爐》（《甘肅日報》二〇一六年十一月二十九日）著録。

銘文明確記載該爐爲水泉禪寺法堂焚獻供養之器。

水泉禪寺銅香爐（至元二十八年）照片

水泉禪寺銅香爐（至元二十八年）銘文照片

録文

大元國陝西涇州在城水泉禪寺住持僧行高合院等，鑄到銅香爐壹鼎，於法堂內，永遠焚獻供養。

歲次辛卯年七月　日〔一〕，院主僧祖燈謹題。大鑑甘泉王善惠。」

校勘記

〔一〕歲次辛卯年七月日　按魏海峰等考證，此辛卯年爲至元二十八年。

二一　至元歲次戊寅題玉泉觀詩碑　至元三十年

《至元歲次戊寅題玉泉觀詩碑》，至元三十年（一二九三）五月立。現存甘肅省天水市秦州區玉泉觀碑廊。碑石灰石質，碑身長方形，上端兩角略圓。高八一釐米，寬三八點五釐米，厚八釐米。碑面風化、磨損嚴重。碑文楷書，一〇行，詩歌爲四行大字。汪惟孝撰詩，梁公達玄子書，郝志堅刻，梁志通等立石。《（民國）天水縣志》、張維《隴右金石録》（蘭州古籍書店，一九九〇年）、趙昌榮《玉泉觀志》（甘肅文化出版社，二〇〇二年）、《天水碑文選》（《天水文史資料》第九輯，二〇〇二年）、劉雁翔《天水金石文獻輯録校注》（三秦出版社，二〇一七年）著録。

此碑記載至元戊寅（至元十五年）春鞏昌等處宣慰使兼便宜副都總帥汪惟孝訪玉泉觀題詩，至元三十年住持煙霞無爲大師梁志通師徒刊石紀念之事。

至元歲次戊寅題玉泉觀詩碑（至元三十年）碑體照片

録文

鎮國上將軍、鞏昌等處宣慰使兼便宜副都總帥汪相國駙└遇季春五日公暇，適訪蘧廬，其間索紙與筆遂書。└住持梁志通欲刊諸石，蒲公爲□□□，□□庸庵奉命敬書。└

大道蘧廬樂自遊，風光髣髴像瀛洲。└庵前草木長春景，物外雲山不夜秋。└鬼鬪魁魖三尺劍，神藏天地一虛舟。└從來拋却紅塵事，勘破浮生只點頭。└

至元歲次戊寅題玉泉觀〔一〕。└

住持梁公達玄子書。施工羽服郝志堅刻。└大元國至元三十年太歲癸巳端午日，住持煙霞無爲大師梁志通等立石。└

校勘記

〔一〕至元歲次戊寅題玉泉觀　按《（民國）天水縣志》、《隴右金石録》未録詩題，認爲此詩爲梁志通作於至元丙子即十三年。又據漳縣出土汪惟孝壙誌載，汪惟孝於至元十五年「陞鎮國上將軍、漳川路宣慰使兼便宜都總帥」，推斷其身份大致與此碑相符。

二二 重修崆峒山寺記 至元三十年

《重修崆峒山寺記》，至元三十年（一二九三）五月立。現存甘肅省平涼市崆峒區崆峒山中臺。碑砂岩質，通高二四八釐米，寬九六釐米，厚二九釐米。碑四螭首，碑座已佚。碑陽首部正中圭形額内題雙鈎篆書「重修崆峒山寺」二行六字，碑身飾减地卷草紋邊欄。碑文楷書，二六行，滿行四九字，寶吉祥撰書立石。碑陰爲藏文，泐蝕特甚，不可辨讀，録文從略。吴景山《崆峒山金石校釋》（甘肅文化出版社，二〇一四年）著録。

碑文提及赤必帖木令（即只必帖木兒）大王、安西王阿藍歹（即阿難荅）保護崆峒山佛教寺院的令旨，内容涉及帝師拔思巴（即八思巴）、王師軟釋舍剌及管轄安西及鳳翔二十四州釋教的崆峒山上寺荅剌花赤（即達魯花赤）阿麻甘思加等重要人物，明確記載至元十三年（一二七六）拔思巴帝師親臨崆峒山卓錫弘教之事。

重修崆峒山寺記（至元三十年）碑體照片

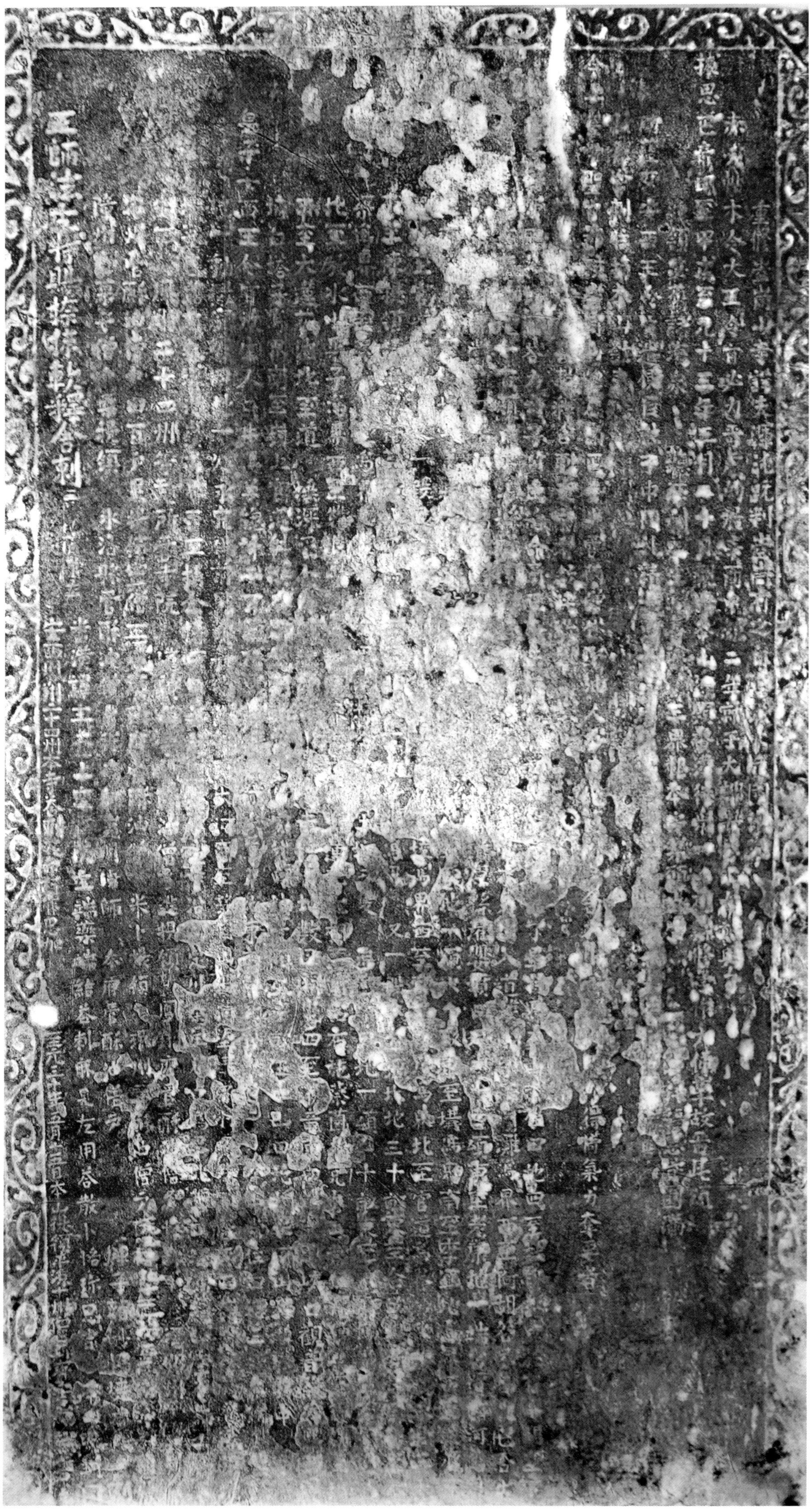

重修崆峒山寺記（至元三十年）碑陽拓片

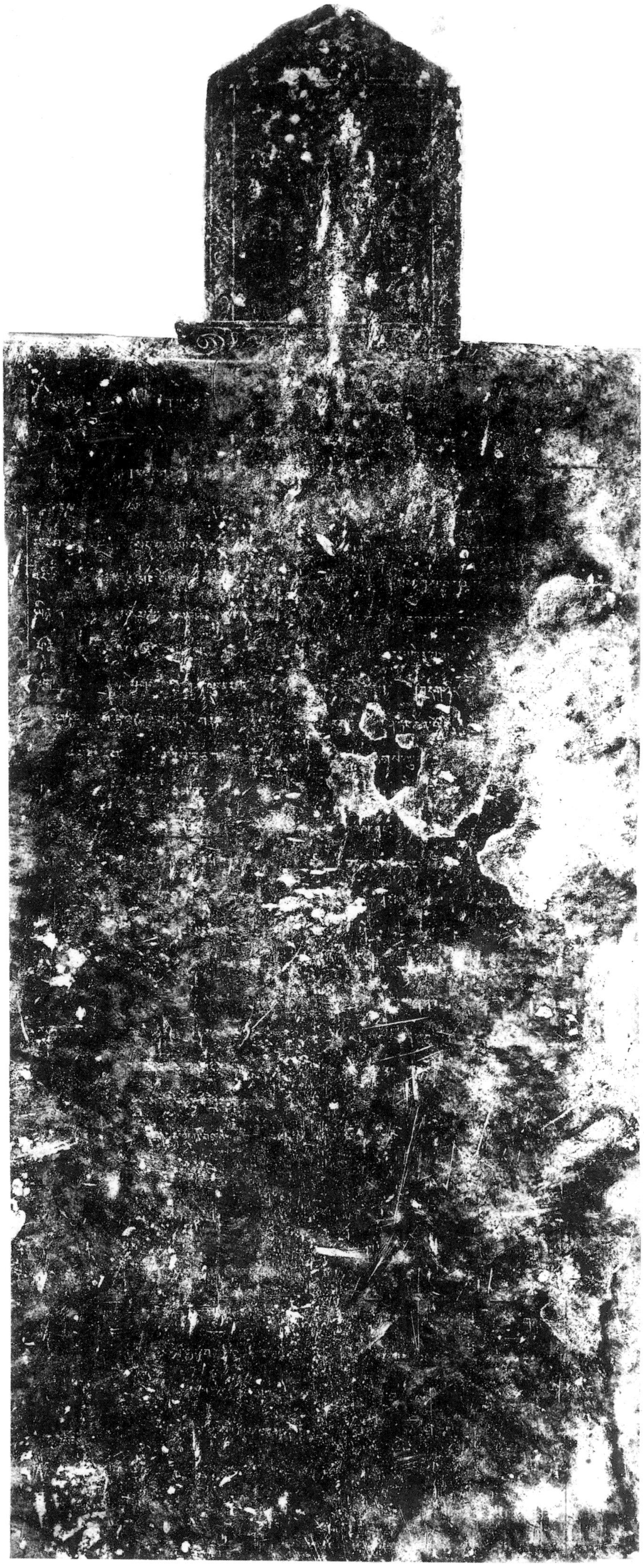

重修崆峒山寺記（至元三十年）碑陰拓片

録文

碑陽

重修崆∟峒山寺（額）∟

重修崆峒山寺

詳夫渾沌既判，崆峒有之。自□□大元國，敬奉∟赤必帖木令大王令旨，必力哥虛的於辛酉中統二年就于大都請以崆峒於賜∟拔思巴帝師，至甲戌至元十三年五月二十日親臨本山，總領番漢徒衆，□□□□修建作大佛事，故留此頌：∟統領苾蒭諸海衆，聽法利益生福善。三界根本安樂願□□，□□□□福惠皆圓滿。敬奉∟阿藍歹安西王令旨，遣使臣就于中國禮請∟軟釋舍刺住持本山。欽奉∟今上皇帝聖旨□該，崆峒山番屬商巴昝失管内僧俗酥油人户田地□□□舍、大小倉□□□□得倚氣力奪要者。∟⊔軟釋舍刺□□者。欽此。敬奉∟阿藍歹安西王、□武荅力王子、公主□命（一），商巴昝失□□□□□□□□□□□了畢（二），特賜本山本寺田地四至數□銘□於石。西關地□□∟平涼府□地一段，西至平涼縣□□廟□□□□□□□□本縣出入道□□□□□□□灘爲界，西至何胡昝、□昝、商巴昝失地∟爲界，□至□黨□，西至□□□□□□□□□□□□□□平涼縣灌嬰墳田地二十四頃，東至老康地一端水道□河爲界□∟□□□□□□□□□□□□□□□□□□□□□□□□□地一頃□□畝東至溝爲界，南至李□地爲界，西至□□□□□∟□，北至官道□□。又一段□□□□□□□□□□□□□爲界，西至□□□□爲界，北至官道爲界。又□□□□十畝，∟東至陳提領□爲界，南至□□□□□□□□□□□□爲界。又一段□□□□北地三十畝，東至哈的□□□□□□水磑∟渠爲界，西至□□□□爲界，□□□□□□□□□□□□□□。又□□□北一頃二十畝，東至□□□□□□□□□□，∟北至放水水渠子爲界，西至□□□□□□□□□□□□□□□□□□□□布施菜園□□本山□□□□□□□□□至城臺∟西至大蓮花池，北至道□□深□□□□□□□□□□□□□□地數□□□□四至，湫竜廟□□□□峽口觀音殿□□西□花∟□白塔子爲界，南至嶺上官道□□□□□□□□□□家分內地□頃三十畝，王家山田地□□□□山□□□。其中，∟皇子安西王令旨，放生人口、牛、馬、羊總計二百□□□□□□□□□草地，東□□□□□□□□常住口□□□□□□□□□□□□放水∟北山神樹寶塔田地一處，永充佛前□□，□□□□□大河，西至望□山□□渥□□村□□□□□，西□□□□□□□□□∟北至□□□水溝□嶺爲界，西至□□□□□□□□□□□□沿□定川□□川口爲界，

北至□梁爲界，□□□□□□□。∟

安西□鳳翔二十四州等處所管寺院□□□□管酥油僧户進提領鳳翔府管酥油僧户□□□　涇邠州管酥油僧户□□□　∟寧州管酥油僧户：田百户　□提領　□僧正　慶陽府管酥油僧户米卜提領　環州管酥油僧户□□□□□□□□∟□州□□僧户桑提領　水洛縣管酥油僧户□□□　嵬明法師　本府管酥油僧户：牌子韓妙□　燒香□□剌巴∟王師、法主、特賜捺抹軟釋舍剌，三院□管僧户：番漢譯主□上座，□主端藥端結苔剌麻兒左用苔散卜恪珍思吉，管□印判圓□。∟安西鳳翔二十四州本寺苔剌花赤阿麻甘思加。

至元三十年五月十五日，本山提領平涼十州僧衆寶吉祥撰書立石。∟

校勘記

〔一〕公主□命　《崆峒山金石校釋》作「公主延命」，恐不確。

〔二〕商巴咎失□□□□□□□□了畢　《崆峒山金石校釋》録「了」字前一字爲「巴」，恐不確。

二三　鎮海之碑　元貞元年

《鎮海之碑》，元貞元年（一二九五）三月立。現存甘肅省平涼市涇川縣王母宮石窟寺文物管理所。首身一體，四螭首已殘，贔屓座。高一八五釐米，寬八六釐米，厚三三釐米。碑身兩側面減地雕纏枝牡丹紋。碑陽額題楷書「鎮海之碑」一行四字。碑身上欄刻八思巴文，爲敕賜花嚴海印水泉禪寺旨文，頒布時間牛兒年當即至元二十六年（一二八九），殘存二三行。中欄、下欄刻漢文楷書，爲涇州僧正和文武官員姓名，殘存三〇行，其下磨滅剥蝕不可辨。碑陰額部殘存八思巴文二行，碑身刻漢文楷書，二六行，下半泐蝕不清。葉昌熾《緣督廬日記》，蔡美彪《涇州水泉寺碑譯釋》（《元史論叢》第三輯，中華書局，一九八六年），張維《隴右金石録》（蘭州古籍書店，一九九〇年），照那斯圖《八思巴字和蒙古語文獻》（二）（《文獻匯集》，日本東京外國語大學亞非語言文化研究所，一九九〇年），蔡美彪《八思巴字碑刻文物集釋》（中國社會科學出版社，二〇一一年），李全中、吴景山《涇川金石校釋》（甘肅文化出版社，二〇一六年）著録。

碑文主要記載戒得重修涇州水泉禪寺的經過以及元世祖敕賜寺院的史事。

鎮海之碑（元貞元年）碑體照片

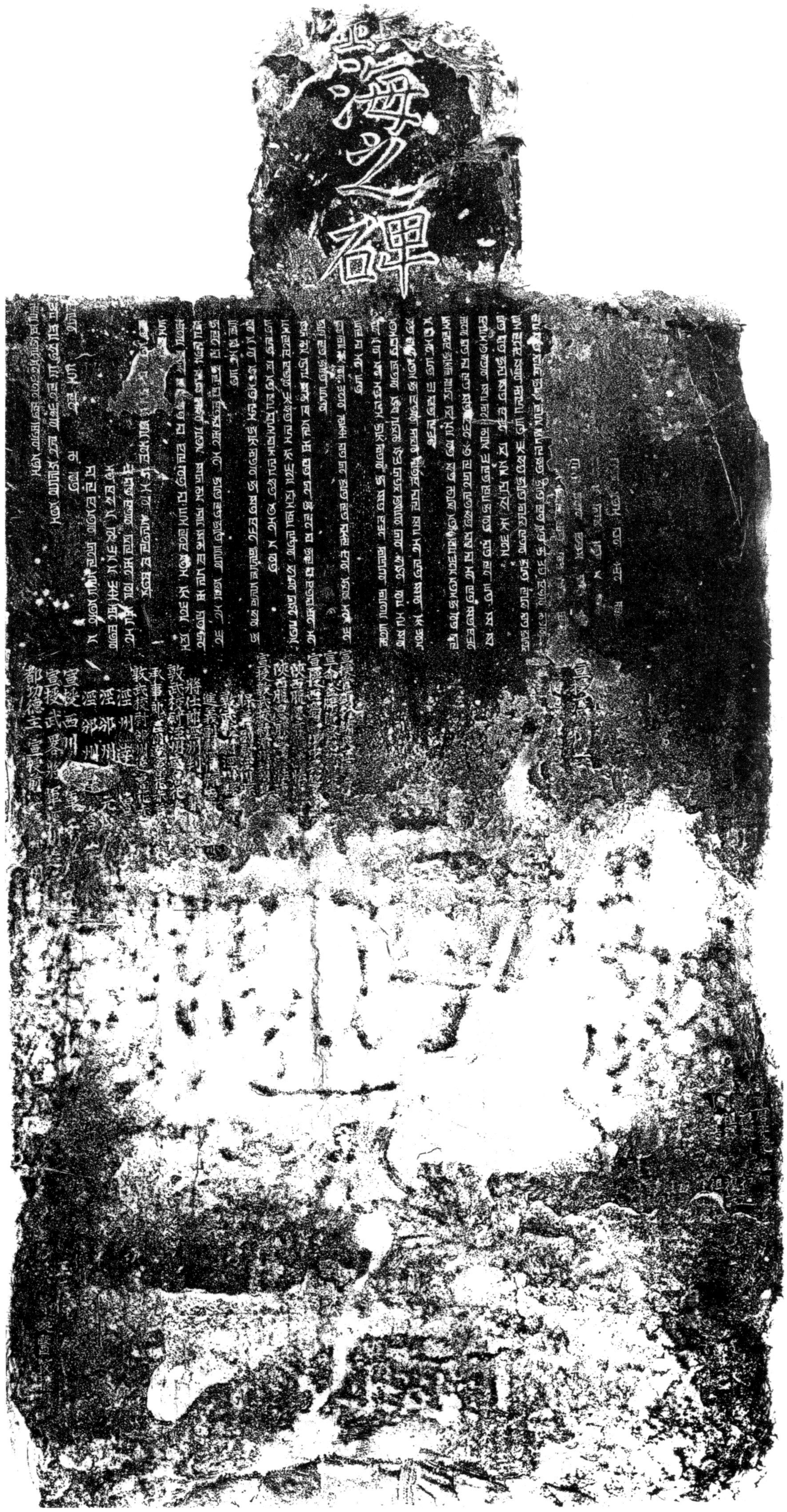

鎮海之碑（元貞元年）碑陽拓片

鎮海之碑（元貞元年）碑陰拓片

録文

碑陽

鎮海之碑（額）」

上欄

（八思巴文）

1 Moŋ-k‘a dėŋ-ri -jin k‘uč‘un -dur

2 jė-ke su ǰa-li-jin ·i-he·en dur

3 qa·an ǰar-li[q] ma-nu

4 ba-la-qa-dun šil-de·e-dun da-

5 -ru-qas-da jor-č‘i-qun

6 ja-bu-qun ėl-č‘i-ne č‘e-ri-

7 -·u -dun no-jad-da č‘e-rig ha-ra-na d·ul-qa-quė

8 ǰar-liq

9 č‘iŋ-gis qa·a-nu ba qa·a-nu ba ǰar-liq dur do-jid ėr-

10 -k‘e-ud sėn-š[hi]-ŋud t‘aš -mad c‘aŋ t‘am-qa-da·a- č‘a bu-ši

11 a-li-ba al-ba qub-č‘i-ri ’eu-lu’en-ǰen dėŋ-ri-ji

12 ǰar-ba-ri-ǰu

13 bi-da-ma hi-ru-·er ’eo-gun a-t‘u-qaji ge·ek‘-da·ag-san a-

14 -ǰu-·u[ė] ė-du-·e ber beo-·e-su u-ri-da-nu

15 ǰar-liq-qun jo-sun-·ar do-jid ėr-kė-‘un sen- šhi- ŋud

16 t‘aš-mad c‘aŋ t‘am-qa-da·a-č‘a buši aliba alba qub-č‘i-ri

17 ’eu-lu’en-ǰen

18 ši-ge-mo-ni-jin meor bu-ši ’eu-lu bol-qan dėŋ-ri -ji

19 ǰar-ba-ri-ǰu

20 bi-da-ma hi-ru-·[e]r ’eo-gun a-t‘u-qaji ge·en gein-ǰiw

21 -dur bu-gun hu̯a ŋem haj šuė c‘u̯en šan shi ne-re-t‘an

22 seu-mes dur a-qun ts‘ėn-?uq-bal te-ri-·u-t‘an do-jid

23 da ba-ri-ǰu ja-bu-·aji

24 ǰar-liq ‘eog beė ė-de-nu su-mes dur ge-jid dur a-nu ėl-

25 -č‘in bu ba-·u-t‘u-[qa]ji ula si-·usu bu ba-ri-·u-t‘u-qaji

26 qa-ǰar u-sun t‘e-gi[r]-med ja-·u kė a-nu bu-li-ǰu tȧ-tȧ-

27 -ǰu bu ab- t‘u-qaj ė-de ba-sa do-jid

28 ǰar-liq-tan g·e-ǰu jo-su ’eu-geė-·un ’eu-les bu ’euė-

29 -le[d] -[t‘]u-geė ’eu[ė] -led [u-·e] -su ’eu-lu ·u a-ju-qun mun

30 ǰar-liq ma-nu heu-k‘er ǰil ǰu-nu he- č‘us

31 za-ra-jin qur-ban ši-

32 -ne da šaŋ du da bu-

33 -kuė dur bi- č‘i-beė.

（漢譯）

長生天氣力里、大福蔭護助里皇帝聖旨。

州城縣鎮達魯花赤、往來使臣、軍官、軍人每宣諭的聖旨。成吉思皇帝、合罕皇帝聖旨里，「和尚、也里可温、先生、答失蠻每，除地税、商税外，不揀甚麼差發休當，告天祈福者」麼道有來。如今依在先聖旨體例，和尚、也里可温、先生、答失蠻每，除地税、商税外，不揀甚麼差發休當，釋迦牟尼的道子休違了，告佛天與俺每祈福者麼道。涇州花嚴海水泉禪寺名字的寺院里，璨□班爲頭和尚根底收執的聖旨與了也。這底寺院房舍里，使臣休安下者，鋪馬祗應休拿要者，地土、水磨不揀甚麼休奪要者。更，這和尚每有聖旨麼道，無體例勾當休做者。做呵，他不怕那。聖旨俺的。

牛兒年夏末月三十日，上都住時分寫來。

中欄

▯⌞宣授涇州▯（一）⌞▯⌞▯⌞宣授管□□鋪良匠▯⌞宣命金牌▯⌞宣授西蜀□中▯⌞陝西脱思麻□怯▯⌞陝西脱
思麻□怯▯⌞宣授敦武校尉、□州知州兼▯⌞保義副尉、涇川縣▯⌞敦武校尉、涇川縣▯⌞進義副尉、涇川縣達▯⌞將仕郎、
涇州判▯⌞敦武校尉、涇州達魯花赤▯⌞承事郎、□州達魯花赤兼▯⌞敦武校尉、邠州達魯花赤▯⌞涇州達魯花赤▯⌞涇邠州
□元▯⌞涇邠州達魯▯⌞宣授西川管軍千户▯⌞宣授武略將軍、涇州▯⌞都功德主、宣授前涇邠州▯⌞

下欄

唐社老　社□□⌞
祖□□　祖□⌞
祖□　祖詮⌞
□□　祖□□⌞
□⌞
祖□□⌞

中闕

⌈⌉使⌈⌉⌊

王□信⌊

⌈⌉等處醫校提⌈⌉

碑陰

□□□嚴海印水泉禪寺記并序（二）⌈⌉⌊

□□偉哉法界（三），無黨無偏，應跡西乾，號之曰佛。論其體也功逾造化（四），□其⌈⌉⌊□□方世（五），皆爲轉輪聖王王四天下。至釋迦牟尼捐□□□□□（六）⌈⌉⌊□不可以讚讚之德也（七）。昔如來下兜率天，生中印土□□□□□⌈⌉⌊□人（八），化未化者，帝釋梵王、帝王公侯無不遵之□□□□□□□⌈⌉（九）⌊無得而稱也。暨乎順世榮枯，雙林入滅□□□□⌈⌉（一〇）⌊降誕之徵，自白馬西來，玄言東被，始興□□□□⌈⌉（一一）⌊有井甃，名曰青鳳泉，建寺曰真相院□□□⌈⌉（一二）⌊大元開國，積善餘慶，恢崇三寶，塔寺□□□⌈⌉（一三）⌊寺重修，想不忘靈山之付囑爾。故經云□□□⌈⌉⌊諱了彬，西蜀劍關陰平邑人（一四），髫事□□□□⌈⌉（一五）⌊歲，隻錫此山，復興故址，剗荊榛而作淨土，似□⌈⌉⌊躬往京師，得宣誥命，名曰花嚴海印水泉禪寺。⌈⌉⌊聖壽之場，營修羅漢大殿，粃壊云周。復建花□⌈⌉⌊蜃樓，鼎新革故。厥後有資，柔公哀匠，化木雕刻⌈⌉⌊者，行逾雪霜，德等松筠。戒得於大元帝師⌈⌉⌊而月現，度門弟子三十有余，皆青出於藍□□⌈⌉（一六）⌊俱高，時春秋七十有三，於至元丁亥臘月有八⌈⌉⌊現，凡僧修證。一芥微僧，焉知晦跡尒。一日有□□⌈⌉⌊哉（一七）！再再却之，再再不允。我雖不敏，以愚管見，姑塞來⌈⌉⌊乃爲銘曰：

法身無相，應跡西乾。光輝三界，聖⌈⌉⌊功被飛翾。雙林告滅，一性周圓。二千餘載⌈⌉⌊不舍哀憐。教流東土，永平十年。塵塵梵刹□□⌈⌉⌊□□精專（一八）。剗去荊棘，建雨花筵。擊大法鼓，數⌈⌉⌊□□病痊。一日蟬蛻，四衆流漣。無負法乳⌈⌉⌊

歲次乙未元貞□□庚辰⌈⌉（一九）⌊

校勘記

〔一〕宣授涇州▯　《八思巴字碑刻文物集釋》據北京大學圖書館藏拓片録作「宣授涇州僧正（缺）」，右存小字「同袍」二字，左存「同袍西涼府」等字。

〔二〕□□□嚴海印水泉禪寺記并序　「嚴」前殘三字，張維《隴右金石録》按語作「敕賜花」。

〔三〕□□偉哉法界　「偉」前殘二字，《隴右金石録》作「原夫」。

〔四〕論其體也功逾造化　「造」，《隴右金石録》作「過」。

〔五〕□□方世　「方」前殘二字，《隴右金石録》作「十餘」。

〔六〕至釋迦牟尼捐□□□□□　「捐」後一字，《隴右金石録》作「棄」。

〔七〕□不可以讚讚之德也　「不」前殘一字，《隴右金石録》作「功」。

〔八〕□人　《隴右金石録》作「度人」。

〔九〕帝王公侯無不遵之□□□□□□□□▯　「之」後一字，《隴右金石録》作「則」。

〔一〇〕雙林入滅□□□□▯　「滅」後三字，《隴右金石録》作「異端並」。

〔一一〕始興□□□□▯　「興」後二字，《隴右金石録》，作「梵刹」。

〔一二〕建寺曰真相院□□□□▯　「院」後四字，《隴右金石録》作「累經劫灰」。

〔一三〕塔寺□□□□▯　「寺」後四字，《隴右金石録》作「蘭若爭上」。

〔一四〕西蜀劍關陰平邑人　「劍關」，《隴右金石録》作「劍閣」。

〔一五〕髫事□□□□□▯　「事」後二字，《隴右金石録》作「魯誥」。

〔一六〕皆青出於藍□□▯　「藍」後二字，《隴右金石録》作「冰寒」。

〔一七〕一日有□□▯哉　「有」後二字，《隴右金石録》作「資淳」。

〔一八〕塵塵梵刹□□▯□□精專　「刹」後二字、「精」前二字，《隴右金石録》分別作「處處」、「真心」。

〔一九〕歲次乙未元貞□□庚辰▯　張維《隴右金石録》按語作「歲次乙未元貞元年庚辰月乙巳朔己未日本寺住持□立碑」。

二四　中書右丞四川行省事便宜都總帥汪公（惟孝）壙誌　大德元年

《中書右丞四川行省事便宜都總帥汪公（惟孝）壙誌》，大德元年（一二九七）九月立。一九七二至一九七九年間出土於甘肅省漳縣汪家墳元墓羣，現存漳縣博物館。誌石石灰石質，長方形，誌蓋已佚，僅存誌石。長一二〇釐米，寬七〇釐米，厚八釐米。誌文楷書，三九行，滿行二五字。汪復昌立石。趙一兵《元代鞏昌汪世顯家族墓葬出土墓誌校釋五則》（《内蒙古社會科學》二〇〇六年第二期）、《漳縣金石録》（漳縣文史資料委員會，二〇一〇年）、汪楷主編《隴西金石録》（甘肅人民出版社，二〇一一年）著録。

誌文記載汪惟孝生平及家族世系。

中書右丞四川行省事便宜都總帥汪公（惟孝）壙誌（大德元年）誌石照片

中書右丞四川行省事便宜都總帥汪公（惟孝）壙誌（大德元年）誌文拓片

□□龍虎衛上將軍中書右丞四川行省事便宜都總帥汪公壙誌（一）∟

公諱惟孝，字公善，姓汪氏，隴右鞏昌人也。其先世掌汪骨族，以武勇∟雄冠山西。祖考諱世顯，字仲明，仕金爲山外便宜都總帥。西邊假□（二），∟保守石門。乙未歲，率軍民數十萬家歸附∟□元（三），頒金虎符，仍授鞏昌路便宜都總帥兼總管知府事。連年征□（四），∟屢建奇功。殁，封隴西公，謚義武。勳德備載于神道碑。祖妣楊氏，弘∟農郡太夫人，性嚴明，治家有法，義武多資内助之功。考諱直臣，字禹∟輔，義武第三子，即夫人所生。任鞏昌中翼都總領，忠殁于巴蜀之∟運山。妣乩氏，晉昌郡太夫人，年十九寡居，事姑克勤，堅守貞節。公∟在襁褓，賴祖妣、孀母撫育成人。至元九年，降金虎符，授懷遠大將∟軍、鞏昌總管知府事。十年，權鞏昌路便宜都總帥。十三年，改授興∟元路總管。十四年，授軍前便宜都總帥。十五年，加昭勇大將軍、鞏∟昌平涼等二十四處軍前便宜都總帥。是年，陞鎮國上將軍、潼川∟路宣慰使兼便宜都總帥。十六年，改除四川東道宣慰使，餘如故。∟二十三年，換授三珠金虎符，遷輔國上將軍、四川南道宣慰使、鞏∟昌平涼等處萬户。二十五年，改除四川西道宣慰使兼萬户。二十∟七年，就佩虎符，陞龍虎衛上將軍、尚書右丞、四川行省事，仍兼萬∟户。二十八年，改授中書右丞、四川行省事，萬户依前。三十年，復除∟鞏昌路、平涼等二十四處便宜都總帥兼府尹，散官如故。大德元∟年六月初九日，以疾終于鞏第之正寢，享年五十有二。孤子復昌等∟以其年九月二十二日壬午，護柩歸葬于鄣川之祖塋。夫人漆氏，∟同郡勳臣金符元帥漆德常之長女，令儀淑德，鄉黨稱賢。疊叨∟恩賜鳳蓋、彩車、金衣、珍饌，以旌家世。子十一人，嫡子復昌侍奉∟殿陛，餘分質諸邸，俱仕。女六人，孫男九人。公神氣英邁，德量寬洪。∟居家篤孝於親，出仕竭忠於國。自帥秦隴，莅政公廉，澤物洗冤，∟濟繁治劇。請錢幣以助軍力，寬賦役以恤民生，∟清朝倚方面之隆，藩邸託事任之重。及提萬兵征蜀，籌邊禦侮，□∟敵出奇（五）。攻下宜勝、釣魚等城，四川悉平。論功行封，∟寵賚優渥。迨至爵加宣威，官陞右轄，裁決庶務，整飭諸司。屯兵戍，勸∟農桑，興文風，理獄訟，里閭安靜，邊境無虞。累年詣闕奏事，悉蒙∟嘉納，屢賞錦衣、貂裘、金帛、甲胄、弓矢、鞍馬有差。公平生持己以謙，待∟人以恕，一門閥閱，四世簪纓。不出傲言，不形矜色；睦姻有道，任恤∟存心。以勤儉理家，以詩書教子，流芳種德，□愛在人（六）。正望其登廟∟堂、調鼎鼐，以展經綸（七），惜乎天不假年，哲人萎謝，秦蜀士民聞者莫∟不感歎而流涕也。孤子□□求誌于開成路□學教授樊珏（八），以藏諸∟壙。固辭不獲，因念公父忠母貞，孤卓自樹，出入將相，竟成勳業，可∟謂能人之所不能，潛德幽光，百世難掩，用是不揆僭越，援筆□紀〔九〕∟其誌云。∟

大德元年歲次丁酉秋九月念二日，孤子汪復昌□石〔一〇〕。∟

校勘記

〔一〕□□龍虎衛上將軍中書右丞四川行省事便宜都總帥汪公壙誌　「龍」前殘二字，《隴西金石録》作「大元」。

〔二〕西邊假□　《隴西金石録》作「西邊假攑」。

〔三〕歸附□元　《隴西金石録》作「歸附大元」。

〔四〕連年征□　《隴西金石録》作「連年征蜀」。

〔五〕□敵出奇　《隴西金石録》作「料敵出奇」。

〔六〕□愛在人　《隴西金石録》作「遺愛在人」。

〔七〕以展經綸　《隴西金石録》作「以展經論」。

〔八〕孤子□□求誌于開成路□學教授樊珏　《隴西金石録》作「孤子復昌求誌于開成路儒學教授樊珏」。

〔九〕援筆□紀　《隴西金石録》作「援筆而紀」。

〔一〇〕孤子汪復昌□石　《隴西金石録》作「孤子汪復昌刑石」，疑應爲「孤子汪復昌刊石」。

二五　大德二年銅權 大德二年

大德二年銅權，大德二年（一二九八）造。一九五九年由上海文管會調撥，現存寧夏回族自治區博物館。權黃銅質，通高六釐米，腹徑三點五釐米，座徑三點三釐米。方鈕圓穿，穿徑零點八釐米。權體呈鼓腹圓瓶狀，頸肩處飾兩周凹弦紋，束腰處束箍，座呈三階須彌式且平底。腹部正面、背面各刻二字，正面左側腹刻楷書陰文。

大德二年銅權（大德二年）側面照片

大德二年銅權（大德二年）正面照片

録文

大德」二年」人六」

二六　平涼府官造銅權　大德二年

平涼府官造銅權，大德二年（一二九八）造。出土於甘肅省平涼市崆峒區，二十世紀九十年代徵集，現存平涼市博物館。權黄銅質，通高九點六釐米，底徑四點八釐米。方鈕方穿，體如圓瓶，廣肩，束腰，疊澀座，座平底。肩腹部刻楷書陰文。《崆峒金石》（甘肅人民美術出版社，二〇一四年）著録。

該銅權形體完整，銘文清晰，是大德二年由平涼府官方製造的標準衡器。

平涼府官造銅權（大德二年）照片

録文

大德二年」平涼府」官造。卅。」

二七　重修王母宫碑　大德三年

《重修王母宫碑》，大德三年（一二九九）立。二〇一四年秋季出土於甘肅省平涼市涇川縣城關鎮王母宫舊址南側，二〇一五年六月涇川縣博物館徵集并收藏。碑砂岩質，碑首、碑座均佚。碑身長方形，上端斷殘約三分之一，下端出榫頭。碑殘高二一〇釐米，寬一二九釐米，厚三五釐米，榫頭高三五釐米，寬六五釐米，厚二九釐米。碑陽刻重修王母宫記文，楷書，殘存二二行。顧行撰文。左右兩側飾綫刻纏枝花卉紋。碑陰分爲兩欄，上欄刻明代桑溥等游王母宫題記，下欄刻嘉靖二十一年（一五四二）功德題名。張維《隴右金石録》（蘭州古籍書店，一九九〇年），魏海峰《平涼涇川發現元代「重修王母宫」碑刻》（《平涼日報》二〇一五年八月二十八日），李全中、吴景山《涇川金石校釋》（甘肅文化出版社，二〇一六年）著録。

碑文記載涇、邠二州達魯花赤史闊闊徒等捐資，涇州道正郭德敬率徒侣主持重修王母宫事迹。

重修王母宫碑（大德三年）碑體照片

重修王母宫碑（大德三年）局部照片

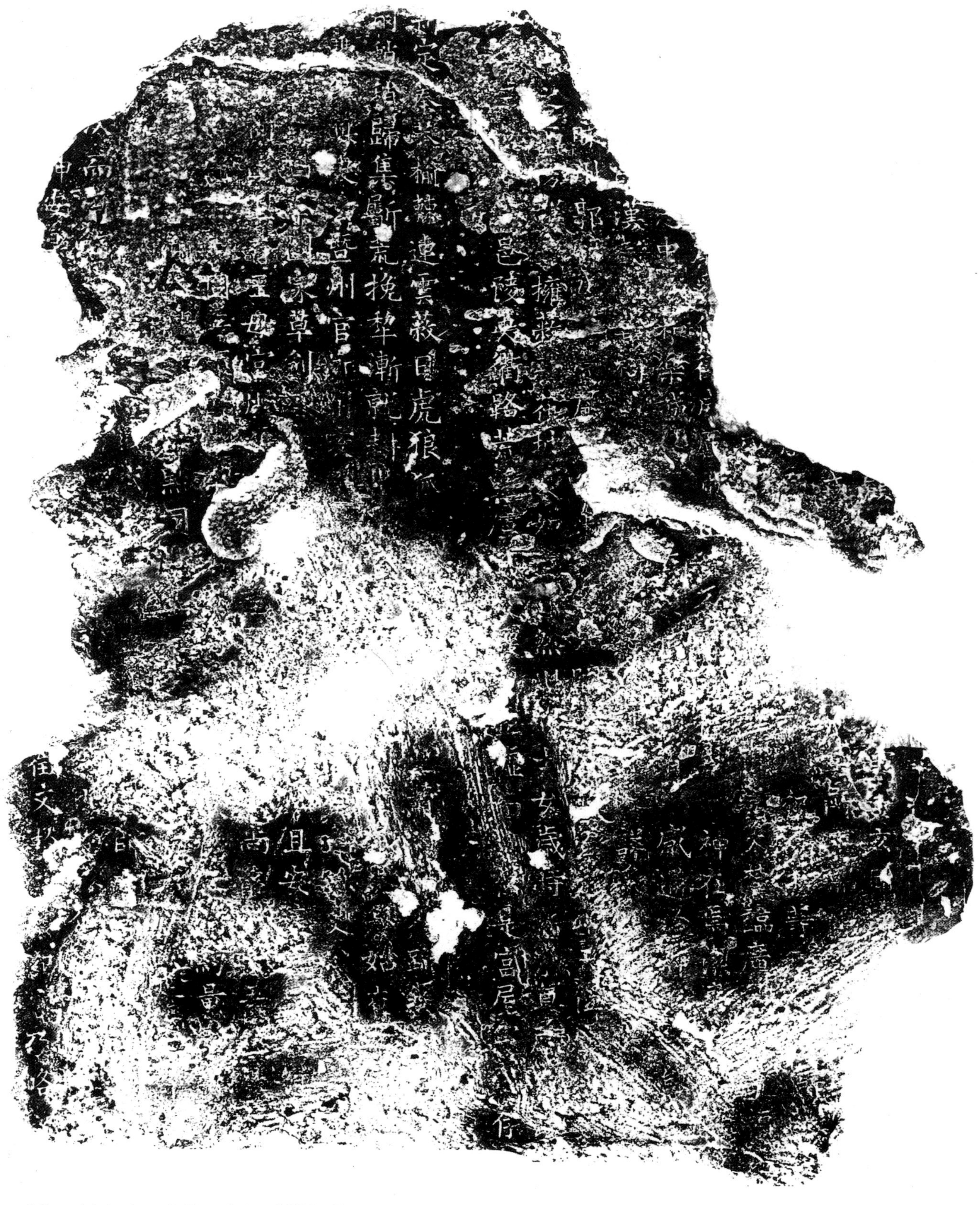

重修王母宫碑（大德三年）碑陽拓片

前闕

□□□□□□□□□□□□□□□顧行撰〔一〕。靈臺玄同逸士王□□□〔二〕。∟

□□□□□□□□□□□□□□□□□□□□□□□□□□戌而言〔三〕，宜爲聖人之所重而慎之也。蓋天地神祇∟□□□□□□□□□□□□□□□□□□□□□□□□咸預焉〔四〕。雖大祀、次祀、小祀儀禮等衰之不同，其□□∟□□□□□□□□□□□□□□□□□□□□□□或崗原崇秀〔五〕，巖洞幽闃，當大麓，臨廣淵，是皆福地□∟□□□□□□□□□□□□□□□□□□廟貌儀衛威厲嚴正〔六〕，使人望之，儼然如神在焉。潔齋致祭，畏敬□∟□□□□□□□□□□□□□□□□，□□□志〔七〕，中正和樂，誠實之心存於中，然後有以感通於神明，而能獲簡□∟□□□□□□□□□□□□□□□□□□□□□漢武帝嘗祠西王母於此〔八〕，陶谷有碑紀之詳矣，此不復云。其樓閣□∟□□□□□□□□□□□□□□□□□□□瞰州郭〔九〕，接屋連甍，居民往來擾擾，如鬬蟻然。西望崆峒，天低雲渺，數峰□∟□□□□□□□□□□□□□□□□山之兩傍〔一〇〕，羣木擁蔽，雜花披列，如錦繡然。州人士女，歲時祈祭，奠獻之餘□□∟□□□□□□□□□□□□□□□二三十年〔一一〕，城邑陵夷，衢路荒塞，廬落焚毀，但丘墟而已，獨是宮屋宇幸存□□∟□□□□□□□□□□□□□∟□□□□□□□□□□□□□□新定〔一二〕，蓁莽榆棘，連雲蔽日，虎狼狐兔，白晝縱横，千里蕭條而人跡幾絶矣。史公□□∟□□□□□□□□□□□□□□□爾稍稍歸集〔一三〕，斸荒挽犁，漸就耕業。初畢食草實〔一四〕，衣故書紙，至是始有五穀絁□□∟□□□□□□□□□□□□□□，□□豐饒〔一五〕，此史公暨州官節用愛人，勤於撫養而致之耳。一日，史公命宣差重□□∟□□□□□□□□□□□□□□□□□□之曰〔一六〕：今國家草創，百度廢而未舉，瘡痍之民幸且安集，而衣食粗給□□∟□□□□□□□□□□□□□□□□□□回山上有王母宮〔一七〕，州人日所觀望，雖折毁不完，尚多屋宇。吾欲舉修□□∟□□□□□□□□□□□□□□□□□然曰〔一八〕：「固所願也。」遂各出財物，仍率居民羨餘之家，約量資助，以□□∟□□□□□□□□□□□□□□□□□□□□聞秦隴教門提點洞陽真人盧公闡教西土〔一九〕，德望素著，即日□□∟□□□□□□□□□□□□□□□□□□□□□□□□□□戊戌歲正月也〔二〇〕。郭公既領師旨，食息弗遑，剪棘除□∟

□□□□□□□□□□□□□□□次而崇飾之〔二一〕。期□□已，一切完整，而神之棲止有以依矣。人之祠祀有□」□□□□□□□□□□□□□□□□□而悦樂之矣。人神安樂之矣。□□□不除乎是□。既畢，徵文於余以記之，乃略敍□□」□□□□□□□□□□□□□□□□□□□□□□□□□□□□□□□□□□〔二二〕。」□□□□□□□□□□□□□□□□□□□□□□□〔二三〕。」

後闕〔二四〕

校勘記

〔一〕□□□□□□□□□□□□□□□□顧行撰　據張維《隴右金石録》按語，「顧行」即撰者，其前所闕字當爲「京兆路都總管府議事官兼提舉學校事」一六字。

〔二〕靈臺玄同逸士王□□□　據張維《隴右金石録》按語，「王」後所闕三字當爲「道明書」。王道明即書者。

〔三〕□□□□□□□□□□□□□□□□□戎而言　「戎」前一七字，《隴右金石録》作「□曰：國之大事，在祀與戎。□□□之大□□也，而祀與之等，而祀且先」。

〔四〕□□□□□□□□□□□□□□□□□□□□□□□□□□咸預焉　「咸」前二六字，《隴右金石録》作「□□□□□百靈□德□□□□□□□□臣直士節義之顯著者」。

〔五〕其□□□□□□□□□□□□□□□□□□□□□□□□或崗原崇秀　「或」前九字，《隴右金石録》作「勝之區，山河壯麗之境」。

〔六〕是皆福地□□□□□□□□□□□□□□□□□廟貌儀衛威厲嚴正　「廟」前七字，《隴右金石録》作「殿樓觀隆高雄敞」。

〔七〕畏敬□□□□□□□□□□□□□□□□□志　「志」前六字，《隴右金石録》作「現於外屏氣一」。

〔八〕而能獲簡□□□□□□□□□□□□□□□□□漢武帝嘗祠西王母於此　「漢」前一四字，《隴右金石録》作「川之間有山崛起，山之脊有宮焉，即」。

〔九〕其樓閣□□□□□□□□□□□□□□□□□畋州郭　「畋」前一八字，《隴右金石録》作「廊廡整列，齋廚靜肅，而正殿之旁有客廳焉下」。

〔一〇〕數峰□□□□□□□□□□□□□□□□□山之兩傍　「山」前一六字，《隴右金石録》作「涇水東流，目迎百里，逶迤屈曲如長蛇然」。

〔一一〕奠獻之餘□□□□□□□□□□□□□□□□□二三十年　「二」前一六字，《隴右金石録》作「地熙熙然春登臺耳。迨乎金末，兵戈蹂踐」。

〔一二〕獨是宮屋宇幸存□□□□□□□□□□□□□□□□□□□□□□□新定　「新」前二七字，《隴右金石録》作「大朝有天下，元帥史公閫闊徒被命爲涇邠二州達魯花赤。是時西路」。

〔一三〕史公□□□□□□□□□□□□□□□□□爾稍稍歸集　「爾」前一五字，《隴右金石録》作「議分遣屬縣官，招致殘民，慰安撫諭，自」。

〔一四〕初畢食草實　《隴右金石録》作「初皆食草實」。

〔一五〕至是始有五穀絁□□□□□□□□□□□□□□□□□□□豐饒　「豐」前一六字，《隴右金石録》作「之閒，馬牛羊豕日加蕃息，公私儲蓄例致」。

〔一六〕史公命宣差重□□□□□□□□□□□□□□□□□□□□之曰　「之」前一八字，《隴右金石録》作「□□□良同知□平節制張瑀暨諸僚佐而謂」。

〔一七〕而衣食粗給□□□□□□□□□□□□□□□□□□□□回山上有王母宫　「回」前九字，《隴右金石録》作「少得休息矣。每見城南」。

〔一八〕吾欲舉修□□□□□□□□□□□□□□□□□□□□□□然曰　「然」前九字，《隴右金石録》作「州之形勝可乎？諸官訢」。

〔一九〕以□□□□□□□□□□□□□□□□□□□□□□□□聞秦隴教門提點洞陽真人盧公闡教西土　「聞」前九字，《隴右金石録》作「人以主持之，乃能就事」。

〔二〇〕即日□□□□□□□□□□□□□□□□□□□□□□□□戊戌歲正月也　「戊」前一三字，《隴右金石録》作「敬知宫門事，率徒侣以效營造，蓋」。

〔二一〕剪棘除□□□□□□□□□□□□□□□□□□□次而崇飾之　「次」前五字，《隴右金石録》作「之未安者，以」。

〔二二〕□□□□□□□□□□□□□□□□□□□□□□□□□□□□□□□□□□　《隴右金石録》作「□□□□其名曰回，楹棟崇崇。□□□隆，□□之宫。金運既衰，物莫不隨」二八字。從碑面文字布局分析，《隴右金石録》可能在行首脱序文末三、四字，銘辭中於「□□之宫」後脱四言一句。

〔二三〕□□□□□□□□□□□□□□□□□□□□□□□□□□□□□□□□□□□　《隴右金石録》作「□□□□□□□□□□□□功斯成兮□□□□□□銘兮垂千齡兮」。

〔二四〕後闕　張維《隴右金石録》按云「碑末有道正郭德敬」。

二八　大德三年銅權　大德三年

大德三年銅權，大德三年（一二九九）造。二〇一二年徵集於寧夏回族自治區固原市原州區，現存寧夏固原博物館。權黄銅質，通高九點五釐米。方鈕圓穿，權體呈扁六棱體，每面下部稍寬，其下束腰及座亦呈六面，如須彌座式，座平底。正面鑄楷書陽文。《固原文物精品圖集》（寧夏人民出版社，二〇一三年）著録。

大德三年銅權（大德三年）背面照片

大德三年銅權（大德三年）正面照片

録文

大德三年」

二九　大德三年銅玉壺春瓶（一）　大德三年

大德三年銅玉壺春瓶，大德三年（一二九九）造。徵集於甘肅省慶陽市鎮原縣城關鎮，現存鎮原縣博物館。瓶黄銅質，高二九釐米，口徑七點二釐米，足徑八點二釐米。侈口，頸部細長且略收束，修肩垂腹，形若懸膽，圈足。口内鑄一陽文符號，頸上陰刻一×形紋。圈足外緣鑄楷書陽文漢字一行九字。王博文主編《鎮原博物館文物精品圖集》（甘肅文化出版社，二〇一五年）著録。

該瓶造型精美，銘文清晰，且爲官造之器，對於研究元代中期社會經濟具有參考價值。

大德三年銅玉壺春瓶（一）（大德三年）照片

大德三年銅玉壺春瓶（一）（大德三年）圈足銘文照片

大德三年銅玉壺春瓶（一）（大德三年）口沿照片

録文

大德三年七月日官造。∟

三〇　大德三年銅玉壺春瓶（二）　大德三年

大德三年銅玉壺春瓶，大德三年（一二九九）造。出土於甘肅省張掖縣鹼灘鄉老仁壩村十一社，一九九一年村民捐獻，現存甘肅省張掖市甘州區博物館。瓶黄銅質，底殘缺，腹部有兩孔。通高二九點三釐米，口徑七釐米，足徑八點二釐米。侈口，頸部細長且略收束，修肩垂腹，形若懸膽，圈足。口内鑄一陽文符號。圈足外緣鑄楷書陽文銘文一行九字。

大德三年銅玉壺春瓶（二）（大德三年）照片

大德三年銅玉壺春瓶（二）（大德三年）圈足銘文照片

大德三年銅玉壺春瓶（二）（大德三年）口沿照片

録 文

大德三年七月日官造。

三一　創建玉泉觀記　大德六年

《創建玉泉觀記》，大德六年（一三〇二）正月立。原碑已佚，現存者爲明嘉靖四年（一五二五）重製，存甘肅省天水市秦州區玉泉觀碑廊。碑青石質，殘高一八三釐米，寬九二釐米。首身一體，圓首，碑身長方形，碑座已佚。碑身飾卷草紋邊框。碑文楷書，二二行，滿行四五字。張維《隴右金石録》（蘭州古籍書店，一九九〇年）、《天水碑文選》（《天水文史資料》第九輯，二〇〇二年）、趙昌榮《玉泉觀志》（甘肅文化出版社，二〇〇二年）、劉雁翔《天水金石文獻輯録校注》（三秦出版社，二〇一七年）著録。

碑文記述全真道士梁志通等創建秦州玉泉觀經過。

創建玉泉觀記（大德六年）局部照片

創建玉泉觀記（大德六年）碑體照片

□建玉泉觀記(一)∟

▯林國史院承旨知制誥、中順大夫唐仁祖▯∟

▯四川行中書省左右司員外郎喬宗亮▯∟

▯秦州□□□，在州西二里北山崗林間，全真師梁志通所建。師即丘神仙徒裔也。初，圜堵修道於太原東山聖泉觀，幾∟□□□□□□
□□□□之長春(二)，南歷汴之朝元，涉關陝，至于秦亭。秦，古成紀也。夾帶山河，喉襟蜀隴，雖臨關塞，∟□□□□拔宅飛▯(三)∟□□□
□丹古跡(四)，靈都真境，□□□存(五)。志通竊慕修隱，乃乞地於師汝舟、張黑子，得餘五畝，坡陀荆棘，岑寂幽居，誠明淵∟□□□崇而請禱者
符之□□□人敬而異之(六)。道價重聞，只必帖木兒大王賜號煙霞無爲太師，玄門掌教王真人號∟□□玄子(七)。師一旦謂弟子□□亮曰(八)：且夫田
叟市民，粗一家之安，遇一歲之豐登，立祠宇，設像儀，尚知所謝。今道家者∟流，原於□花老子職柱下□□人代之久(九)，述∟□□□□□
帝大道之書(一〇)，祖軒岐至貞長生之説，況羲皇生於本土，三聖人者開元立極，神功聖化，萬祀無窮，何不崇其∟□□□□□□□□□此
奇事也(一一)。其鄉豪士族，相爲經紀數歲，聞者莫不蠲財助力而爲之。以觀基迫隘，剗削垂崖∟□□□□□□□太上殿(一二)，事之以五
祖七貞。至元己丑建∟□□□□□□□□伯(一三)。棟□宏麗，位置高敞，下瞰井邑，曠若在於塵世之表。崖鑿圓龕，幻如蟻穴，素隱者可
以寓百年∟□□□□□□□□澄寂(一四)，祈飲者可以愈邦人之疾。樹繞泉亭，簷楹蔽映，如入畫圖。觀因境勝，名曰玉泉。凡道院廚庫∟
□□□□□□□□弟子弘真闡教大師鍾道亮(一五)，礱石將以紀師營度修習之功，不遠千里而來，徵文於余。嗚呼！師作∟□□□□□□□□
啓之曰(一六)：求道學仙之侶，以清淨爲本，以道德爲心，以天地爲蘧廬，以遘進爲外物，超凡入聖，忘∟□□□□□□□□夫紹玄學而述
老氏(一七)，尊三聖而繼七貞，以形神自全，以堅苦自勵，塊然無□，默然無爲，善於至∟□□□□□□□(一八)。二者得兼，其惟達玄子乎！
師姓梁，志通其諱也，介休人。甫年十二辭親悟道，授業於馮志清。馮∟□□□□□□□□□高弟也(一九)。於是乎書。∟

▯壬寅朔上旬有五日(二〇)，玉泉觀全真道人梁志通徒衆立石。∟▯秦州▯重書立石(二一)。蘭、秦州庠生張綬、張熙化篆鐫。∟

校勘記

〔一〕□建玉泉觀記　「建」前殘一字，《隴右金石録》作「創」。

〔二〕幾□□□□□□□□□□□□之長春　《隴右金石録》作「幾三十年，至元辛未，披□□□□之長春」。

〔三〕□□□□拔宅飛□　「拔」前殘四字，《隴右金石録》作「如茅君之」。

〔四〕□□□□丹古跡　「丹」前殘四字，《隴右金石録》作「太上之煉」。

〔五〕□□□存　「存」前殘三字，《隴右金石録》作「石刻具」。

〔六〕誠明淵□□□崇而請禱者符之□□□人敬而異之　《隴右金石録》、《天水碑文選》作「誠明淵静。或□崇而請禱者，符之必應，秦人敬而異之」。

〔七〕玄門掌教王真人號□□玄子　「號」後殘二字，《隴右金石録》作「爲達」。

〔八〕師一旦謂弟子□□亮曰　「子」後殘二字，《隴右金石録》作「道亮」。

〔九〕原於□花老子職柱下□□人代之久　「柱下」後殘二字，《隴右金石録》、《天水碑文選》作「史閲」。

〔一〇〕述□□□□□帝大道之書　「述」後殘五字，《隴右金石録》作「伏羲、神農、黄」。

〔一一〕何不崇其□□□□□□□□□□此奇事也　「其」後殘一〇字，《隴右金石録》作「廟而報之禋祀乎？鍾嘆曰」，《玉泉觀志》「廟」前有「聖教建」三字。

〔一二〕□□□□□□□□□太上殿　「太」前殘九字，《隴右金石録》作「芟夷荆棘，至元丙午起」。

〔一三〕至元己丑建□□□□□□□□□伯　「建」後殘九字，《隴右金石録》作「玉皇殿，事之以風后牧」。

〔一四〕素隱者可以寓百年□□□□□□□□澄寂　「年」後殘八字，《隴右金石録》作「之□。山腹出泉，冥然」。

〔一五〕凡道院廚庫□□□□□□□□弟子弘真闡教大師鍾道亮　「庫」後殘八字，《隴右金石録》作「器用無所不備。□□」。

〔一六〕師作□□□□□□□□□啓之曰　「作」後殘九字，《隴右金石録》作「□□達之，是以勤矣。余」。

〔一七〕忘□□□□□□□□□夫紹玄學而述老氏　「忘」後殘九字，《隴右金石録》作「□□□是難能也。若」。

〔一八〕善於至□□□□□□□□□　「至」後殘九字，《隴右金石録》作「□□其無事是難能也」。

〔一九〕馮□□□□□□□□□□□□高弟也　據《隴右金石録》、《天水碑文選》，此句當爲「馮爲寧神子張志謹，張即丘門之高弟也」。

〔二〇〕□壬寅朔上旬有五日　上闕文字，《隴右金石録》、《天水碑文選》作「大元國大德六年歲次辛丑孟春」，《玉泉觀志》作「大元國大德六年歲次壬寅孟春」。

按，大德六年即壬寅年。

〔二一〕□秦州□重書立石　此行明人所題，張維《隴右金石録》按云「明嘉靖四年重書立石」。

三二 感應金蓮洞記 大德六年

《感應金蓮洞記》，大德六年（一三〇二）七月立。現存甘肅省隴南市成縣店村鎮店村金蓮洞。碑青石質，由碑首、碑身、碑座組成。碑首帽形，碑座浮雕四足方床式。碑通高二六六釐米，寬一二六釐米，厚二〇釐米。首高八四釐米；身高一四八釐米，寬八四釐米，厚二〇釐米；座高三四釐米，寬七八釐米，厚三三釐米。碑身飾卷草紋邊框。碑陽額題雙鈎篆書「感應金蓮洞記」二行六字，兩側陰綫刻雙龍圖。碑陽楷書，三四行，滿行六四字。劉森撰文。碑陰額題雙鈎篆書「金蓮洞常住記」二行六字，兩側淺浮雕雙鳳圖案。碑陰楷書，分爲兩欄。上欄爲大德五年金蓮洞地土公據，三〇行，滿行二三字。下欄爲道士及助緣者名録，二七行，滿行二六字。吴景山《西北民族碑文》（甘肅人民出版社，二〇〇一年）、趙逵夫主編《隴南金石校録》（社會科學文獻出版社，二〇一八年）、蔡副全《隴南金石題壁萃編》（中華書局，二〇二一年）有録文。

碑文記述全真道士在隱修之所金蓮洞修建宮觀經過，以及與朝廷、地方官府及民衆間互動情況。

感應金蓮洞記（大德六年）碑體照片

感應金蓮洞記（大德六年）碑陽拓片

碑陽

感應金ㄥ蓮洞記（額）ㄥ

金蓮之名，提點秦蜀九路道教天樂李真人所命也；鼎新此洞，莊嚴聖像，恢弘道境者，重陽萬壽宮洞觀普濟圓明高真人之門人劉道通、羅道隱也。記者，紀其本末，ㄥ徽州學校士合陽劉森所作也。森，道通季父也。至元丁丑歲，二道人者自重陽而來參訪諸方，道過泥陽，欲別森而往青城修道焉。森曰：「道無方，何必青城，但與塵俗迴ㄥ隔，幽靜之地可也。」乃詢諸居人杜鼎新，言：「泥陽之南山行六七里有洞闃寂，誠修真之所，盍往求之。」二人乃陟崗而望，果見屏列諸峰，嵯峨而拱北，帶連雙澗，迂迴而朝ㄥ東。中有一峰，林壑尤美，峰有一洞，端受朝陽。遂披荊棘，覓蹊徑，入洞而觀，外存垣墻數尺，中有「仙洞」二字多留題者，年既遠而字罕存，僅得一二，乃宋人許居士之所築ㄥ也。二人喜其幽靜之可取，又難其糞壤之堆積，然以修道爲心，固不憚其辛勤。於是備糗粮，具畚鍤，勞筋苦骨，壅塞者開通之，頹壞者修補之，缺者填之，高者平之。凡三ㄥ閲月，户牖庖湢皆有其所，可以棲真而養靜矣。常徘徊於洞之側，相顧而言曰：「此洞雖迫近四山，然地偏路絶，有隔凡之勢，雖混處郊野，然坡峻林深，非可耕之地。內則ㄥ受日月之輝，焕燦於朝昏；外則藹雲煙之瑞，雰霏於左右。」遂於洞中塑太上、聖容真人二像，以爲修真之所。由是人皆覩像生敬，有疾苦者咸往求救，意謂修真之士ㄥ必有拯救之方，而道人存心專於內修，初不尚乎法籙之顯。然彼有所求，豈忍棄之而不救？必依太上流傳，隨其請而施以符法，聽其緣如何耳。故得符愈靈人愈信，ㄥ蓋有不期然而然者。初施於鄉境，繼及於鄰郡，雖秦鞏之外，于于而來者不憚山水之遠，非一朝一夕矣。或曰，栗亭元帥田守節、千户卜光輔、鄉長杜鼎新等感其玄化，ㄥ入洞瞻仰，而相謂曰：「此洞，實吾鄉之福地也。貴賤老幼有疾苦者皆賴而安，當粧鑾以答聖恩之萬一。」有請於道人共爲之，二人謂修真之道，奚假外飾，不諾其請。庚ㄥ辰冬，回重陽宮以白掌教李真人，真人曰：「道之修成雖由乎內，道之著顯亦資於外，宜從其請，使彼此兩利矣。洞既朝東，爲命其名曰金蓮。昔吕祖師之授道也，命ㄥ王祖師向東而觀，王君曰：「某見東方有七朵金蓮結子。」吕公曰：「即丘劉譚馬郝孫王是也。」命名之義，蓋取諸此。況金者堅剛不壞之性，蓮者離垢出塵之物，體此而行，則ㄥ上契祖師相傳之妙，下成內外修進之功，不亦宜乎？」遂承教而迴，先施金綵於太上真人，增塑真武真君、太一救苦天尊及左右侍衛。至元庚辰及癸未歲，蒙ㄥ

天樂真人仍給示榜文以爲外護。己丑載，行院汪公暨本路都道録西巖馮真人偕訪洞中，重給據以示衆。宣慰田公與其叔府判慮道人終有四方之志，眷ㄴ眷攀留。道人爲見田侯舉族敬信，終始不渝，乃喟然嘆曰：「吾儕求修内行者，必本於全真宗師傳性命之訣；求積外功者，必賴乎符法聖賢顯救治之驗。今二者未有ㄴ奉香火之所，於左創三洞法籙之院，於右塑五祖七真之像。」木工畫士一時雲集，已備者就加粧飾，未完者從而增修。玉相金容，光輝一洞，庶幾乎爲ㄴ國有以祈祥，爲民有以祈福矣。既而元帥田君義覩洞前隙地，有建修樓門之志，得千户卜朝瑛、總領杜永壽及鄉境衆信，鳩工構材，天水鍾寔亦捐鏹以助。碧瓦朱ㄴ甍，輝映巖壑，上則像長生大帝爲南昌，下則列龍虎二君爲護法，井井規模，良可觀矣。大德丙申，田府判之子元帥守璋以符法救濟之驗聞于ㄴ王庭，令旨賜額，特加感應，又賜號道通清靜湛然真人。繼而千户卜朝瑛再奉ㄴ王命以護持，重立遠門，捨童子出家以備洒埽。是洞也，經始於丁丑之冬，落成於壬寅之夏，美輪美奂，豈易爲哉。若或庇祐教門，主持洞宇，皆徽城牧守、僚佐之力也。由ㄴ是觀之，大道之行，豈虛行也哉？且此洞隱乎萬山之間，昔日之墟洞也，今乃廓開道境，號曰金蓮。天真之像森羅，神仙之教流布，救人疾苦，列郡皈依，實聖凡交感ㄴ之地也。且道人昔日之來，瓢杖化齋，人所不識，今乃爲當途取重，遠近瞻依，甚至ㄴ王命褒錫，號曰真人。自愚觀之，今之金蓮樓臺金綵香燈器用，一一具足，固非昔日之洞。今之道人，雖有洞宇之壯而不以爲得，雖有ㄴ王命之錫而不以自居，糲食麄衣，始終如一，猶當來之貧道人也。然自入洞以來，至于今日，修造之費錢不下數千緡，工不下數十萬，彼何以致之，皆遠近信心之所出ㄴ也。且貴賤捨財之心，莫非感其符之靈。符之靈，聖賢之陰相也。而聖賢陰相之心，莫非取道人修道之心也。方其入洞之初，求積内行，人有疾而求者，以此修道之ㄴ心而救之也。以此心對天而天應，行符而符靈，祛邪而邪退，治病而病除，由一誠之所感也。故曰誠者天之道也，思誠者人之道也，至誠而不動者未之有也，不誠未ㄴ有能動者也。後之接踵者，以此心行此道，内以修身，外以濟人，則足以動天地、感鬼神，内功外行不日而成也。衆議□森備知本末之由，求字刻石，實迫於親，不容固ㄴ辭。然豈敢阿之，皆十手十目之所知也。不憚學淺年衰，勉爲記云。

旹大德壬寅夏合陽劉森謹記。前成州儒學正陳季篆。成州儒學正張桐孫書。ㄴ開山洞主清虛玄靜大師、清靜湛然真人劉道通，師兄悟玄大師、韜光子羅道隱，鄉長杜鼎新，卜光國，田守節、守琮、守璋，卜朝玘、朝珪、杜永年、蒲忠孝刊。ㄴ陝西五路西蜀四川道教提點兼重陽宫事孫德彧，前鞏昌路都道録、葆光冲虛真人馮世珍，鞏昌路都道録任通玄，明真大師、徽州道正黄道光；ㄴ從仕郎、同知徽州兼諸軍奥魯王祐，進義副尉、徽州判官兼諸軍奥魯丁伯顔察兒，徽州管軍元帥田帖木哥，徽州管軍千户卜朝武立石。ㄴ

承務郎、徽州知州兼諸軍奥魯勸農事完顔朶立赤　敦武校尉、西和州知州兼諸軍奥魯勸農事田普令真兒　將仕佐郎、同知金洋州兼諸軍奥魯武祐ㄴ功德主：昭勇大將軍、四川等處行樞密院使汪清臣　廣威將軍、四川等處轉運使田守富　忠翊校尉、徽州達魯花赤兼諸軍奥魯勸農事□買的ㄴ都功德主：昭勇大將軍、鞏昌平涼二十四處便宜都總帥兼鞏昌府尹汪壽昌ㄴ

碑陰

金蓮洞ㄴ常住記（額）ㄴ

上欄

聖旨裏，ㄴ察忽真妃子、ㄴ揑木來大王令旨裏，徽州ㄴ據道人劉道通狀告：於至元十四年間，在本州所管地面泥ㄴ陽南山踏逐到古洞一所，號額「金蓮」。剏業焚修，立觀度人，行ㄴ符救治，經今二十四載。近於大德三年，有本洞前後施主楊ㄴ仕信、李志明、卜世榮、羅德新、李福成等所有各家，斫占置買ㄴ荒閑山坡、溝谷地土，土木相連，皆傳本洞前後左右，遂立捨ㄴ狀，開具四至，情願捨與金蓮洞，永充常住，助緣福田。道通ㄴ思忖：得前項所捨地土，雖有各家情願，捨狀在手，爲無官司ㄴ印押、公據文憑，恐後別有諸人妄行爭奪。今將捨狀抄連在ㄴ前。告乞詳狀，給具施行事，得此行下。據泥陽里正劉文進等ㄴ狀申，依上前去地頭，呼集衆户并及地鄰人等從實勘當得：ㄴ楊仕信衆户父子、兄弟等除留養贍地土外，情願將金蓮洞ㄴ周圍生荒山坡、溝谷地土，土木相連，不計畝目，委是寫立文ㄴ字，已行捨施與金蓮洞住持道人劉道通爲主，永充常住。中ㄴ間別無冒捨侵裹他人地土，亦無違礙。得此。文進，已取訖各ㄴ人重甘執結文狀，保結是實，乞照驗。得此。使州相度：既勘當ㄴ得前項地土元立捨狀，四至明白，並無違礙。出給公憑，付道ㄴ人劉道通，永爲金蓮洞常住，所有公憑合行出給者。今開四ㄴ至于后：東至洞對面山後水溝出嶺爲界；東南從ㄴ小石堎連大山嶺至塌土水溝連洞上第三嶺下古檞出ㄴ山爲界；南從古檞出山分嶺直至南大山嶺後大官ㄴ道爲界；西南從南嶺後官道順嶺出山正西嶺上小ㄴ道直至場窠爲界；北從場窠東出嶺直至正東黑石ㄴ頭下水溝滴水崖對照爲界。ㄴ

右給公據付道人劉道通收執。准此。ㄴ

（印）（押）（押）ㄴ

大德五年五月十六日。ㄴ

下欄

開山立洞玄門法派具列于后：└

師兄：塗道寧　門人：何道淵　白正仁　趙泰祥　└徒弟：劉混先　梁混仁　馬混成　楊捨童└

護洞緣化道侣：萬福宫住持苟保真、俗兄劉德溥、保真子安德和、└希玄大師王應龍、明真講師蒲道光、頤真保和大師馬道沖、道判羅志聰、└沖和大師王吉祥、通玄大師南師震、華嵓宫住持黎師全、提舉馬善真、└妙嚴宫住持何惠成、真武宫住持何德冲、弘道大師侯濟緣、馬善英、└通玄大師王守真、道正鄭守禎、羅德用、苟乃清、田清璡、蒲世玹、俗親儒士梁道隮、└溥謝諸方檀信└劉道通、羅道隱等，向來以化飯道人雲遊諸方，見此洞幽静，修爲└道境，已功成矣。今既立石，豈可懵然無言及諸檀信？且檀信者，上自└總府諸衙院，遍及諸郡└達魯花赤、管軍元帥└知州相公、同知、州判、經歷、知事、守領官、都目、令史、典吏、諸└學士外，而諸方千户、百户、都總領、提控、里正、社長，或軍或民之頭目，└遠方近境善男信女至於└講主、師德，教授、學正、學録，道録、講師等，莫不捨財以備粧鑾，捨└木以備材植，或施工粮，或勞筋骨，凡於此洞結緣者比比皆是。若將└街銜刻石，爲姓名繁多，不可勝紀，略致斯言，以代備書。伏望└鈞慈、台慈咸賜寬量，勿以有名無名而生艱難，蓋此洞實└檀信之福田也。└諸天大道衆聖└高目下耳，悉知悉見，衆心願望皆得圓滿，豈在有名而有善報耶？所└以記。末溥伸懇覆，各希└炤亮。└

大德六年太歲壬寅七月中元節，金蓮洞劉道通、羅道隱謹覆。└捨石：趙祥、塗桂先，王子忠刊，└畫士趙仲富。└

三三　大元崇道詔書之碑 大德六年

《大元崇道詔書之碑》，大德六年（一三〇二）八月立。現存甘肅省天水市秦州區玉泉觀内。碑通高二三八釐米，首高八〇釐米，身高一五八釐米，寬五三釐米，厚四七釐米。八螭首，碑身爲四棱柱。碑文楷書。碑陽刻至元六年（一二六九）正月世祖頒「大元崇道詔書」，一六行，滿行四〇字；碑陰刻「玄通弘教披雲真人全真列祖賦」，二六行，滿行七三字；碑右側刻「全真祖宗之圖」；碑左側分爲兩欄，上欄刻「純陽真人授重陽祖師秘語」，下欄刻宗派傳承圖。陳垣《道家金石略》（文物出版社，一九八八年）、張維《隴右金石録》（蘭州古籍書店，一九九〇年）、趙昌榮《玉泉觀志》（甘肅文化出版社，二〇〇二年）、唐曉軍《甘肅古代石刻藝術》（民族出版社，二〇〇七年）、劉雁翔《天水金石文獻輯録校注》（三秦出版社，二〇一七年）著録。

大元崇道詔書之碑（大德六年）碑座照片

大元崇道詔書之碑（大德六年）碑體照片

大元崇道詔書之碑（大德六年）碑陰拓片

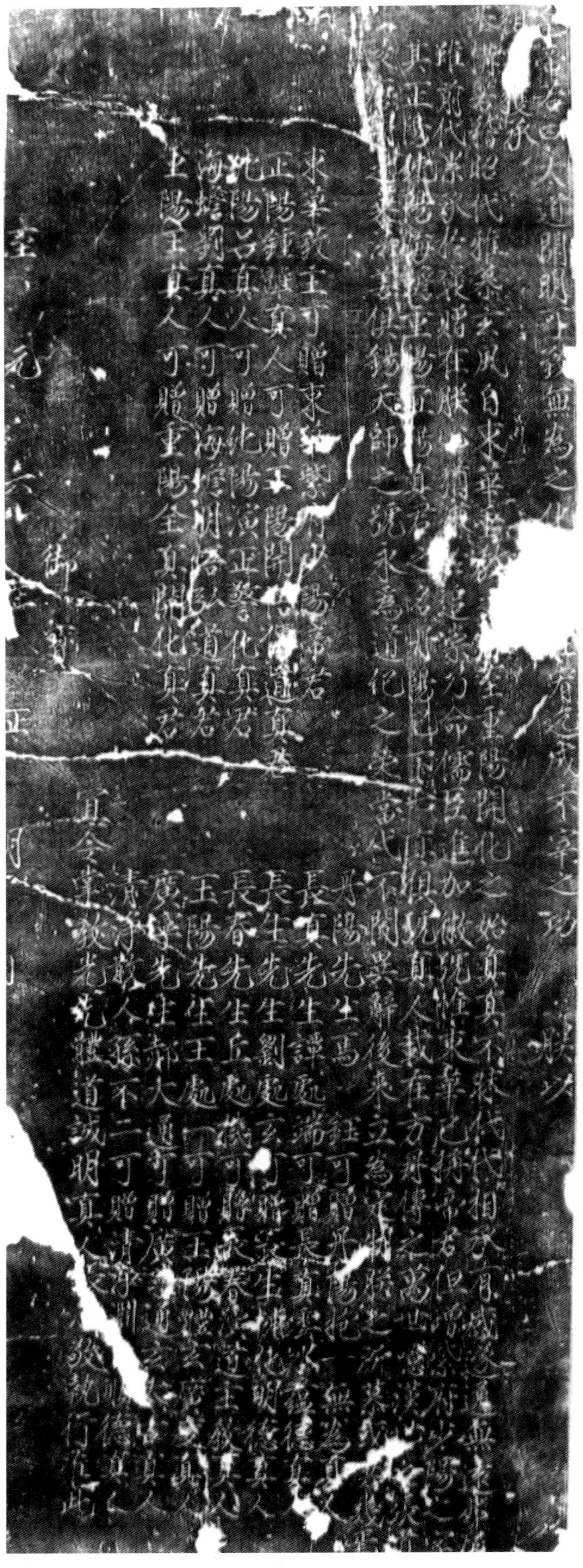
大元崇道詔書之碑（大德六年）碑陽拓片

大元崇道詔書之碑（大德六年）碑左側拓片

大元崇道詔書之碑（大德六年）碑右側拓片

録文

碑陽

大元崇道詔書之碑（額）∟

皇帝若曰：太道開明，可致無爲之化；□□在宥〔一〕，迄成不宰之功。朕以∟祖□獲承∟基構〔二〕，若稽昭代，雅慕玄風。自東華垂教之餘，至重陽開化之始，真真不昧，代代相承，有感遂通，無遠弗屆。∟雖前代累承於褒贈，在朕心猶慊於追崇。乃命儒臣，進加徽號，惟東華已稱帝君，但增紫府少陽之字。∟其正陽、純陽、海蟾、重陽宜賜真君之名，丹陽已下七真，俱號真人，載在方册，傳之萬世。噫！漢世之張道∟陵，唐朝之葉法善，俱錫天師之號，永爲道紀之榮。當代不聞異辭，後來立爲定制。朕之所慕，或庶幾焉。∟

東華教主可贈東華紫府少陽帝君

正陽鍾離真人可贈正陽開悟傳道真君

純陽吕真人可贈純陽演正警化真君

海蟾劉真人可贈海蟾明悟弘道真君

重陽王真人可贈重陽全真開化真君

丹陽先生馬鈺可贈丹陽抱一無爲真人

長真先生譚處端可贈長真雲水蕴德真人

長生先生劉處玄可贈長生輔化明德真人

長春先生丘處機可贈長春演道主教真人

玉陽先生王處一可贈玉陽體玄廣度真人

廣寧先生郝大通可贈廣寧通玄太古真人

清淨散人孫不二可贈清淨淵□順德真人〔三〕

宜令掌教光先體道誠明真人張志敬執行，准此。

御寶

至元六年正月　日。∟

碑陰

玄通弘教披雲真人全真列祖賦

榮禄大夫、大司徒汪惟賢篆額。∟

無名道人閑居於丈室，絶相公子□進而問曰：「我聞吾子參全真出世之宗，習太上不言之教久矣乎，必能深究其宗派首末也。其祖何先，其宗何始，僕雖不敏，亦可得而聞乎？」對曰：「何先生∟之發問造次也？吾聞將濟巨海者必階于岸，將登太山者必因於麓。爾未嘗游涉乎正教之藩籬，而輒欲窺其堂奥，其可乎哉？雖然，今日方暇，吾不忍廢此高論，請爲吾子談其標末而已。全真∟非道乎哉？道固無始。全真非德乎哉？德固無先。三清，全真之主也，不全其真，曷爲三清？四帝，全真之師也，不全其真，曷爲四帝？由是言之，龍漢以前，赤明之上，全真之教固已行矣。但聖∟者不言，而天下未之知耳！逮我東華帝君王公者，分明直指曰，此全真之道也，然後天下驚駭傾向而知所歸依矣。帝君乃結庵于青海之濱，受訣於白雲之叟，種黄芽于岱阜，煅絳雪于崑∟崙，陰功普被於生民，密行遠沾于後裔。然後授其道於正陽子鍾離公者，暗剖瓊符，潛分玉篆，錫以大丹之祕訣，付之藥笈之靈章，傳周天起火之經，教飛龍鑄劍之法，煉形似鶴，養氣如龜。∟然後授其道於純陽子吕公者，鼎攢乎四季五行，藥按乎三元八卦，赤鳳吐南方之髓，烏龜含北海之精，离坎交加，甲庚會合，彈指上超于碧落，轉頭西過于青城。然後授其道於海蟾子∟劉公者，破錢知富貴之空，累卵示功名之險，頓辭燕相，恭禮玄都，陶真於太華之前，遁跡在終南之下，口吞日月，手握乾坤，作長生久視之仙，結固蔕深根之友。然後授其道於重陽子王公∟者，發揚秘語之五篇，煅煉還丹之九轉，譚中捉馬，丘上尋劉，餐霞於碧嶠之前，養氣向青松之下，飲甘河之一滴，觀滄海之萬蓮，普化三州，同修五會。然後授其道於玉蟾子和公者，黑中隱∟白，雌内含雄，深窮有物之混成，妙達谷神之不死，虎左旋而入地，龍右遶以飛天，五氣朝元，三花聚頂。然後授其道於靈陽子李公者，損之又損，爲以無爲，三家不忍於往還，二物□□□會∟□，髮消舊白，臉出新紅，神駕爛遊於十天，雲騎獨飛于八海，翱翔五嶽，嘯傲三峰。然後授其道於丹陽子馬公者，慈悲濟物，方便度人，指五行不到之方，説一氣未形之□。□開□□□□金∟門，既分十化之梨，應徹三清之舉，鞭笞紫鳳，上下青霄。然後授其道於長真子譚公者，冥符大道，密契玄機，棲神寂寞之鄉，煉氣希夷之境，丹成九色，名掛三天。然後授其道於□□□□∟公者，手握天關，足摇地軸，節操比松筠之雅，肝腸逾鐵石之堅，倒騎金馬上青霄，穩駕鐵牛耕碧海，北朝紫闕，南度朱陵。然後授其道於長春子丘公者，東辭海縣，西入磻溪，六七年□□於∟飢寒，三萬里甘迎于風雪，出有入無，漏泄兩儀之造化，存神積氣，圓成七載之功夫，千光遍照于十方，三國同宣于一日，獨表神仙之領袖，大開道德之門庭，齋壇日赴于□□，□介坐觀於千∟萬。然後授其道於體玄大師玉陽子王公者，煉成正氣，戰退魔軍，立鐵查山下之風，坐雲光洞中之水，道號暗來于傘竹，仙班得預于金蓮，拜皇家五度之宣，翫海外□□之□。然後授其道ㄴ於廣寧子郝大通者，口中安口，身外觀身，會八卦以周天，審六爻而定位，寧海市中挽回日月，趙州橋下坐斷冰霜，袖藏海外之蟠桃，手種月邊之丹桂。然後授其道於清靜散人孫仙姑ㄴ者，頓釋□□，□□□□，棄黃金如糞土，抵白璧於涅塗，蓑衣東別於家鄉，竹杖西遊于雲水，六年了道，九轉成功。然後授其道於默然子劉師叔者，諸緣罷舊，一念歸真，手拿海底之金烏，親ㄴ得蟾中之玉兔，枯木開花于曉露，寒灰發焰於春風，鼎内鉛乾，爐中汞死。然後授其道于長清子嚴公者，振危拔苦，接物利生，龍吟离位之中，虎嘯坎方之内，水火顛倒，陰陽混融，姓名先掛ㄴ於丹臺，蹤跡屢遊于紫府。然後授其道於醴泉史風子者，外建因緣，内明造化，金鼎夜調于五氣，雪芽春採于三田，衣掛六銖，鶴乘千歲，火棗朱懸於曉日，交梨碧燦于秋風。然後授其道於ㄴ回陽子于公者，行則措足于坦塗，住則凝神于太虛，坐則勻鼻端之息，卧則抱□□之珠，行滿飛昇于白日，功成歸去于玄都。然後授其道於雲中子蘇公者，調和四象，斬伐三彭，瑶臺之秋ㄴ月當懷，閬苑之春風破夢，玉鑪雪白，金鼎霜紅，騰身快三島之遊，回首赴羣仙之約。然後授其道於雲陽子姚公者，氣中養氣，神内頤神，貫通道德之真詮，透脱陰符之妙理，眼界不生而青ㄴ龍自住，鼻門大啓而白虎常停，丹臺記不老之名，玉簡刻長生之字。此全真列祖之宗派也。絶相公子蹙蹙然坐不安席，以手當膺而謝曰：「吾儕小人也，乃不知教門浩汗，道海汪洋，如此其盛ㄴ矣乎！」無名曰：「上世以來，聊復如此，自今以去，巧曆難窮。仙源滚滚以相承，法嗣聯聯而不斷。跨鶴乘鸞者莫知其數，降龍伏虎者繼有其人。十九枝玉樹重芳，天開祕牒；半萬朵金蓮再坼，地發ㄴ靈章。墨窮恒華之松，不足以紀續仙之號；紙盡江淮之楮，不足以書列聖之名。法輪長轉於閻浮，道日重光於宇宙，姑言其大概云耳。若其具述而詳言之，從劫至劫，終不可盡。」絶相公子口呿ㄴ然而不合，舌撟然而不下，蒼惶戰慄，無地自容，曰：「而今而後，洗心沐肝，願從門下，執洒掃□□矣！」

施碑石會首前秦州儒學正劉懋德。ㄴ

全真祖宗之圖

沖虛真人列子
通玄真人文子
無上真人關令尹
金闕玄元上德皇帝太上老君 二月十五日降 四月初八日昇
太極真人徐甲
洞靈真人亢倉子
南華真人莊子

海蟾明悟弘道真君劉 十二月二十四日降 十一月二十七日昇
正陽開悟傳道真君鍾離 四月十五日降 五月二十日昇
東華紫府少陽帝君王 六月十五日降 十月十六日昇
純陽演正警化真君呂 四月十四日降 五月二十日昇
純陽全真開化真君王 十二月二十二日降 正月初四日昇

廣寧通玄太古真人郝 正月初三日降 十二月三十日昇
長春演道主教真人丘 正月十九日降 七月初九日昇
長真雲水蘊德真人譚 三月初一日降 四月初一日昇
丹陽抱一無爲真人馬 五月二十日降 十二月二十二日昇
長生輔化明德真人劉 七月十二日降 三月初六日昇
玉陽體玄廣度真人王 三月十八日降 四月二十三日昇
清淨淵貞順德真人孫 正月初五日降 十二月二十九日昇

通玄大師楊志靜
清真大師綦志清
玄真大師張志遠
通玄大師李志常
崇道大師張志素
葆光大師王志明
清貧道人夏志誠
清和大師尹志平
虛淨先生趙道堅
長春演道主教真人
沖虛大師宋道安
虛寂大師孫志堅
清虛大師宋德方
沖虛大師于志可
通真大師鞠志方
頤真大師鄭志修
悟真大師孟志穩
保真大師何志清
沖和大師潘德沖

存神應化洞明真人祁 十一月十四日降 十一月二十八日昇
光先體道誠明真人張 正月十七日降 十二月二十九日昇
清和演道玄德真人尹 正月十九日降 二月初六日昇
長春演道主教真人丘
真常至德佑玄真人李 正月二十日降 六月二十日昇
崇真光教純真真人王 十月十八日降 十一月二十一日昇
輔元履道玄逸真人張 十二月十一日降 □

秦州十方玉泉觀達玄子梁志通立石

碑左側

祖師五篇秘語（額）∟

上欄

純陽真人授重陽祖師秘語　宣授陝西□□西蜀四川道教提點玄明文靖天樂真人李道謙∟

驀臨秦地，泛游長安，或貨丹於市邑，或隱跡於山林。∟因循數載，觀見滿目蒼生，盡是凶頑下鬼。今逢吾弟∟子，何不頓拋俗海，猛捨浮囂，好餐霞於碧嶠之前，堪∟鍊氣於松峰之下，斡旋造化，反覆陰陽，燦列宿於九∟鼎之中，聚萬化於一壺之內。千朝功滿，名掛仙都。三∟載慇懃，永鎮萬劫，恐爾來遲，身沉泉下。∟

莫將罇酒戀塵囂，每向鄽中作繫腰。龍虎動時拋雪∟浪，水聲澄處碧塵消。自從有悟途中色，述意蹉跎不∟計聊。有朝九轉神丹就，同奔蓬島去一遭。∟

蛟龍煉在火烽亭，猛虎擒來囚水晶。强意莫言胡論∟道，亂説縱横與事情。∟

鉛是汞藥，汞是鉛精，識鉛識汞，性住命停。∟

九轉成，入南京，得知友，赴蓬瀛。∟

大元國大德六年歲次壬寅仲秋下旬有二日，玉泉觀知觀何道元、任道□等并十方道衆同建立石。□士安道和刊石。∟

功德主：□□□將軍、前中書右丞行四川省事鞏昌平涼等二十四處□□□都□□尹汪惟孝　太夫人漆氏∟

下欄

登仕佐郎、成紀縣男主簿韓佑賢　通玄保真大師、成紀縣威儀馮道興　圓明通玄大師、威儀吕仲純　知書王□□、梁文□〔四〕

悟真大師何志源

寧神悟道廣玄真人張　九月十二日降初五日昇

清貧子王志堅

長春丘神仙門人　煙霞無爲大師達玄子梁　門徒

悟真子楊志□

阪泉尊師善濟普慈真人馮志清

明真大師姚知古

師叔陳志寂

李道希

李道平

馮道真

何道全

何道吉

李道恒

門德裕

何道淵

何道元

任道芳

楊道明

王道坦

安道和

王道夷

李道素

楊道洪

楊道固

段道□

玄真會　董文進　齊子忠

張子德　蘇世榮　莫德信

于世昌　王德欽　羅文義

通玄庵楊道□〔五〕

秦州帥府都總□□□壓蓋□□

王傅蒙古必者□□蓋文進

秦州漆匠副提鎮何讓

杭州路人氏蔡禮　秦□

達魯花赤張蒙古歹　男張文□

鞏昌人匠總管府副使楊永德

伏羌稅務提領黄仲禄

鞏昌府鄧忠　龐德全

鳳翔李進弟　李彦寧

西草市陳興祖　吴德忠

何珍　男何有忠　何有信

劉世顯　牙場提領李□

醫藥提領魏文秀

秦州雲錦院大使

校勘記

〔一〕□□在宥　《道家金石略》、《甘肅古代石刻藝術》作「至真在宥」。

〔二〕朕以祖□獲承基構　《道家金石略》、《玉泉觀志》、《甘肅古代石刻藝術》作「朕以祖宗護承基構」。

〔三〕清淨散人孫不二可贈清淨淵□順德真人　「淵」後殘一字，《道家金石略》作「貞」，《甘肅古代石刻藝術》作「真」。

〔四〕知書王□□梁文□　《天水金石文獻輯録校注》作「知書王混成、梁文義」。

〔五〕通玄庵楊道□　下闕文字，《天水金石文獻輯録校注》作「小師楊守明」。

三四　蹇興施佛結緣銅鏡 大德六年

蹇興施佛結緣銅鏡，大德六年（一三〇二）造。一九八四年甘肅省武山縣水簾洞拉梢寺保護維修過程中發現，現存武山縣博物館。鏡青銅質，圓形，直徑二八釐米，邊緣厚零點七釐米。背部正中有圓鈕，并附鐵挂鈎，無紋飾，邊緣鏨刻銘文一周五八字。臧全紅《甘肅武山千佛洞石窟出土木片畫》（《敦煌學輯刊》二〇一一年第二期），裴應東、楊成軍《元大德「蹇興」施銅鏡與武山拉梢寺懸鏡禮佛風俗》（《隴右文博》二〇一五年第二期）著録。

蹇興施佛結緣銅鏡（大德六年）照片

録　文

大元大德六年歲次壬寅，鞏昌府隴西縣臨渭關居住檀信男生蹇興、同室丁氏淑玉等，發心施鏡一面，於懸鈴山佛上結緣，祈一家長穉保祐平安者。⌞

三五 大元故提領燕君（慶安）墓表銘

大德七年

《大元故提領燕君（慶安）墓表銘》，大德七年（一三〇三）三月立。原存甘肅省慶陽市正寧縣周家鎮燕家村西燕氏家族墓前，一九八三年移存正寧縣博物館。碑燧石質，通高三〇〇釐米，寬一〇〇釐米，厚二〇釐米。由四螭碑首、碑身、贔屓座三部分組成。碑額題篆書「大元故鄰君墓表銘」二行八字。碑身長方形，飾卷草紋邊框。碑文楷書，二二行，滿行五〇字。蕭㪺撰并書，馬紹庭篆額，段德續刊石，燕珪建。劉得禎、李紅雄編《慶陽文物》（蘭州大學出版社，一九九五年），吴景山《西北民族碑文》（甘肅人民出版社，二〇〇一年），唐曉軍《甘肅古代石刻藝術》（民族出版社，二〇〇七年），《正寧縣志》（甘肅文化出版社，二〇一〇年）著録。

碑文記述鞏昌延安管民提領燕慶安生平及家族世系。

大元故提領燕君（慶安）墓表銘（大德七年）碑體照片

大元故提領燕君（慶安）墓表銘（大德七年）碑文拓片

大元故鄰乚君墓表銘（額）乚

大元故提領燕君墓表銘乚

北海蕭𣂏撰并書。乚

承直郎、雲南諸路肅政廉訪副使馬紹庭篆額。乚

安西邸總管燕侯珪以大德己亥九月丁酉，合葬其考妣于寧州定平縣陳嚴莊新兆。既□事〔一〕，乚王錫珪楮幣二千五百緡，俾金石刻以告後，嘉侯之忠於國，孝於親，且旌善教也。乚秦王元妃亦錫銀百兩。於是介郎中令韓進道以濩澤侯均伯正甫之狀與幣來乞銘，既不得辭，乃敍之曰：君諱慶安，燕姓，而上世乚居隴西羌渾部中，莫詳其譜。金末，徙水洛城，生焉。國初，又徙定平。君天資重厚，高朗磊落，尚氣義武勇，騎射絶人。善乚天朝及回鶻北庭、諸羌落語。歲己酉，乚太皇太后以民三百户命君主之。至元初，陝西五路西蜀四川行中書省申命，署鞏昌延安管民提領，予之印符，就攝其達魯花赤乚事。君事上忠勤，取於下有制，民用不擾，分爭辨訟，曲直以明，人愛之久而不忘也。至元己卯十二月庚子卒，壽六十七。娶冀氏、馮氏、乚楊氏，皆後君卒。子男三：璵，打捕民匠長官，殁；珪，承直郎、怯連口隨路諸色民匠打捕鷹坊副都總管，方爲之，楊出也；璘，襲職，亦殁。女乚五，皆適名族。孫男三：思誠，興元鳳翔等處打捕鷹坊長官；擇善，宣授打捕民匠長官；勤禮，襲鞏昌延安管民提領。君所子曰乚添兒，亦殁，葬縣之杜邮，有男子江。今子孫蕃庶，恩好不衰。君事親孝，交人以信，睦姻舊，禮儒士，治家嚴肅，雖諸子侍側，未嘗假以色乚辭，故小大内外，罔不畏敬齊一。理生有方，田農畜牧之饒，歲入埒封君，而自養甚約。憙賓客，樂周人之急。嘗見賣宋俘，離其骨肉者，乚曰：「吾不忍也。」力爲贖之，或多方調護，脱置民伍，凡數十家。癃疾惸鰥者，時以帛米賑贍之。其在鄉里，是是非非，善者知勸，而惡者不乚敢肆。其殁也，遠近奔赴者，蓋以千數；感恩惠者，或爲之哀，亦數十百人，皆哭之哀。尹吉甫之詩曰：「民之秉彝，好是懿德。」信哉！維古《大乚司徒》有保息之政，寬養賑恤其老疾窮貧者，《閭胥》書其民之任恤者，蓋王政之所與也。是宜銘。其辭曰：乚

維昔召公國于燕，滅也子孫因氏焉。朅來幾世雄西邊，遥遥有以承蟬嫣。君生海寓森戈鋋，倜儻瑰瑋皆其天。乚事上臨下無頗偏，

親朋輕財好施尤所便。奇衺不作貪鄙悛，鄉曲武斷豈其然。教子問學思齊賢，盡忠補過恒拳拳。∟諸孫鼎貴方聯翩，奄忽零落歸丘山。遐邇泣涕漣，款辭貞石揭新阡，流芳播惠無窮年。∟

大德癸卯三月己丑朔清明日，珪建，∟安西等處採石副提舉段德續刊。∟

校勘記

〔一〕既□事　「既」後殘一字，疑作「蕆」。

三六　大元中書左丞謚貞肅汪公（惟正）貞善夫人耶律氏（書錦）之墓誌　大德八年

《大元中書左丞謚貞肅汪公（惟正）貞善夫人耶律氏（書錦）之墓誌》，大德八年（一三〇四）三月立。一九七二年至一九七九年間出土於甘肅省漳縣汪氏墓羣之汪惟正與夫人耶律書錦合葬墓，現存漳縣博物館。誌一合，方形，青石質，邊長六八釐米，誌蓋、誌石均厚八釐米。蓋盝頂式，頂部較闊，題篆書「大元故中書左丞行省謚貞肅汪公貞善夫人耶律氏之墓誌」四行二四字。誌文楷書，二四行，滿行二四字。吴景山《元代汪世顯家族碑誌資料輯録》（《西北民族研究》一九九九年第一期）、趙一兵《元代鞏昌汪世顯家族墓葬出土墓誌校釋五則》（《内蒙古社會科學》二〇〇六年第二期）、《漳縣金石録》（漳縣文史資料委員會，二〇一〇年）、汪楷主編《隴西金石録》（甘肅人民出版社，二〇一一年）著録。

誌文記述汪惟正和夫人耶律書錦的生平及子女狀況，對於研究鞏昌汪氏家族史、耶律氏家族史有參考價值。

大元中書左丞謚貞肅汪公（惟正）貞善夫人耶律氏（書錦）之墓誌（大德八年）誌蓋、誌石照片

大元中書左丞謚貞肅汪公（惟正）貞善夫人耶律氏（晝錦）之墓誌（大德八年）誌文拓片

大元中書左丞謚貞肅汪公（惟正）貞善夫人耶律氏（晝錦）之墓誌（大德八年）誌蓋拓片

大元故中書左⌞丞行省謚貞肅⌞汪公貞善夫人⌞耶律氏之墓誌（誌蓋）⌞

大元中書左丞謚貞肅汪公貞善夫人□□氏之墓誌〔一〕⌞

大元中書左丞汪公諱惟正，字公理，號巇齋，襄武隴西人也。祖考⌞諱世顯，鞏昌等路便宜都總帥，謚隴西義武公。祖妣潘氏，封貞順⌞夫人。考諱德臣，紹先爵，謚隴西忠烈公。妣黄摑氏，封臨潢郡夫⌞人。伯考諱忠臣，謚忠讓公。叔考諱直臣，鞏昌中路翼都總領，殁于⌞王事。次叔考諱良臣，贈儀同三司中書右丞，謚忠惠公。次叔考⌞諱翰臣，鞏昌路兵馬都元帥。次叔考諱佐臣，鞏昌左翼都總領，⌞殁于王事。次叔父清臣，四川行樞密院副樞。巇齋，忠烈公之⌞冢嗣，生於壬寅歲三月二十九日，弱冠承襲鞏昌等二十四處⌞便宜都總帥，遷開成路宣慰使、處置諸軍事，累陞至資德大夫、⌞中書左丞、行陝西四川中書省事。至元二十二年入覲，還，車至⌞□州〔二〕，八月二十九日以疾終于公廨，謚貞肅公。是年十一月初⌞四□〔三〕，葬于鞏昌漳縣鹽川之祖塋。凡征戰奇功，政治殊績，備載⌞于參政商左山所撰神道碑，建于郡城南家廟。夫人耶律氏，諱⌞書錦，字貞卿，繫大遼東丹王七世裔、中書令遼陽王孫，中書左⌞丞相、雙溪老人長女，生於壬寅歲三月初三日。適貞肅公，淑德⌞宜家，義方教子，閫政爲鄉黨儀範，封貞善夫人。大德八年二月⌞十三日，以疾終于鞏昌宅第之正寢。男二人：長嗣昌，武略將軍、⌞成都路萬户府萬户；嫡壽昌，昭勇大將軍、鞏昌等二十四處便⌞宜都總帥兼鞏昌府尹。女三人：適金蘭定會都元帥蒲察瑞；次⌞適安西等處軍民總管府達魯花赤抹撚德新；次適包澤，未仕。⌞孫男興孫，外孫男二人，外孫女五人，尚幼。以其年三月二十日⌞奉柩歸葬于先塋，禮也。⌞

大德八年歲次甲辰三月二十日壬申謹誌。⌞

校勘記

〔一〕□□氏之墓誌　《隴西金石録》作「耶律氏之墓誌」。

〔二〕車至□州　《隴西金石録》作「車至華州」。

〔三〕十一月初四□　《隴西金石録》作「十一月初四日」。

三七　大德九年興元路官造銅權　大德九年

大德九年興元路官造銅權，大德九年（一三〇五）造。一九七八年收購於甘肅省天水縣北道鎮二級收購站雜品門市部，後由天水縣文化館揀選收藏，現存天水市麥積區博物館。權黄銅質。高九點五釐米，足徑四點五釐米，重四七〇克。方鈕方穿，圓肩，腹部下收束腰，喇叭狀足，平底。束腰及足上部表面凸起三道棱。肩、腹表面鑄楷書陰文四行九字。《天水縣文物志》（天水縣文物志編寫委員會，一九八四年）、毛慧明《甘肅天水縣發現元代銅權》（《考古》一九八六年第十一期）、劉雁翔《天水金石文獻輯録校注》（三秦出版社，二〇一七年）著録。

大德九年興元路官造銅權（大德九年）背面照片

大德九年興元路官造銅權（大德九年）正面照片

録文

大德」九年」興元路」官造。」

三八　大司徒汪公（惟賢）夫人祁氏墓誌　大德十年

《大司徒汪公（惟賢）夫人祁氏墓誌》，大德十年（一三〇六）十月立。一九七二年至一九七九年間出土於甘肅省漳縣汪氏墓羣，現存漳縣博物館。誌一合，砂岩質。方形，邊長七〇釐米，誌蓋厚七釐米，誌石厚八點五釐米。誌蓋盝頂，頂中部較闊，題篆書「大元故榮禄大夫大司徒汪公之墓誌」三行一五字。誌文楷書，二四行，滿行二四字。吴景山《元代汪世顯家族碑誌資料輯録》（《西北民族研究》一九九九年第一期）、趙一兵《元代鞏昌汪世顯家族墓葬出土墓誌校釋五則》（《内蒙古社會科學》二〇〇六年第二期）、《漳縣金石録》（漳縣文史資料委員會，二〇一〇年）、汪楷主編《隴西金石録》（甘肅人民出版社，二〇一一年）著録。

誌文記載汪惟賢和夫人祁氏的生平和子女狀況。

大司徒汪公（惟賢）夫人祁氏墓誌（大德十年）誌蓋、誌石照片

大司徒汪公（惟賢）夫人祁氏墓誌（大德十年）誌文拓片

録文

大元故榮禄∟大夫大司徒∟汪公之墓誌（誌蓋）∟

大元榮禄大夫大司徒汪公夫人祁氏之墓∟

大元榮禄大夫、大司徒汪公諱惟賢，字安卿，號恕齋，又稱樂善∟老人，襄武隴西人也。祖考諱世顯，鞏昌等路便宜都總帥，謚∟隴西義武公；祖妣潘氏，封貞順夫人。考諱清臣〔一〕，紹先爵，謚忠烈∟公；妣黄掴氏，封臨潢郡夫人。伯叔六人，並封公襲爵，顯仕∟國朝，拓土開疆，勠力∟王室。大司徒者，忠烈公之次子，昆季六人，兄資德大夫、陜西等∟處行中書省左丞，謚貞肅公，餘皆弟列，俱膺將相。公生於己酉∟二月十八日，年甫弱冠，任鞏昌等二十四處同知便宜都總帥。∟次遷中書吏部尚書，繼歷江淮等處行中書省右丞及陜西等∟處行中書省平章政事。陞榮禄大夫、大司徒。以大德十年六月∟十日薨于正寢。公胄出世臣，孝移∟王事。齊家治國，致主澤民，擅元龍湖海之襟，有安石∟廟堂之量。名登宰輔，位列三公。屢拜∟宸恩，榮頒玉帶。夫人，臨洮元帥祁公之女，生於己酉年十一月∟三日。壼範閨儀，淑德懿行，義方教子，正道勉夫，密邇∟大后之德光，褒賞内府之服御。至元二十四年四月初六日，∟以疾終于陜西之行館，護喪至鞏而藁殯焉。子男三人：次曰文∟昌，先公而夭；長曰元昌，資德大夫、中書右丞、淮東淮西道宣慰∟使；次曰隆昌，扈從∟車駕，見寵顧焉。昆弟等謹遵喪制，泣血哀號，以大德丙午∟十月庚申，奉柩合葬于漳縣鹽川之祖塋，禮也。若其∟祖考、諸父、昆季之殊勳令德，則備載于鞏城南祠之豐碑焉。∟

大德十年歲次丙午十月二十三日，男元昌、隆昌等謹誌。∟

校勘記

〔一〕考諱清臣　據王鶚撰《汪忠烈公神道碑》（張維《隴右金石録》卷五）、《元史》卷一五五《汪德臣傳》所記，汪德臣有六子，次子爲汪惟賢，《元代鞏昌汪世顯家族墓葬出土墓誌校釋五則》據此認爲「清」字應作「德」字。《隴西金石録》、《漳縣金石録》均認爲「清」字係石工之誤，應爲「德」字。

三九　至大二年白釉瓷扁壺 至大二年

至大二年白釉瓷扁壺，至大二年（一三〇九）造。一九七七年徵集於甘肅省古浪縣，現存古浪縣博物館。壺通高一二點八五釐米，通寬二五點五釐米，頂徑、底徑均爲一八點四釐米，流口徑五點三五釐米。頂與底呈淺圈足，肩部四繫中其一殘缺，短流圓唇，口沿豁缺，肩與腹接合處捏出附加堆紋；粗胎，施白釉。頂部刻「至大貳年」、「福」行草書五字。

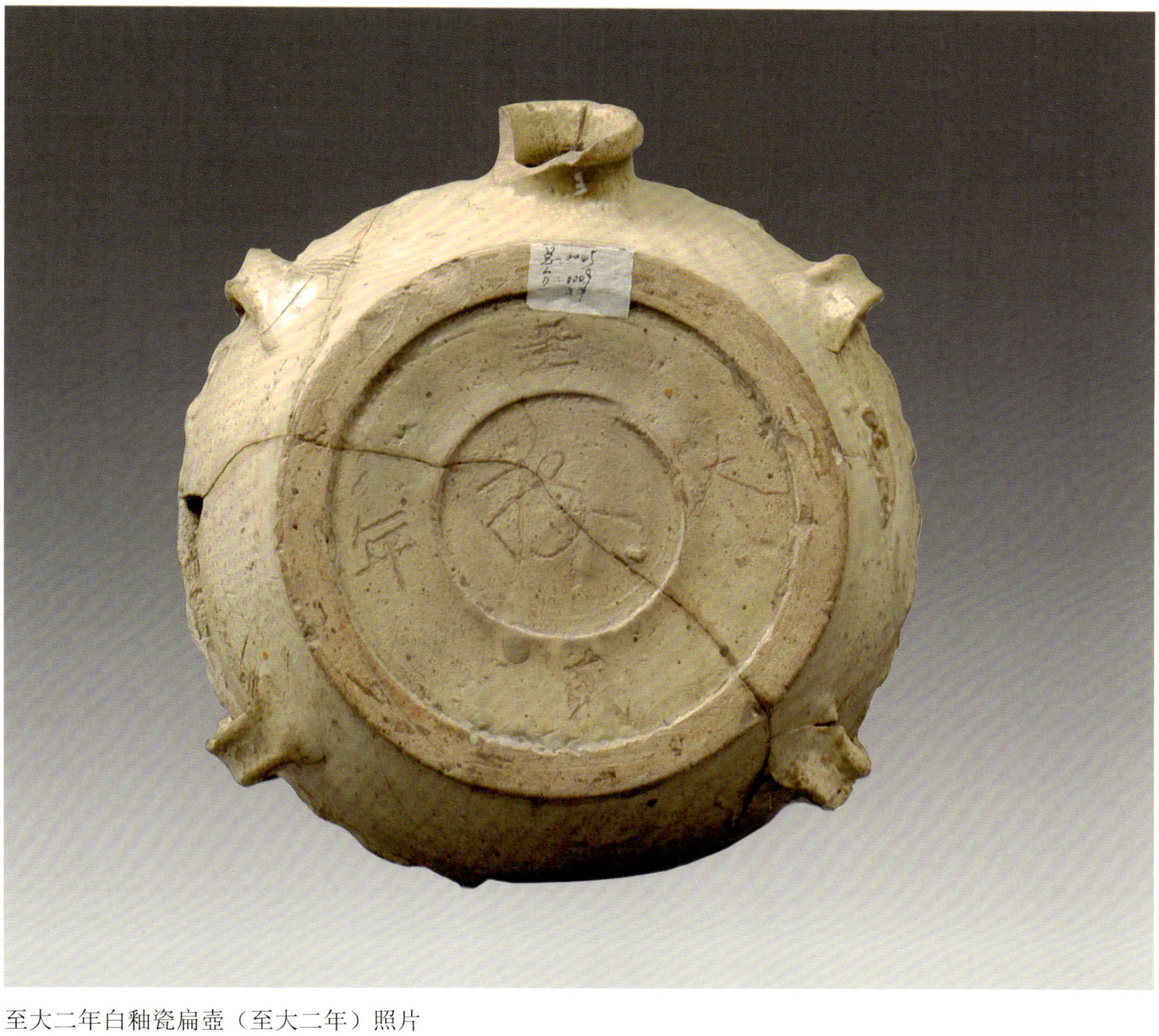

至大二年白釉瓷扁壺（至大二年）照片

録文

至大貳年」
福」

四〇　沈妙清墓買地券　至大三年

《沈妙清墓買地券》，至大三年（一三一〇）正月造。一九八五年九月徵集於寧夏回族自治區固原縣開城鄉安西王府遺址，現存寧夏固原博物館。墓券紅砂岩質，長五二釐米，寬四六釐米。券文楷書，二〇行，滿行一七字。《固原開城墓地》（科學出版社，二〇〇六年）、《寧夏歷代碑刻集》（寧夏人民出版社，二〇〇七年）、《固原歷代碑刻選編》（寧夏人民出版社，二〇一〇年）著録。

券文記載陳文德爲其亡母沈妙清買地安葬之事。

沈妙清墓買地券（至大三年）照片

録文

維大元至大三年歲次庚戌正月二十五日∟吉辰，有開成縣南街住人陳文德，伏爲∟於正月初二日先妣沈氏妙清掩世，尊親合∟於本縣震山之原。龜筮協從，相地襲吉，坤方∟之水來去潮迎，謹用明錢玖阡玖佰玖拾貫∟文兼五綵信幣、金寶珠玉買此墓地一段：南∟長一百二十步，北長一百二十步，東闊一百∟二十步，西闊一百二十步，東至青龍，西至白∟虎，南至朱雀，北至玄武，内方勾陳，分擘四域∟丘承墓伯，封步界畔，道路將軍，齊整阡陌。至∟使春秋百載，永無殃咎。若有干犯，並令將軍∟亭長縛付河伯。今以牲牢酒脯、百味香新，共∟爲信契。財地相交，分付工匠脩營安厝，已後∟永保休吉。知見人：太歲、月建。主保人：今日直∟符。故氣邪精不得干犯，先有居者永避他鄉。∟若違此約，地府主吏自當其咎。助葬主内外∟存亡。急急如五方使者女青律令。∟

至大三年歲庚戌正月己卯朔二十五日∟癸卯吉辰。券立二本，一本給付亡∟殁先妣沈氏妙清，永付山澤者。∟

四一　同知宣慰使司副都元帥孟公信武顯揚先墓碑　至大三年

《同知宣慰使司副都元帥孟公信武顯揚先墓碑》，至大三年（一三一〇）四月立。原存甘肅省慶陽市合水縣板橋鎮常家嘴村孟懿家族墓前。二十世紀六十年代墓地被毁，碑首、碑座佚失，碑身被切割成兩段，現存一段呈凸字形，兩面文字多泐蝕不清。二〇〇四年六月移存合水縣博物館。碑砂岩質，殘高一一六釐米，寬九一釐米，厚二三釐米。碑陽楷書陰文，原有三九行，滿行六九字。碑陰分兩欄，上欄三一行，滿行二四字。《（乾隆）合水縣志》、張維《隴右金石録》（蘭州古籍書店，一九九〇年）著録。

該碑記載孟懿追薦、顯揚已故父母之事。碑陰爲《佛頂尊勝陀羅尼經咒》節文。

同知宣慰使司副都元帥孟公信武顯揚先墓碑（至大三年）碑陰照片

同知宣慰使司副都元帥孟公信武顯揚先墓碑（至大三年）碑陽照片

同知宣慰使司副都元帥孟公信武顯揚先墓碑（至大三年）碑陽拓片

同知宣慰使司副都元帥孟公信武顯揚先墓碑（至大三年）碑陰拓片

碑陽

▯孟公信武顯揚先墓碑∟

奉國上將軍、行中書省參知政事▯∟

資德大夫、紹慶珍州南平等處宣▯∟

▯必有餘慶，是知慶者善之報也。《書》曰：「作善，降之百祥。」又知祥者善之慶也。信矣夫，善之爲報▯∟▯是而克盈，昔人以種德積善爲其堂宇，皆此意也。漢于公治獄多陰德，感報必高大其門閭▯∟▯響答聲，曾無毫髮之差。余觀近世享餘慶百祥之報者，同知副都元帥孟公家當是也。孟氏繫▯∟▯在城倉巷，自罹兵變，分城析房，或居景山，或居高樓南谷。今公號以還於合水縣定祥原也。▯∟▯長者。至元十二年，終于正寢，享年七十。公之母，府君夫人梁氏，女爲孟氏之鄰，視府君必▯∟▯至元十二年十月二十日奉柩卜兆于西巖，葬乾山之原。公旦夕思其父母訓育之恩▯∟▯矣。累年所受∟▯然炫人耳目，儻不書刻于先塋，何以賁飾松楸，明昭令德。公之行所謂盡忠盡孝者也。公諱懿▯∟▯年，四川行省摘差，提軍攻破瀘州。赴陣摧敵，大建奇功，賞金襖子二領、寶鈔數定與寶劍一把。明年▯∟▯武校尉管軍總把。至元九年，敇奉∟▯令旨，專使辟召乘傳遠□，征戰緬國。又受∟▯兒大王令旨，授行省前軍鎮撫支劃軍事。繼隨行省晝夜暴露，攻破緬國，首建大捷。蒙受∟▯∟▯大王令旨，賞戰馬四匹、金段四十表裏。自後又還四川行省委管領舡橋隨路軍馬。至元二十□年▯∟▯百户，總管如故。至元二十九年四月内，欽受∟宣命□□□□棟□上宫溪崖頭崖尾銅鼓等處軍民長官。大德改元四月朔，欽受∟宣命□□□□軍八番順元等處宣慰使司都元帥府鎮撫，執帶元帥掌印。大德七年戰葛蠻賊宋隆濟□□□□□▯∟宣命□□□□□職事如故受。∟▯一襲，寶鈔五十定，鞍轡、弓箭各一副。大德八年，爲招討使叛猫酋長滿朝犵狫酋長必梅必□□□□▯∟▯∟▯訖，金襖四領、弓箭、鞍轡各一副。至□十一年六月内，欽受∟▯武將軍、同知八番順元等處宣慰使司副都元帥之職。公之弟進，爲小校。先▯∟▯百户，□賜□□訖，受∟▯繼受∟▯龍、竜里、青江、木樓、雍眼等處蠻夷軍民司長官[一]。至大改元六月，欽受∟▯安德等處蠻夷長官[二]。公之孽子惟忠，先受雲南諸路行中書省宣使德儀□妙□□□□□∟▯知事意公之一家貴顯如是，而乃謙退兢惶。方懷《詩·蓼莪》而增感親感□而□一▯ㄴ▯顯揚先墓，是顯前人之德，矜自己之功，非孝子慈孫之心也。余應孟公請，固辭不獲而爲□▯ㄴ▯揚，爲□□，爲怙恃。報本返始者以顯父母恩毓，雖不敏，豈□能援筆爲孟公顯揚之□□□▯ㄴ

孟公家世，居于慶陽。祖宗積德，城倉爲將。分城析房，▯ㄴ□□□□，先塋定祥。□然□松，父母□德。▯ㄴ

□□□年歲次庚戌四月▯ㄴ資▯行省▯ㄴ資德□□□行省▯ㄴ▯ㄴ▯秀▯ㄴ

碑陰

上欄

佛頂尊勝陀羅尼經咒　啓請ㄴ

稽首歸命十方佛，真如藏海甘露門。ㄴ三賢十聖應真僧，願賜威神加念力。ㄴ希有摠持秘密教，能發圓明廣大心。ㄴ我今隨分略稱揚，回施法界諸含識。ㄴ

爾時帝釋白佛言：世尊，唯願如來爲衆生說增益壽命之法。爾ㄴ時世尊知帝釋意心之所念，樂聞佛說是陀羅尼法，即說咒曰：ㄴ

罽賓國三藏沙門佛陀波利奉詔譯ㄴ

曩謨婆誐嚩帝薩怛賴路枳野鉢羅瑟吒野没馱野婆ㄴ誐嚩帝那怛儞也他唵尾戍馱野尾戍馱野婆麼娑麼三滿哆ㄴ嚩婆娑娑頗囉拏誐底誐賀郍娑嚩婆嚩尾秫睇阿鼻詵贊覩ㄴ蘇誐蘇誐哆嚩囉嚩左曩阿蜜唎哆鼻曬罽摩□賀曼怛囉婆ㄴ□阿賀羅阿賀囉阿賀囉阿庾散陁囉抳戍馱野娑婆羯摩尾ㄴ尾戍佛弭戍馱誐誐曩尾秫弟鄔瑟抳洒尾惹野尾秫睇娑賀ㄴ娑□喝囉囉濕茗散祖儞帝薩嚩怛他誐多嚩盧羯顊娑吒波ㄴ囉弭哆跛哩布囉抳薩嚩怛他誐多紇哩馱野地瑟姹曩地瑟ㄴ耻跢摩賀母捺哩嚩日囉迦野僧賀多曩尾秫睇薩嚩嚩囉拏ㄴ□□□□□□□□□□□□鉢韈戍哆野阿欲秫睇三摩ㄴ□□□□□□□□□□□母顊母顊尾母顊母顊麼ㄴ野帝瑟耻帝摩帝摩賀蘇摩帝怛闥哆部哆句知跛利秫睇尾ㄴ娑普吒没姪秫睇惹野惹野尾惹野尾惹野娑麼囉娑麼囉薩ㄴ嚩没馱地瑟耻哆秫睇嚩日哩嚩日囉蘖陛嚩日嚂婆嚩睹麽ㄴ□□□嚂嚩舍唎嚂薩嚩薩怛嚩喃者迦耶跛唎尾秫睇薩ㄴ□誐帝跛哩秫弟薩嚩怛他蘖哆三么哆散麽濕嚩娑演覩薩ㄴ嚩怛他蘖哆三么濕嚩娑地瑟耻帝没地野没地野尾冐馱野ㄴ尾冐馱野三滿哆跛利秫地薩嚩怛他蘖哆紇利尾野地瑟嚩ㄴ姹曩地瑟耻哆摩賀母捺隸娑嚩賀ㄴ

▯如來爲□□書有□□□□□故人口說∟

▯播州安撫使∟□因不花∟漢英〔三〕∟

▯紫▯∟▯紫▯∟

▯攻石於此▯∟▯生□□□共成□道∟

▯□□□□□□□□□廣嚴大師□吉祥書∟

下欄

孟懿　∟孟進　∟孟珍　∟孟逸　∟□□∟

校勘記

〔一〕▯龍竜里青江木樓雍眼等處蠻夷軍民司長官　《元史·地理志六》有「骨龍龍里清江木樓雍眼等處」。

〔二〕▯安德等處蠻夷長官　《元史·地理志六》有「平遲安德等處」。

〔三〕□因不花漢英　據《元史·楊賽因不花傳》，疑爲「賽因不花漢英」。

四二　秦州夕陽鎮重修岱嶽廟記　延祐元年

《秦州夕陽鎮重修岱嶽廟記》，延祐元年（一三一四）七月立。原存甘肅省天水市秦州區關子鎮泰山廟，後廟、碑俱毁，一九八五年重建過程中挖出殘碑，現存廟内。碑白色石灰石質，殘存約二分之一，圓首，碑身長方形，碑座已佚。殘高七八釐米，殘寬七三釐米，厚約二〇釐米。額題篆書「重修岱嶽廟記」二行六字，兩邊陰綫刻雙龍紋。碑身兩邊飾卷草紋邊框。碑文楷書，二三行。

碑文敍述元代中期全真道士秦師公主持重修夕陽鎮岱嶽廟（今俗稱泰山廟）經過。

秦州夕陽鎮重修岱嶽廟記（延祐元年）碑體照片

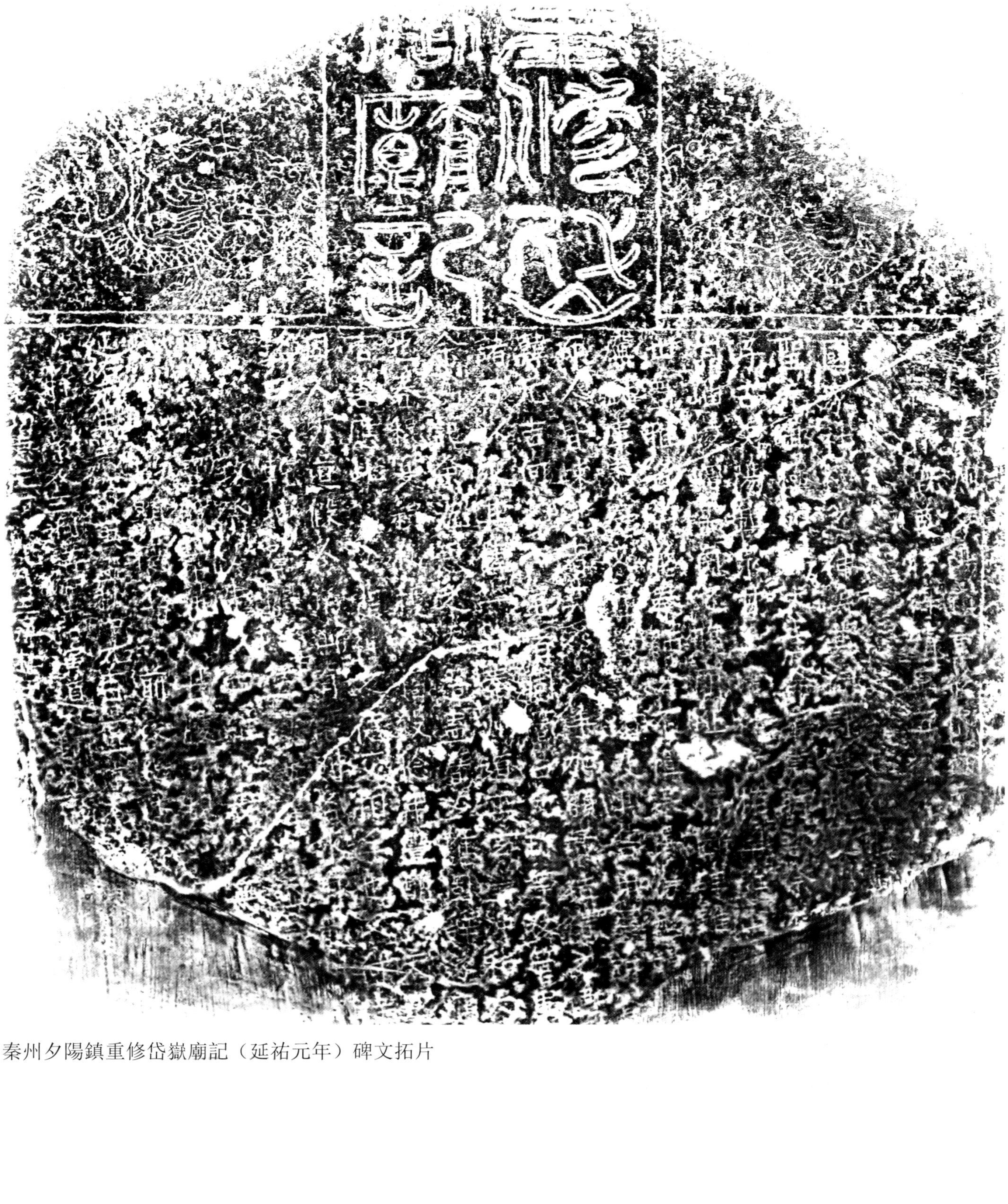

秦州夕陽鎮重修岱嶽廟記（延祐元年）碑文拓片

重修岱∟嶽廟記（額）∟

大□秦州夕陽鎮重修岱嶽廟記▯∟

唯兩儀既奠，乃得清氣；五嶽列鎮▯∟□□□大元國陝西秦州夕陽鎮岱▯∟國家社稷之神矣。其祠建魯地兖州岱▯∟聖元建極，加賜大生，命官歲時致祭，祀▯∟子古夕陽鎮〔一〕，泉甘出壤，松實柏子，羣山▯∟嵓岫崚嶒，東崗之腹廟址猶存，斷碑難▯∟世傳雅名。仙翁秦師公不憚寒暑，勞形竭▯∟廡、廚庫、倉房，於岡緣設牆。及其合用藥，師公▯∟而人皆竦然者，莫不以手加額，而造脩之偉▯∟韓元吉、何之□□、羅同高、吕元珍等，及管數▯∟諸石，以永其傳。一日，秦州道正玄密冲和大師▯∟余爲記。余沈思之，□造□□，必難固辭，遂應▯∟也。春耦夏耘，秋穫冬□，穀稔年豐，禱荅天享▯∟言，善應此祥，人與神之間交相孚也，又何幸▯∟因人秀，道假人興。山有岱神名，水有龍□▯∟銘曰：

乾坤啓闢，五嶽爲鎮。岱嶽▯∟致祭以時，四維以張。舞▯∟寶殿常拂，玉閣可覩。▯∟昭明德勛，前脩後述▯∟

延祐元年歲次甲寅孟秋中元吉旦□玄大師▯∟特賜紫衣、三洞講經、冲和演道大師張道彧〔二〕▯∟功德主薛□□、王元保、杜文進□▯∟

校勘記

〔一〕祀▯子古夕陽鎮　上行末字當爲「關」字。關子，即今天水市秦州區關子鎮。

〔二〕冲和演道大師張道彧　「張道彧」，元至順三年（一三三二）《秦州玉陽觀碑銘》稱其爲「特賜金冠霞帔、三洞講經、通玄演教廣德大師、岱嶽觀住持張道彧」。

四三　陳子玉買地券　延祐六年

《陳子玉買地券》，延祐六年（一三一九）立。一九九二年出土於寧夏回族自治區固原縣開城村銀平公路東側（即元安西王府遺址）山梁，現存固原市原州區文物管理所。地券泥質灰陶，長方形，長四〇釐米，寬三八釐米，厚七釐米。朱砂楷書，一七行，滿行一九字。《固原開城墓地》（科學出版社，二〇〇六年）、《固原歷代碑刻選編》（寧夏人民出版社，二〇一〇年）著録。

券文記載宋思義爲亡父陳子玉買地安葬之事。

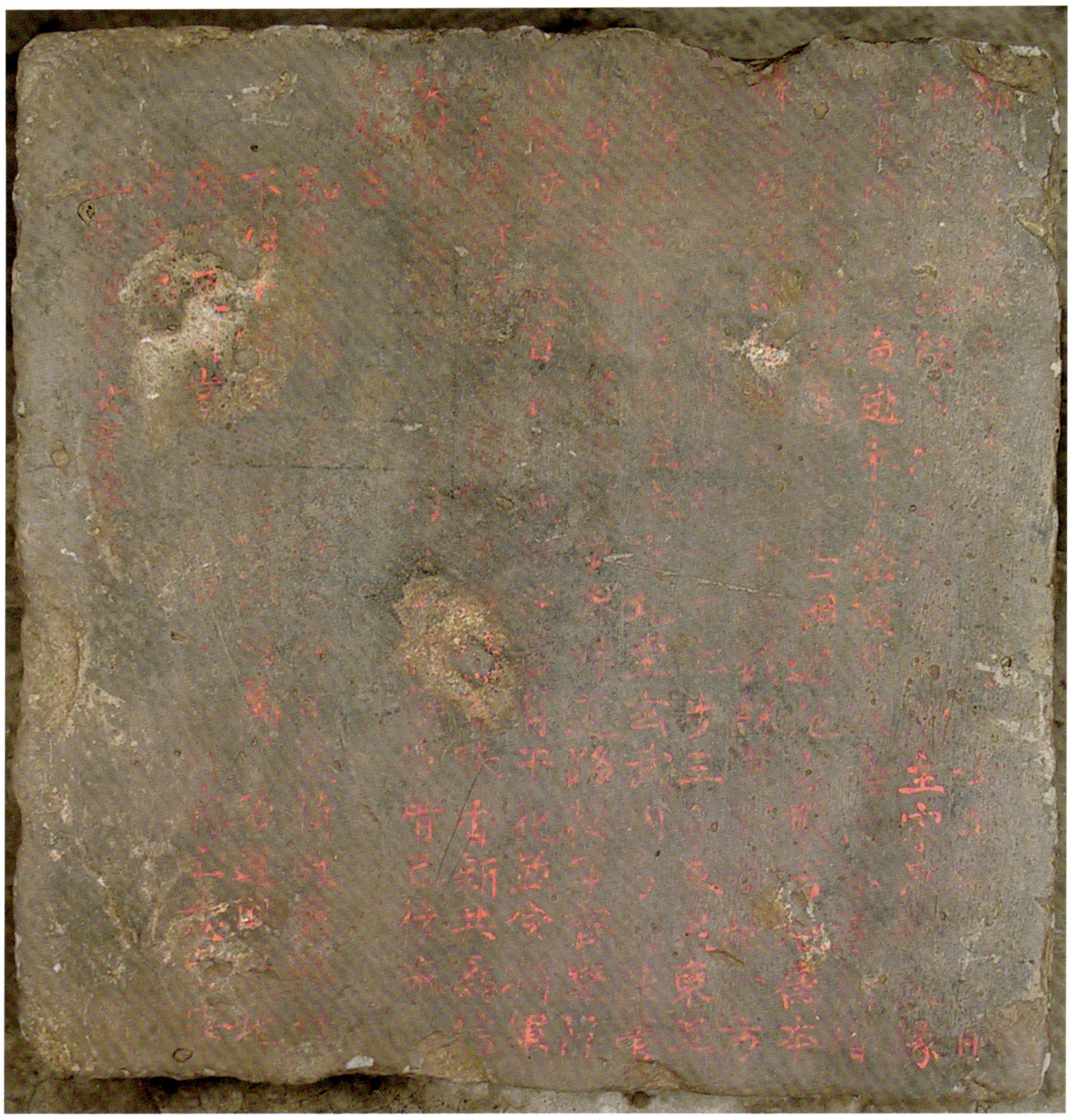

陳子玉買地券（延祐六年）照片

録文

□大元延祐六年□□□□□□壬午□□□日乚甲申〔一〕，開成路開□□□□□□□主宋思義，伏緣乚亡考陳子玉奄逝，未卜塋墳，夙夜憂思，不遑所厝乚□令日者擇此高原，來去朝迎，地占襲吉，地屬本乚縣北原，堪爲宅兆。□已出備錢綵，買到墓地一方，乚南北長二十步，東西闊一十七步三分五□，東至乚青龍，西至白虎，南至朱雀，北至玄武，内方勾陳，管乚分擘四域，丘承墓伯，封步界畔，道路將軍，齊整阡乚陌。致使千秋百載，永無殃咎。若有干犯，並令將軍乚亭長縛付河伯。今備牲牢酒□、百味香新，共爲信乚契。財地交相，各已分付，□工脩營安厝，已後永乚保休吉。乚

知見人：歲月主，代保人：今日直符。故氣邪精乚不得干犯，先有居者永避萬里。若違此約，地乚府主吏自當□□□□□外存亡悉皆安乚吉。急急如乚五帝使者女青律令。乚

校勘記

〔一〕□大元延祐六年□□□□□□壬午□□□日甲申　《固原歷代碑刻選編》作「唯大元延祐六年歲在己未九月壬午朔初三日甲申」。

四四　薛文玉墓買地券　延祐六年

《薛文玉墓買地券》，延祐六年（一三一九）十月立。現存甘肅省定西市隴西縣博物館。地券青灰色陶質，方形，邊長二三釐米，厚七點八釐米。券文朱砂書寫，楷書，一五行，滿行二二字。券面左上角刻倒書「令」字道符之少半。汪楷主編《隴西金石録》（甘肅人民出版社，二〇一一年）著録。

薛文玉墓買地券（延祐六年）照片

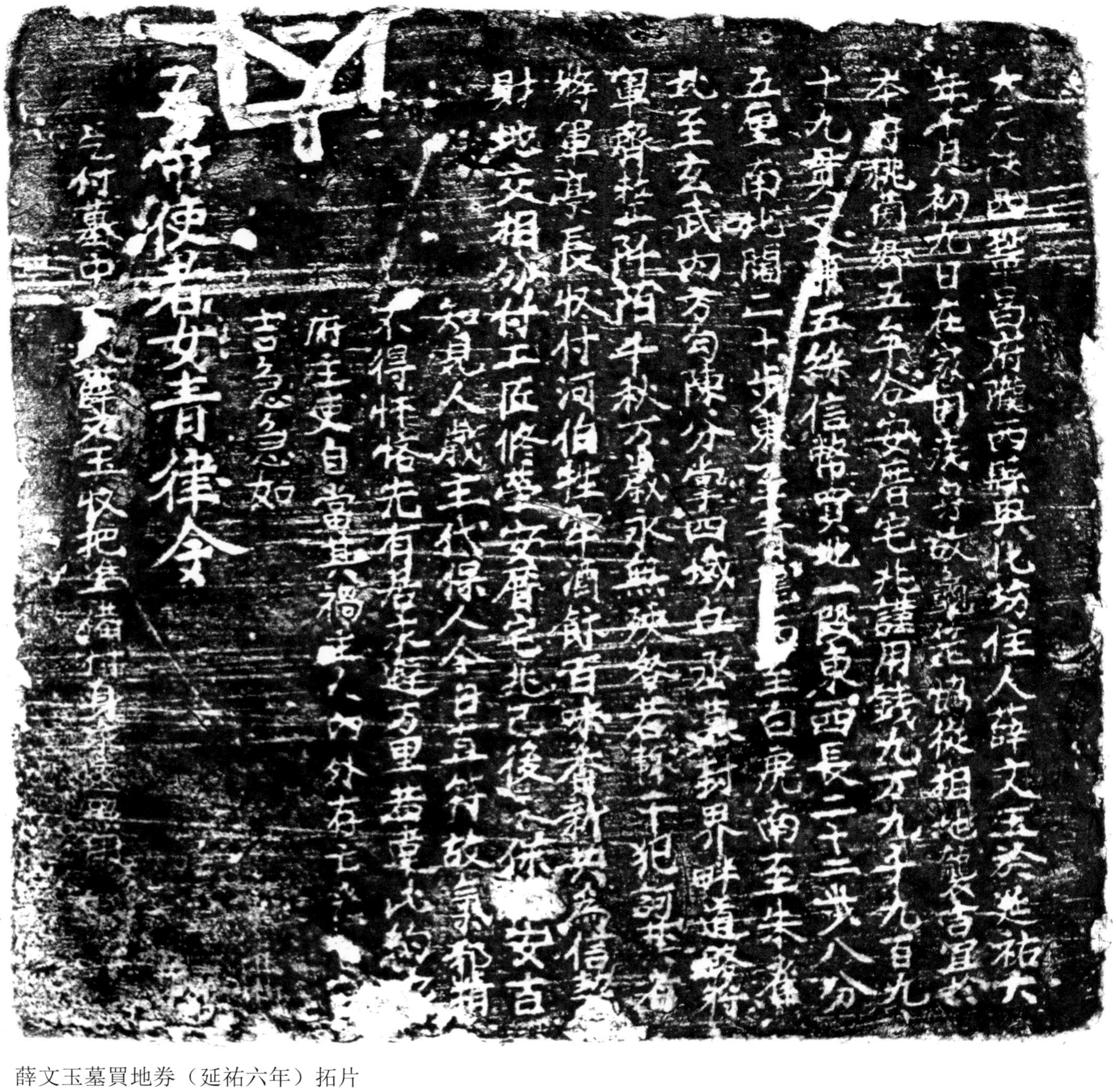

薛文玉墓買地券（延祐六年）拓片

録文

大元陝西鞏昌府隴西縣興化坊住人薛文玉，於延祐六㇄年十月初九日，在家因疾身故，龜筮協從，相地襲吉，宜於㇄本府桃薗鄉五年谷安厝宅兆，謹用錢九万九千九百九㇄十九貫文，兼五綵信幣，買地一段，東西長二十二步八分㇄五厘，南北闊二十步，東至青龍，西至白虎，南至朱雀，㇄北至玄武，內方勾陳，分掌四域，丘丞墓封界畔，道路將㇄軍齊整阡陌。千秋萬歲，永無殃咎。若輒干犯訶禁者，㇄將軍、亭長收付河伯。牲牢酒飰，百味香新，共爲信契。㇄財地交相，分付工匠修塋。安厝宅兆已後，永保安吉。㇄

知見人：歲主。代保人：今日直符。故氣邪精，㇄不得忏悋。先有居永避万里。若違此約，□㇄府主吏自當其禍〔一〕。主人內外存亡悉□□㇄吉。急急如㇄五帝使者女青律令。㇄

乞付墓中亡人薛文玉收把，準備付身，永遠照用。㇄

校勘記

〔一〕□府主吏自當其禍　「府」前殘一字，疑作「地」。

四五　大石窟寺重續宗派圖銘　延祐七年

《大石窟寺重續宗派圖銘》，延祐七年（一三二〇）八月刻。現存甘肅省慶陽市西峰區北石窟寺第一六五窟門外北側黄砂岩崖壁上。銘石呈長方形，距地面一九六釐米，高一七三釐米，寬四三釐米。額題楷書「□□宗派圖」三行五字。銘文楷書，前數行被加固覆壓，可見一二行，滿行三六字。額題下有一圓孔，記文正中有一方孔。《慶陽北石窟寺》（文物出版社，一九八五年），董華鋒、宋文玉《慶陽北石窟寺摩崖石碑〈宗派圖〉考釋》（《考古與文物》二〇〇九年第一期）有著録與考釋。

碑文記載彭陽縣東大石窟寺糾集僧衆整理前輩字號并確立後續十輩字號之事。

大石窟寺重續宗派圖銘（延祐七年）照片

大石窟寺重續宗派圖銘（延祐七年）拓片

□ㄴ□ㄴ宗派圖〔一〕（額）ㄴ

▯〔二〕ㄴ鎮原州武定鄉彭陽縣東大石窟寺者，迺大元之前古聖跡也。始於本寺開山住持歷代祖師，ㄴ宗派碑銘，並行迷失。切見宋朝已來，先師起立字號，計之十輩，迺宗、善、道、普、子、義、了、唯、識、性。師ㄴ資相度，迄至今載。近有一輩，恐後迷失宗源法屬，大明院沙門義融糺集本寺僧衆，及本處應有ㄴ各院大小法屬等，并咸陽縣最師埪、壽聖寺衆法屬等，仝於延祐六年歲次己未季冬乙丑二ㄴ十日，投七佛前，焚香發願，依般若經重續後嗣十輩，乃如、應、真、實、德、聞、悟、妙、智、慧。宗般ㄴ若者，出生諸佛之母，爲聖凡之所依。願後遠近法屬，仗此般若之因，同證无爲之果。聊以直ㄴ言書于門首，刊之上石，後代相繼者矣。

旹大元延祐七年歲次庚申仲秋乙酉南吕月蓂生初ㄴ柒日記。

宣授妙辯真行大師、講經律論沙門義融，ㄴ宣授本院尊宿、講經沙門義勝，ㄴ宣授本院住持、講經沙門義玉，ㄴ副院鎮原州僧、副□都義金，ㄴ講經沙門□封了祐、了智、了源、了才、了來等，ㄴ重續。ㄴ

如、應、真、實、德、ㄴ聞、悟、妙、智、慧ㄴ字號。ㄴ

校勘記

〔一〕□□宗派圖　按「宗派圖」三字前有一字被加固覆蓋，僅見偏旁「糸」，當爲「續」字。疑「宗」前殘「重續」二字。

〔二〕▯　據額題寬度，「鎮原州」行前應有數行被加固覆蓋，疑有兩行，首行爲記文之題，次行標撰者等。

四六　大元重修西江廟碑　延祐年間

《大元重修西江廟碑》，亦作《西江靈濟廟碑》（見張維《隴右金石録》），延祐年間（一三一四至一三二〇）立。現存甘肅省隴南市禮縣石橋鎮西江廟。碑僅存四螭碑首和方形碑座。碑首高七二釐米，寬七〇釐米，厚三一釐米。碑陽額題「重修」一行二字，碑陰額題「大元之碑」一行四字，均爲雙鈎行書。碑身已佚，刻有張仲舒撰《大元新建西江靈濟廟碑記》。《（乾隆）直隸秦州新志》、張維《隴右金石録》（蘭州古籍書店，一九九〇年）、《禮縣志》（陝西人民出版社，一九九九年）、《禮縣金石集錦》（禮縣博物館，二〇〇〇年）、趙逵夫主編《隴南金石校録》（社會科學文獻出版社，二〇一八年）、蔡副全《隴南金石題壁萃編》（中華書局，二〇二一年）著録。

禮縣西江廟，爲歷代祭祀西漢水神西江靈濟惠澤大王之處，五代時已有之。惠宗至正三年（一三四三），趙世延應夢此神之祥而拜中丞，請朝廷加封靈濟惠應文澤王，廟曰靈濟廟。

大元重修西江廟碑（延祐年間）碑體照片

大元重修西江廟碑（延祐年間）碑陰額題拓片

大元重修西江廟碑（延祐年間）碑陽額題拓片

録文

碑陽

重修（額）

碑陰

大元之碑〔一〕（額）

校勘記

〔一〕碑身已佚，今附《隴右金石録》所録碑文於下：

古稱天下山河，咸從乎兩界，而皆起於鶉首之次。鶉首，未分也，居天下西南坤方。自秦隴西南皆坤之維，則《禹貢》所道之南條也。其山川靈異之氣，鬱爲神明，生爲顯人，《記》稱「地載神氣，風霆流行」，《詩》稱「崧嶽降神，生甫及申」，非虛語也。天地以正氣，自鶉首而南融，方結錯峙，如勇馬奔放而回旋。百里一折，千里一曲，或起或伏，或鬪或觸，或傾或踴，欲去而不能去，有渤然怒張，浩然不可遏之勢。行如方陣，止如列營，盤如長蛇，其精神所發，焄蒿昭明，有不可揜者。故云爲神明之隩。而五時壽宫，金馬碧鷄，耿在史册，類皆禦大菑、捍大患，蒸雲澍雨，水旱疾疫得禱焉。然特職其幽而顯者，非神之所能爲。及國家撫休明之運，爲祭祀之典，而後天地之氣通。故厲山若山，石紐而降，世有其人焉。《傳》曰「明則有禮樂，幽則有鬼神」，其理潛通，不可誣也。當隴蜀之衝，有水名西漢，亦原嶓冢而出，至天水郡曰西江，大神居之。其峻極之勢，南騖西折，英靈磅礴，蓄厚不洩。環山爲壑，大江回縈，潛入於丙穴，有神魚四游泳其中，時出於江之潯，莫敢忤視。里不稱魚，曰河神。網而食者，其人立死。民愈神之，歌舞歲事唯謹。神以福其民，無乾濕夭札之患。既以王爵，祀其土主。祠祀至今，不懈益嚴。有唐之季年，翰林王公仁裕實生其間，既弱冠，夢神剖其腸胃，倒西江之水澆之，中沙石皆篆文，勉取而吞之，自是文章涣發，任承旨，位少保，爲世儒宗。嘗知貢舉，其門生則有若王溥、李昉、和凝、范質，其人皆爲將相，佐興運焉。夫當天地清明之期，山川鬼神其與知之，則必爲出偉人，使之彌綸參贊，恢張一時，政化之盛，以表異於天下後世，此理之當然，無足怪者。今翰林承旨趙公世延，秦人也。人物傑立，與王公相望三百年間，嘗以事西江，有謁於神也，退而夢一異人，長裾幅巾，援圖來見。視其圖，前西山間有大蛇飛躍而上者，領腹之際，紅頳有光，燦如也。覺而異之，占者曰：「是升騰之象，神告之矣！」既乃由郡牧歷臺省，率再六月一遷。以王公應夢是踐，此豈偶然之故耶？夫自三代以上，神人之理爲一，故其應於夢兆，協於正祥，如《詩》《書》《記》《傳》所載，可信不誣。今公方都顯位，用詩書禮樂，致明主於三代之隆，疇昔之夢，覺有徵矣。而興科舉於百年之廢，實自公始。公知延祐二年貢舉，得人之多，將與王公之事輝映國史。今官雖與王公略相似，而公享奮大一統之朝，秉鈞承明，黼黻文治，蓋王公所不及。況於用才學顯庸，膺不世知遇，爲明時賢臣，方當介圭端揆，大攄其尊主安民之蓄，以文太平，則神人之所望於公者，當何如哉？會聖朝褒秩百祀，公以大神爲請，加封「靈濟惠應文澤王」，廟曰「靈濟廟」。因爲迎享送神樂章遺之，使歲時歌以祀焉。詞曰：

隴山青青兮水泠泠，神擁玄雲兮水立四溟。長劍竦天兮摩撫彗星，左操赤蛇兮右鞭紫霆。有來肅然兮文風流鈴，光如匹練兮下委我庭。戛絲撞鐘兮二八窈婷，蒸蕙奠桂兮有椒其馨。蘭膏發焰兮氣磅杳冥，神其醉止兮厭於羶腥。遭世昇平兮有鼐有扃，神屬心氣兮品物流行。明爲正神兮顯號大廷，灼灼神美兮濯濯漢靈。下練金軸兮上綰遺經，兩儀德一兮萬彙清寧。惠我關隴兮歲無蝗螟，報祀春秋兮何千億齡。

四七　重修鞏昌府城隍廟碑記　至治元年

《重修鞏昌府城隍廟碑記》，刻立時間不可辨讀，《道家金石略》繫於至治元年（一三二一）。二〇〇二年發現於隴西縣城北城壕，現存隴西仁壽山公園碑林。碑白色石灰石質，碑首、碑座已佚，碑身殘存約三分之二。殘高一四〇釐米，殘寬六九釐米，厚八五釐米。碑陽邊緣飾卷草紋，碑文現存二一行，行字不等。孫德彧撰文，米□□篆額，孫德元書丹。碑陰楷書，分爲三欄。陳垣《道家金石略》（文物出版社，一九八八年）、汪楷主編《隴西金石録》（甘肅人民出版社，二〇一一年）著録。

碑陽記載鞏昌府城隍廟歷史及汪氏三代（汪世顯、汪惟正、汪惟和、汪壽昌、汪延昌）與全真道士楊明道、楊德仙、李守清、王叔儉、王仁甫等四世大力經營此廟情況。碑陰列參與重修該廟的道士、功德人員姓名及本廟地産情況。

重修鞏昌府城隍廟碑記（至治元年）碑陰照片

重修鞏昌府城隍廟碑記（至治元年）碑陽照片

碑陽

前闕∟

⊔所知集賢院事、開玄真人孫德彧撰記〔一〕。將仕佐郎、征西都元帥府知事米□□篆額。三洞講經師、崇道希玄弘教真人知閑孫德元書丹。∟

⊔開張〔二〕，卓哉□□樸矣無爲之化民如鹿聚遊樂恬愉神隱□□∟

⊔心玄起〔三〕，親譽跡著，美惡情摇，幸乃□□∟⊔□□□□□□

□□□□□□□□□□□□□□□□□□□□□□□□□□，□□降衷，聖人立極，康時濟物，閑邪存誠，敍典設官，∟⊔神之察〔四〕，禍福無逃於天網，功徧悉肆於化鈞。郊天柴嶽之肇□，牲社旅山之攸有，郡邑各□□□廟，華夷遍列於靈祠∟⊔霆〔五〕，城有宰，以至沉履竈髻、丘峯澤蛇、街怪城祠〔六〕、河侯蒿相，其物非鬼神之默制，有生□之□□，□能□□，故王假有廟〔七〕，∟⊔之遺址也〔八〕。曩高士楊明道，諱志杲，生于金季，父命入玄。抱出衆之材，植凌雲之操。壬辰歲，□避□□門。□至乙未，∟⊔瓦礫□横〔九〕，經始剪荒，先營一丈，安爐煮雪，鑿□藝芝，穎脱顛冥，傲然偃蹇，松軒月□，雲浦□□，此□□未遇，明時有∟⊔重擢爲鞏昌道録〔一〇〕，綱領宗風，啓迪後覺。首度弘農楊氏德仙，語其人心澄止水，性皎寥天外，若志□□□□□□□∟⊔公預其魁選〔一一〕，師資符合，修化並行，創正殿，立三門，修挾殿，豁基□，□□□，鼓教風，善徒□，□□□□□□□□□□□∟⊔詳〔一二〕，惟重九神誕即不疑矣。自是祈神，應皆響答。明道師春秋百餘而厭世，弘農老年譜九旬而返真。□□□□□□，惟∟⊔人贈以淵靜大師〔一三〕，壽七旬有奇而蜕矣。度四徒：一曰田氏之子，名思惠德□；二曰王氏之族，名□□叔儉、仁甫□□，□□∟⊔集賢院檄〔一四〕，繼任鞏昌道判〔一五〕。天樂李真人善交仁甫，贈棲玄大師。掌教常宗師素重叔儉，賜敬真觀妙大師。二子賓名之後∟⊔心〔一六〕，首策行廊，補遺前續，請會首經歷張從仁、居士陶瑞、大使王永壽、王慶、王□等計工度費，獨立難□，□□□□□∟⊔鎮國上將軍、征西都元帥汪惟能感公俞允，曰：「吾賴祖勛，服□權兵萬衆，遠戍遐荒，掎寇捷功，沐神□相□□□報□∟⊔之所言〔一七〕，即吾事也。」從容詣廟焚香，命平坎窞，親畫基址，捐賄給工，建立兩廊。儀形一□，緣方僅半。□□仁甫遘□，□□ㄴ▯不違寧處（一八），復得會首楊進、社長王孝誠、李文義、大使魯遷、知印王仲恭等，分□□□，□實福□，□發善言，四□
雲應。ㄴ▯□，兩堂砌磚階，□欄□□，□改門神。四世之功，於斯爲盛。□□□□□□□□□□□□□□ㄴ▯善示
子孫（一九）。若匪鋟瓊，何傳不朽？徒皆喜喏，罄其所積，采得□□，□□□□，□舞大原，鶴歸洞府。門人子玄□□□□ㄴ▯爲其文（二〇）。
予憶昔在祖庭，□子玄有一面舊，知其人充實□□，□□和□。又□其能干師蠱，刻意院門，不可□□□□ㄴ▯棲玄（二一），連薨壽聖（二二）。
松篁奏雅，□□三春之橐籥；□鎖響□，□□九夜之冰霜。朝霞升□，彩翠交輝，落照殘而□□□□ㄴ▯伸冤之鏡（二三）。無所叩則爲
□照飛空之境，有所叩則爲陰靈辯□之庭。住廟也，皆清虛棄幻之人，寧極葆光之士。□□□□□ㄴ▯之鄉（二四）；萬劫長春，混成之致。
□□銘曰▯ㄴ

碑陰

第一欄

▯玄門提▯ㄴ▯□德通妙大師、鞏昌玄門提點任ㄴ▯水雷光通靈德惠素庵真人劉道紀ㄴ▯通玄正靖真人、前西蜀四川副
都道録楊一清ㄴ▯希真大師蕭思靜　沖虛悟空大師□思仁ㄴ▯廟三洞講師王思誠　本廟提點王思□ㄴ▯廟三洞□□李混然　三洞
講師楊思清ㄴ▯廟道從□□□　故明玄大師姚思聰ㄴ▯玄大師□□恭　李思智　艮川張深　張文通ㄴ▯□□□　□□□　李衍義
李衍術　魏衍章ㄴ▯□□　□□言　强□奇　王□真　道□□ㄴ▯□□　□□　□正泉　□□□　□章ㄴ▯州關王廟楊粹□　永
寧□母張氏　張伯□　張伯玉ㄴ▯□玉　李文義　王膺□　李瑞□　李□□　王翔ㄴ
▯前鞏昌醫藥提領□□醫學院教授張文進　□世興ㄴ▯□品居士李永年　王應昌　李文德　李孝信　李□□ㄴ▯鞏昌醫藥提
舉王子温　王序　王文瑄　吳惟□ㄴ▯昌等處三百八十諸色人匠提舉陳文禄　魏莜ㄴ▯昌等處三百八十諸色人匠副提舉李應奎ㄴ
▯觀沖和大師李文深　三洞講師□善□ㄴ▯□□大師趙道清　紫霄觀沖和大師康希賢ㄴ▯□□院提舉張庭實　□母君　李□□　惟
壽ㄴ▯□□庫副使劉德文　任從進　任□□ㄴ▯錦院提舉徐德興　□□進　□□恭ㄴ▯□院提舉翟大明　劉□均　李□存ㄴ▯
□□茶飯提舉周應□　周應□ㄴ▯□□　▯繕貿提舉馮思明ㄴ▯□仁　童男買驢ㄴ▯文又貴ㄴ▯□□ㄴ

第二欄

秋水平：□□□　王□　馮琇　郭衍聞　∟王安　王□□　□示仁　史禄　李思明　∟王壽　王文直　鄧才富　高遠　楊福聖　∟任□　王友智　羅彦章　李珪　胡世宜　∟王□　柳文貴　楊文義　楊珪　褚文信　∟王□　張世禄　楊世興　張宜　王世安　∟王福　王文德　褚□□　楊□　魏文寶　∟李祥　崔汝楫　李世安　王庶　宋文仁　∟李禎　劉庭實　李世□　楊禮　黄□鑾　∟程信　唐文昌　李世□　楊定　梁坤臣　∟王禄　唐文彬　李世榮　王恕　羅華□　∟王祥　杜彦章　楊才德　雍英　線德飛　∟王珪　忠庸□　□仲德　線□　李文昌　∟蔣琳林應祥　楊世實　張茂　□德信　∟王琦　王仕温　姜文實　張森　潘文直　∟王珍　王仕良　姜惟慶　何禄　楊伯□　∟楊禊　王文瑞　王世顯　趙珪　李其昌　∟張彬　李仲祥　趙文顯　豆珍　張保之　∟孫昌　米大源　李元道　李成　武世賢　∟師珍　王汝賜　褚文寶　趙□　王世貴　∟張世禄　□□男鎖住　女嬌嬌　□□　趙應德　∟楊□君　□□　楊德素　居士王孝京　賈德□　∟勑授河州路□□教授張守禮　李伯□　李伯珍　李伯玉　∟飲饍局提舉魏應賢　魏學□　魏□□　魏□□　∟都總帥府管勾文□□　卜□　趙文秀　捕盜趙文貴　∟鞏昌監造提舉總管馮□□　□□　□□□　∟□□□□□□守德　張德□　張德□　魏□□　∟□□張□禄　賈永禄　□□□　□□□　□丕顯　∟

第三欄

▯□□　李世賢▯　∟□□輪村魏彦才　高□　魏▯　∟税務提領舍人楊□住▯　∟艮川張瑞　張琳　張璜　張琮▯　∟張瑄　張文進　錦院大使▯　∟

本廟常住地土▯　∟隴西□▯　∟東至▯　∟南至坡下壹▯　∟上，南至小水溝□□□地▯　∟盧提控□□嶺墳塋▯　∟子忠地，南至高嶺，西至楊家▯　∟辛□溝陽坡地壹段：□□家道▯　∟應坡地壹段：東至□，南至盧德▯　∟周家地，西至盧德義地，北至本廟地▯　∟里仁鄉車輪村地土□分内壹段：東至□何▯　∟道侯家地，南至道，西至▯　∟家地，□□□至▯　∟東大河，南至▯　∟地土□□□□□陽地▯　∟東至侯□□地南西，北至侯□□地土▯　∟

本廟地基：東至謝文禄、壽聖觀豆珍南壹□□□寺，∟北至□街，西至張文慶、王安禮、王世貴▯　∟

▯趙斗　□仲成　□□税使司攢典徐珍　□□　周庭瑞　∟雜物行孝劉楨　馮琇　李瓊　楊琬　陸福▯　∟小□行黄友直　李伯祥　楊仲禮　□安　白世榮▯　∟□□禮店文州元帥府經歷畢士昌　屠行老□□貴□　∟□錦院教士張世禄　張世安　張世福　翟文　張▯　∟鞏昌府醫學提領陳文通　張庭琰　張□　張□▯　∟□友文　王世寶　韓世福　郭英　陶珪　李□禄　孫文▯　∟李□文　吕文

珍　張庭禮　楊文貴□

校勘記

（一）□所知集賢院事開玄真人孫德彧撰記　《道家金石略》作「神仙□道大宗師玄門掌教真人管領道教所知□□□真人孫德彧撰」。

（二）□開張　《道家金石略》作「□□□□合凝至神潛運，一元流動，萬範開張」。

（三）□心玄起　《道家金石略》作「何彰靈響，逮乎運經三五，世雜淳漓，悶悶之政已荒，剪剪之心玄起」。

（四）□神之察　《道家金石略》作「代天宣德，屋火更其茹飲，城池以待兵戈，明有禮樂之規，幽有鬼神之察」。

（五）□霆　《道家金石略》作「謚封勛貞裕德之人配享，朝野惟時之祭。故嶽有帝，水有王，户有霆」。

（六）街怪城祠　《道家金石略》作「街正城司」，《隴西金石録》作「街汪域祠」。

（七）故王假有廟　「假」字，《隴西金石録》作「叚」。

（八）□之遺址也　《道家金石略》作「所以致福也。神之格斯，所以享誠也。今鞏府有廟曰城隍，實古之遺□也」。

（九）□瓦礫□横　《道家金石略》作「皇元□兵臨門，賴義武汪公之仁，完衆歸順。明道得復故廟殿堂，灰燼瓦礫□横」。

（一〇）明時有□重擢爲鞏昌道録　《道家金石略》作「明時有（下缺）待也。後有德鄰張唐、馮彦甫，日話煙霞之暇，語及開基，感忠烈公□重，擢爲鞏昌道録」。

（一一）□公預其魁選　《道家金石略》作「太祖皇帝隆興聖治，優澤玄門，頒天下羽流，普度敕牒，鞏城惟弘農公預其魁選」。

（一二）□詳　《道家金石略》作「□行而業有所成也。或叩明道，求神實録，師曰：傳厄劫火，莫□□詳」。

（一三）惟□人贈以淵靜大師　《道家金石略》作「惟李守清性最確然，虚緣養素，經卷爐香之外，一無介懷。□□真人贈以淵靜大師」。

（一四）□集賢院檄　《道家金石略》作「（下缺）爲大叔儉優於才幹，修葺爲先，均受王命，集賢院檄」。

（一五）繼任鞏昌道判　《道家金石略》作「繼任鞏昌路道判」。

（一六）□心　《道家金石略》作「□□肯構留心」。

（一七）□之所言　《道家金石略》作「□宿懷。子之所言」。

（一八）□不遑寧處　《道家金石略》作「華胥汪公□闃尋亦即世。叔儉失大山之倚□□□□憂□□□兢，不遑寧處」。

〔一九〕□善示子孫　《道家金石略》作「可心猶□□吾念祖宗之力，宮士之之勞，不爲小補，必欲光昭令德，善示子孫」。

〔二〇〕□爲其文　《道家金石略》作「喪師言匪懈，因雲南行省參知政事赴都以□事來長春宮叩予爲其文」。

〔二一〕□棲玄　《道家金石略》作「也枕渭水之清，□南山之麗，東掖桃花之秀，西傾鳥鼠之巢，接景棲玄」。

〔二二〕連甍壽聖　《道家金石略》作「連甍□壽聖」。

〔二三〕□伸冤之鏡　《道家金石略》作「（下缺）天愁□□□半則鬼哭神嗥，柳風傳拷訟之聲，松月挂伸冤之鏡」。

〔二四〕□之鄉　《道家金石略》作「（下缺）素月空□□□□□之金編，冥□均福，漱華池之玉液，龍虎交馳。善應□歸，仙凡相望，□□□□鬼道之鄉」。

四八　至治元年奉元路官造銅權　至治元年

至治元年奉元路官造銅權，至治元年（一三二一）造。初由甘肅省慶陽市鎮原縣公安局收繳，後移交，現存鎮原縣博物館。權黃銅質，通高一〇點九釐米，底徑四點九釐米，腹寬五點三釐米，重九二五克。方鈕方穿，體如圓瓶，廣肩，束腰處凸起一道束箍，疊澀座，座平底。兩側合範痕呈毛茬狀。腹部刻楷書陰文一二字。

至治元年奉元路官造銅權（至治元年）正面照片

至治元年奉元路官造銅權（至治元年）背面照片

録文

奉元路㇗官㇗造。㇗

至治元年。㇗斤九兩。㇗

四九　鞏昌權總帥汪惟純及夫人王氏墓誌　至治二年

《鞏昌權總帥汪惟純及夫人王氏墓誌》，至治二年（一三二二）六月立。一九七二至一九七九年出土於甘肅省漳縣汪家墳元墓羣，現存漳縣博物館。誌石青石質，方形。誌蓋盝頂，頂部較闊，邊長七二釐米，厚一五釐米。蓋題雙鈎楷書「大元安遠□□□鞏昌等處宣慰使司事權便宜都總帥濟齋汪公壙誌」四行二八字。誌石邊長七五釐米，厚一三釐米。誌文楷書，三四行，滿行三三字。甘肅省博物館、漳縣文化館《甘肅漳縣元代汪世顯家族墓葬》（《文物》一九八二年第二期），吴景山《元代汪世顯家族碑誌資料輯録》（《西北民族研究》一九九九年第一期），趙一兵《元代鞏昌汪世顯家族墓葬出土墓誌校釋五則》（《内蒙古社會科學》二〇〇六年第二期），《漳縣金石録》（漳縣文史資料委員會，二〇一〇年），汪楷主編《隴西金石録》（甘肅人民出版社，二〇一一年）著録。

誌文記載汪惟純和夫人王氏的生平及子女狀況。

鞏昌權總帥汪惟純及夫人王氏墓誌（至治二年）誌蓋、誌石照片

鞏昌權總帥汪惟純及夫人王氏墓誌（至治二年）誌文拓片

鞏昌權總帥汪惟純及夫人王氏墓誌（至治二年）誌蓋拓片

録文

大元安遠□□□∟鞏昌等處宣慰使∟司事權便宜都總∟帥濟齋汪公壙誌[一]（誌蓋）∟

大元故安遠大將軍鞏昌等處宣慰使司事兼權便宜都總帥汪公，諱惟純，道號濟齋，鞏∟昌隴西人也。祖考太師□□隴右王[二]；祖妣隴右王夫人包氏、隴右王夫人潘氏、貞順∟隴右王夫人楊氏。考德臣，鞏昌路便宜都總帥兼本路兵馬都總管知府事，謚隴西忠∟烈公；母黄擱氏，封臨潢郡夫人。帥相汪公，即忠烈公嫡嗣，班居于六，歲在丁巳春三∟月二十一日戩穀[三]。少穎悟，性奇特，姿禀英雄，胄出將相。風流儒雅，工於聲詩，楷篆筆法∟如神，□於□古言語文字[四]。善射騎，富韜略。及登要路，蒞政凛然，沈鷙有謀，始由∟御位下應當怯薛，深荷∟隆寵，至元十八年欽受∟宣命金牌、廣威將軍管軍總管，□□鞏昌平涼等處屯田軍人[五]。二十二年，陞懷遠大將軍同∟知四川西道宣慰使司事。二十五年，∟宣降虎符，陞安遠大將軍□鞏昌等處便宜都總帥[六]。是年，復受∟宣命，就帶已降虎符，同知鞏昌等處宣慰使司事，兼權便宜都總帥，散官如故。二十九年，復∟立便宜都總帥府，換受∟宣命，就帶虎符，權鞏昌等處便宜都總帥。公欽念十載之間，五沾∟優渥，苟非祖宗積德，勳業之盛，疇克爾耶？公乃輸誠心，布公道，政教養民，忠勤報∟國，繇是譽望益彰，名達∟聰聽。時公年甫强仕，以元貞改元，竭忠赴∟闕，大欲建言，庸展抱負。道過長安，偶疾告薨。人哀而嘆曰：「樑木壞，哲人萎，何天不假年而∟遽俾之然乎？」乃命卜筮，護喪告歸。以是年九月十六日祔葬於漳川之祖塋。公夫人膺∟醮命、承宗祀、禮婚聘爲世婦者，王氏夫人也。夫人，平涼管軍元帥王侯之女，生居閥閱，∟以庚申中統建元正月十九日設□[七]，容婉娩，事女功，笄而有二，來嬪于公。其婦道母儀，∟貞節懿行，玉潔冰清。至若勉夫教子，睦族宜家，友妯娌，御僮妾，壼範嚴明，賢於人者夥∟矣。處世六十三禩。至治壬戌夏感疾，醫藥弗療，閏五月十五日終于正寢。以是歲六月∟初七日，厥孤都總帥延昌挈諸孤，擗踊挽柩，稽諸典制，而合葬於∟先君宣慰帥相汪公之域，禮也。生男有二：長子福昌，廕父職，從仕郎、鄠縣尹，後天先∟地卒；次子延昌，襲∟曾祖太師義武隴右王先爵昭勇大將軍、鞏昌等處都總帥兼鞏昌府尹。又夫人陳氏，∟定西元帥陳國用之女，安居無恙。男二人：繼昌，進義校尉、鞏昌等處錦院長官；次□昌[八]，∟未仕；第五子慶壽。女一人，適定西奉議大夫、鞏昌府同知子陳正臣。若夫我∟先君帥相汪公之殊勳偉績，先妣大夫人王氏之淑德令聞，昭著于時，誠不可揜，後∟將歸諸太史，姑以父天母地平昔始終之緒，謹次第而刻之堅珉，誌諸壙左，以傳不∟朽之云爾。謹誌。∟

旹至治二年歲次壬戌六月丁卯朔初七日癸酉，孤哀子昭勇大∟將軍、鞏昌等處都總帥兼鞏昌府尹汪延昌兄弟等□〔九〕。∟

校勘記

〔一〕大元安遠□□□鞏昌等處宣慰使司事權便宜都總帥濟齋汪公壙誌　「遠」後殘三字，據誌文當爲「大將軍」。

〔二〕祖考太師□□隴右王　《漳縣金石録》作「祖考太師義武隴右王」。

〔三〕春三月二十一日戩穀　《漳縣金石録》、《元代汪世顯家族碑誌資料輯録》作「春三月二十二日戩穀」。

〔四〕□於□古言語文字　《漳縣金石録》作「精於蒙古言語文字」。

〔五〕□□鞏昌平涼等處屯田軍人　《漳縣金石録》作「協統鞏昌平涼等處屯田軍人」。

〔六〕□鞏昌等處便宜都總帥　《漳縣金石録》作「權鞏昌等處便宜都總帥」。

〔七〕正月十九日設□　《漳縣金石録》作「正月十九日設帨」。

〔八〕次□昌　《漳縣金石録》作「次舜昌」。

〔九〕汪延昌兄弟等□　「等」後殘一字，《元代汪世顯家族碑誌資料輯録》作「刻」。

五〇　常德用墓券　至治三年

《常德用墓券》，至治三年（一三二三）六月立。一九七八年出土於甘肅省靜寧縣威戎公社賈莊村，現存靜寧縣博物館。券灰色磚質，方形，邊長三三釐米，厚五釐米。券文楷書，一三行，行字不等。閻惠羣編《靜寧博物館文物精品圖集》（甘肅人民美術出版社，二〇一一年）著録。

該墓券是最早標有「靜寧州」名稱的實物資料，距大德八年（一三〇四）始設靜寧州約十九年。

常德用墓券（至治三年）照片

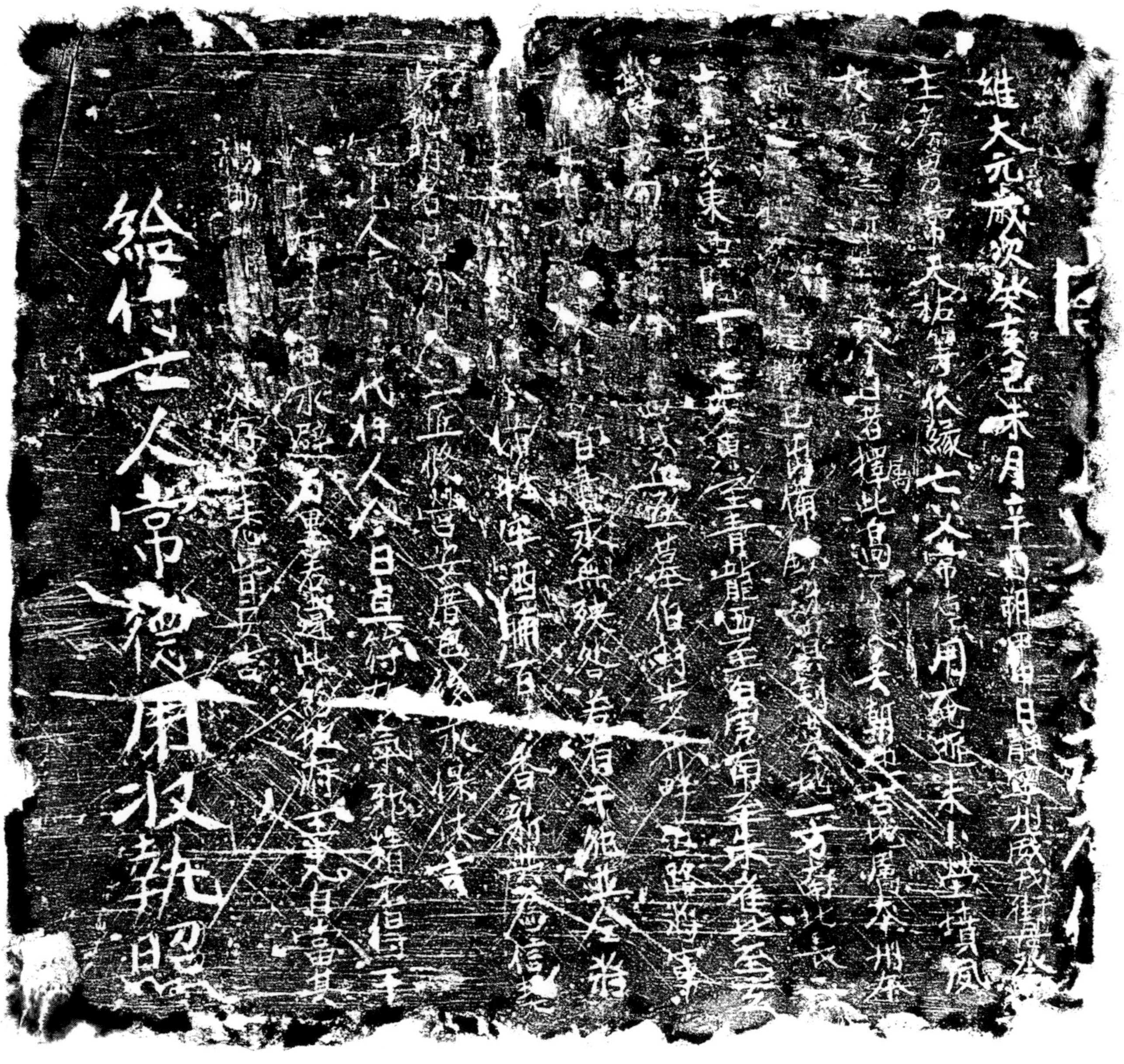

常德用墓券（至治三年）拓片

録文

維大元歲次癸亥己未月辛酉朔甲申日，靜寧州威戎街居祭∟主孝男常天祐等，伏緣亡父常德用奄逝，未卜塋墳，夙∟夜憂遑，所厝未處。今日者擇屬此高原來去朝迎吉地〔一〕，屬本州本∟處高原地爲宅兆。第已出備錢財，買到墓地一方，南北長二∟十五步，東西闊一十七步，東至青龍，西至白虎，南至朱雀，北至玄∟武。內方勾陳，管分擘四域。丘丞墓伯，封步界畔。道路將軍，∟齊整阡陌。致使千秋百載永無殃咎，若有干犯，並令將∟軍亭長縛付河伯。今備牲牢酒脯，百味香新，共爲信契。∟財地相交〔二〕，各已分付，令工匠修營安厝，已後永保休吉。∟知見人：歲月主。代保人：今日直符。故氣邪精不得干∟犯，先有居者永避万里。若違此約，地府主吏自當其∟禍，助葬主內外存亡悉皆安吉。∟

給付亡人常德用收執照。∟

校勘記

〔一〕今日者擇屬此高原來去朝迎吉地「屬」字位於「擇」字之右，係補刻。

〔二〕財地相交「交」字位於「相」字之右，係補刻。

五一 潁川郡陳宅墓誌 泰定元年

《潁川郡陳宅墓誌》，泰定元年（一三二四）四月立。出土於甘肅省定西市安定區，後經徵集，現存甘肅省博物館。墓誌泥質灰陶，正方形，邊長三三點五至三四點二釐米，厚五點三釐米。墓誌表面陰刻單綫邊框，白灰作底，墨綫字格，朱色丹書而後刻。誌文楷書，一九行，滿行一八字。陳德新撰。

誌文記述陳國才及妻石氏生平，及其子陳德新孝養慈母事迹。

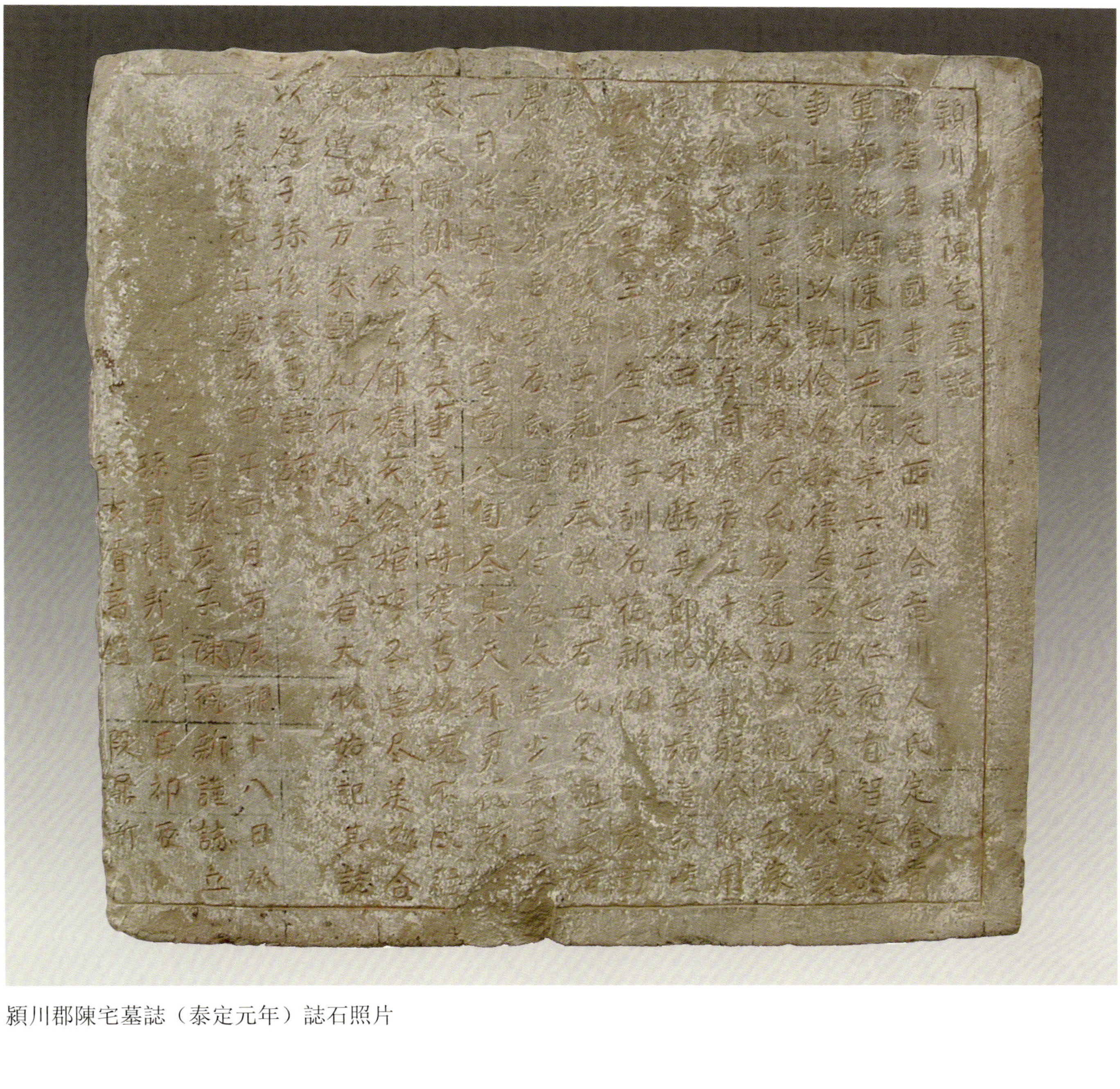

潁川郡陳宅墓誌（泰定元年）誌石照片

録文

潁川郡陳宅墓誌∟

故考君諱國才，乃定西州合竜川人氏，定會管∟軍都總領。陳國才，係弟六子也。仁而有智，敬於∟事上，治家以勤儉爲務，律身以和緩爲則，代襲∟父職，殁于邊戍。□親石氏〔一〕，妙通□□，適於我家，∟三從无表，四德有同。孀居五十餘載，躬儉能用，∟□□□，□□田蠶，不虧其節，恪守婦道，敦睦∟族親，鄉里寧比。生一子，訓名德新，幼□□爲將∟於□間□致質子元帥，奉承母石氏，□通長請，∟晨參暮省，□□石氏，朝夕侍養，未嘗少衰耳。□∟一日，慈母石氏享壽八旬，盡其天年。男德新□∟衰哀臨〔二〕，朝夕奉奠，事若生時，寢苫枕塊，不脱絰∟帶，□至葬，修□飾壙，衣衾棺椁，盡善盡美，□合∟其道。四方來覲，无不悲嘆。□者大悦，姑記其誌，∟以爲子孫後鑒焉。謹誌。∟

泰定元年歲次甲子四月丙辰朔十八日癸∟酉，孤哀子陳德新謹誌、立。∟

孫男陳邦臣　鄒臣　祁臣　∟孫女婿高鑑　段鼎新∟

校勘記

〔一〕□親石氏　「親」前殘一字，疑爲「娘」。

〔二〕□衰哀臨　「衰」前殘一字，疑爲「斬」。

五二　泰定元年青釉瓷扁壺　泰定元年

泰定元年青釉瓷扁壺，泰定元年（一三二四）造。一九七七年徵集於甘肅省古浪縣，現存古浪縣博物館。壺通高三四點二五釐米，通寬二八釐米，頂徑、底徑均爲二九點四釐米，流口徑五點四釐米。頂與底呈淺圈足，肩部四繫殘缺，短流唇口豁缺，肩與腹接合處捏出附加堆紋；施青釉，較稀薄且不勻；肩上部刻草書一行八字。

泰定元年青釉瓷扁壺（泰定元年）照片

録文

泰定元年二月九日」

五三　鎮國上將軍征西都元帥汪公（惟永）墓誌　泰定二年

《鎮國上將軍征西都元帥汪公（惟永）墓誌》，泰定二年（一三二五）七月立。二十世紀九十年代出土於甘肅省天水市武山縣四門鎮西川村，現存武山縣博物館。誌蓋已佚，墓誌方形，已殘爲兩塊，紅砂岩質，施卷草紋邊框，誌文刻楷書，二四行，滿行二五字。陳世榮撰文。《天水碑文選》（《天水文史資料》第九輯，二〇〇二年）、《漳縣金石録》（漳縣文史資料委員會，二〇一〇年）、汪楷主編《隴西金石録》（甘肅人民出版社，二〇一一年）、劉雁翔《天水金石文獻輯録校注》（三秦出版社，二〇一七年）著録。

誌文記載汪惟永生平及家族世系。

鎮國上將軍征西都元帥汪公（惟永）墓誌（泰定二年）左側照片

鎮國上將軍征西都元帥汪公（惟永）墓誌（泰定二年）右側照片

録文

大元故鎮國上將軍征西都元帥汪公神道之墓誌∟

公諱惟永，鞏昌人氏。父附馬、資善大夫、中書右丞，贈推臣保∟□宣力功臣〔一〕、儀同三司、中書平章政事、上柱國，追封梁國公汪□〔二〕，∟尚公主阿思帶，夫人平陽郡抹撚氏、何▯〔三〕。∟其祖鞏昌路便宜都總帥〔四〕，贈推▯〔五〕∟三司、上柱國，追封義武□右▯〔六〕∟隴右王夫人，葬于漳川先塋▯〔七〕∟國次五之子，天資英偉，器▯〔八〕∟韜略，善騎射，綽有大將▯〔九〕，∟授鎮國上將軍、征西▯〔一〇〕∟決勝，克稱其職。鎮遏▯〔一一〕∟上賜黄金、弓矢、劍甲□□其功〔一二〕。惟永，甲▯〔一三〕∟泰定乙丑孟夏四月有八日，在任而薨，享年六十有二。夫人曹氏、∟田氏，有子七人、女二人。長曰泰昌，武德將軍，碉門、黎雅等處軍民∟安撫司達魯花赤，娶李氏；次子履昌，砲翼元帥，娶包氏；次子巽昌，∟昔□達魯花赤〔一四〕，娶陳氏；次子震昌，鞏昌路管軍元帥，娶李氏；次子∟□昌、節昌、庸昌〔一五〕。長女適包友讓，次適趙西臺御史也速。孫男二十∟□人〔一六〕、女九人。以是年七月十八日，諸子護喪歸鞏昌，葬於寧遠縣∟□□鄉〔一七〕，從其宜也。公之在生，爲子克盡其孝，爲臣克盡其忠。謙以∟▯内睦宗族〔一八〕，外婣親戚，罔不得其懽心。及其薨也，聞∟▯葬有日〔一九〕，其子震昌等丐文於予▯〔二〇〕∟▯∟▯七月十八日〔二一〕，∟鄉末後學陳世榮撰。石匠陳才。∟

孤哀子泰昌、履昌、巽昌、震昌、益昌、節昌、庸昌等。∟

校勘記

〔一〕贈推臣保□宣力功臣　《隴西金石録》作「贈推誠保德宣力功臣」。

〔二〕追封梁國公汪□　「汪」後殘一字，《漳縣金石録》、《隴西金石録》作「良臣」。

〔三〕何▯　《隴西金石録》作「何氏追封梁國夫人」。其下應仍有闕字。

〔四〕其祖鞏昌路便宜都總帥　按《天水碑文選》、《漳縣金石録》、《隴西金石録》均誤「其」爲「曾」字。《隴右金石録》等録《便宜都副總帥汪忠讓公神道碑》稱汪忠臣爲「便宜都總帥隴西義武公之冢嗣便宜都總帥忠烈公德臣中書左丞忠惠公良臣四川行樞密副使清臣之兄」，可知汪世顯爲汪惟永之祖，非曾祖。

〔五〕贈推▭　《漳縣金石録》、《隴西金石録》作「贈推忠協力佐運功臣太師開府儀同」。

〔六〕追封義武□右▭　《天水碑文選》作「追封義武隴右王汪世顯；夫人包氏□□□□□」，《漳縣金石録》作「追封義武隴右王汪世顯；夫人包氏、潘氏、楊氏，並封」，《隴西金石録》作「追封義武隴右王汪世顯；夫人包氏、潘氏、楊氏，追封」。

〔七〕葬于漳川先塋▭　下闕文字，《天水碑文選》作「之域。子孫昌盛，皆盈其□□□□□」，《漳縣金石録》作「之域。子孫昌盛，皆盈其室。公乃梁公」，《隴西金石録》作「之域。子孫昌盛，皆盈其墳。惟永係梁」。

〔八〕器▭　《天水碑文選》作「器誠超羣。自幼讀書，及長，尤善□□□□」，《漳縣金石録》作「器識超羣。自幼讀書，及長，尤善兵法攻戰」，《隴西金石録》作「器識超羣。自幼讀書，及長，尤善屬文，兼明」。

〔九〕綽有大將▭　下闕文字，《天水碑文選》作「之風焉。至大元年，欽受□□□□□□□」，《漳縣金石録》作「之風焉。至大元年，欽受宣命，降三珠虎符」，而《隴西金石録》作「之風焉。至大元年，欽受皇命」一一字。

〔一〇〕征西▭　下闕文字，《天水碑文選》、《漳縣金石録》作「都元帥。繼任之後，禮賢下士，恤軍愛民，運籌」，《隴西金石録》作「都元帥。既任之後，禮賢下士，恤軍愛民，運籌」。

〔一一〕鎮遏▭　下闕文字，《天水碑文選》作「西邊，於國竭力，數公朶訛悉，皆降附□□」，《漳縣金石録》作「西邊，於國竭力，數公朶訛悉，皆相附。奏聞」一六字，《隴西金石録》作「西邊，爲國竭力，數攻朶訛悉，皆降附」。

〔一二〕劍甲□□其功　「甲」後殘二字，《天水碑文選》、《漳縣金石録》、《隴西金石録》作「以賞」。

〔一三〕惟永甲▭　下闕文字，《天水碑文選》作「子相中秋七月有三日生至」，《漳縣金石録》作「子相仲秋七月有三日生至」，《隴西金石録》作「相中秋七月有三日生至」。

〔一四〕昔□達魯花赤　《天水碑文選》、《漳縣金石録》、《隴西金石録》作「昔保赤達魯花赤」。

〔一五〕□昌節昌庸昌　「昌」前殘一字，《天水碑文選》、《漳縣金石録》、《隴西金石録》作「益」。

〔一六〕孫男二十□人　「十」後殘一字，《天水碑文選》、《漳縣金石録》、《隴西金石録》作「四」。

〔一七〕□□鄉　「鄉」前殘二字，《天水碑文選》、《漳縣金石録》、《隴西金石録》作「環川」。

〔一八〕▭內睦宗族　上闕文字，《天水碑文選》作「階下和以處衆」，《漳縣金石録》作「楷下和以處衆」，《隴西金石録》作「接下和以處衆」。

〔一九〕□葬有日　上闕文字，《天水碑文選》、《隴西金石録》作「者莫不驚悼焉」，《漳縣金石録》作「其莫不驚悼焉」。

〔二〇〕其子震昌等丐文於予□　下闕文字，《天水碑文選》、《漳縣金石録》作「義不容默，因述本末而爲之墓誌之」，《隴西金石録》作「義不容默，因述本末而爲之墓誌」。

〔二一〕□七月十八日　上闕文字，《天水碑文選》、《漳縣金石録》、《隴西金石録》作「泰定乙丑仲秋」六字，疑當爲「泰定乙丑孟秋」。

五四　有元重修文殊寺碑銘　泰定三年

《有元重修文殊寺碑銘》，泰定三年（一三二六）八月立。原存甘肅省張掖市肅南裕固族自治縣文殊寺石窟文殊洞，現存肅南裕固族自治縣民族博物館。碑首、碑座已佚。碑身長方形，高一二六釐米，寬七七釐米，厚二五釐米。碑陽飾卷草紋邊欄，碑文楷書，二六行，滿行五〇字。速那令真撰文。碑陰刻回鶻文。明李應魁《肅鎮華夷志》，耿世民、張寶璽《元回鶻文〈重修文殊寺碑〉初釋》（《考古學報》一九八六年第二期），張維《隴右金石録》（蘭州古籍書店，一九九〇年），吴景山《西北民族碑文》（甘肅人民出版社，二〇〇一年），唐曉軍《甘肅古代石刻藝術》（民族出版社，二〇〇七年）等著録。（日本）中村健太郎《「重修文殊寺碑」ウイグル語面の訳注》（《アジア・アフリカ言語文化研究》第一〇六期，二〇二三年）有回鶻文録文。

碑陽漢文，碑陰回鶻文内容相似，記載第三代豳王喃荅失家族世系，及其捐資修繕文殊寺過程、布施田産情況。

有元重修文殊寺碑銘（泰定三年）碑陰照片

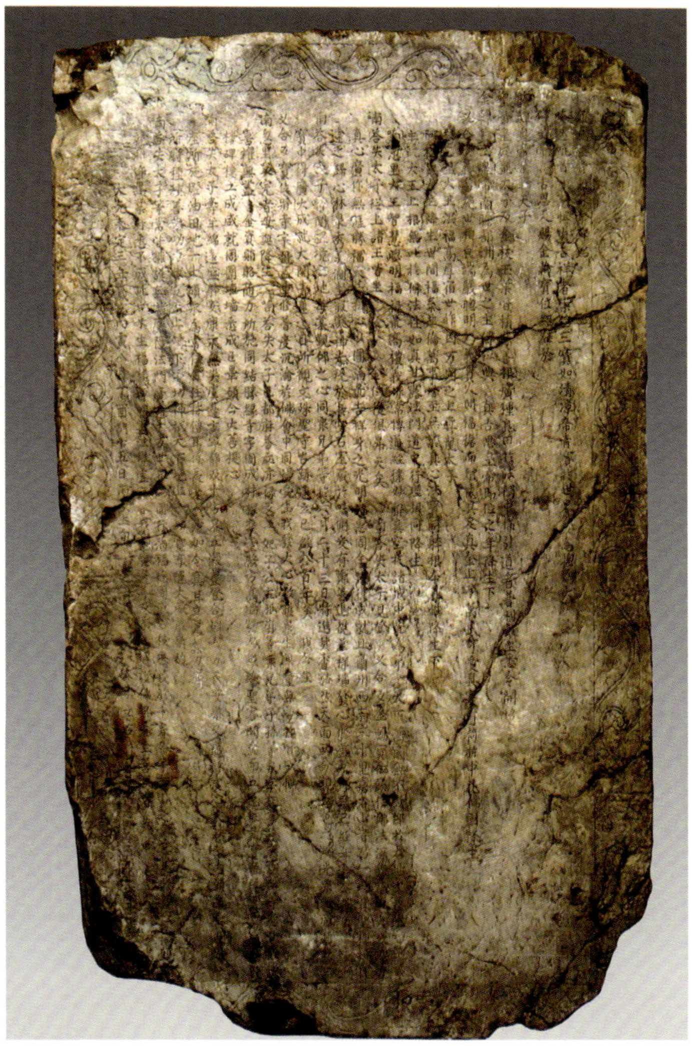
有元重修文殊寺碑銘（泰定三年）碑陽照片

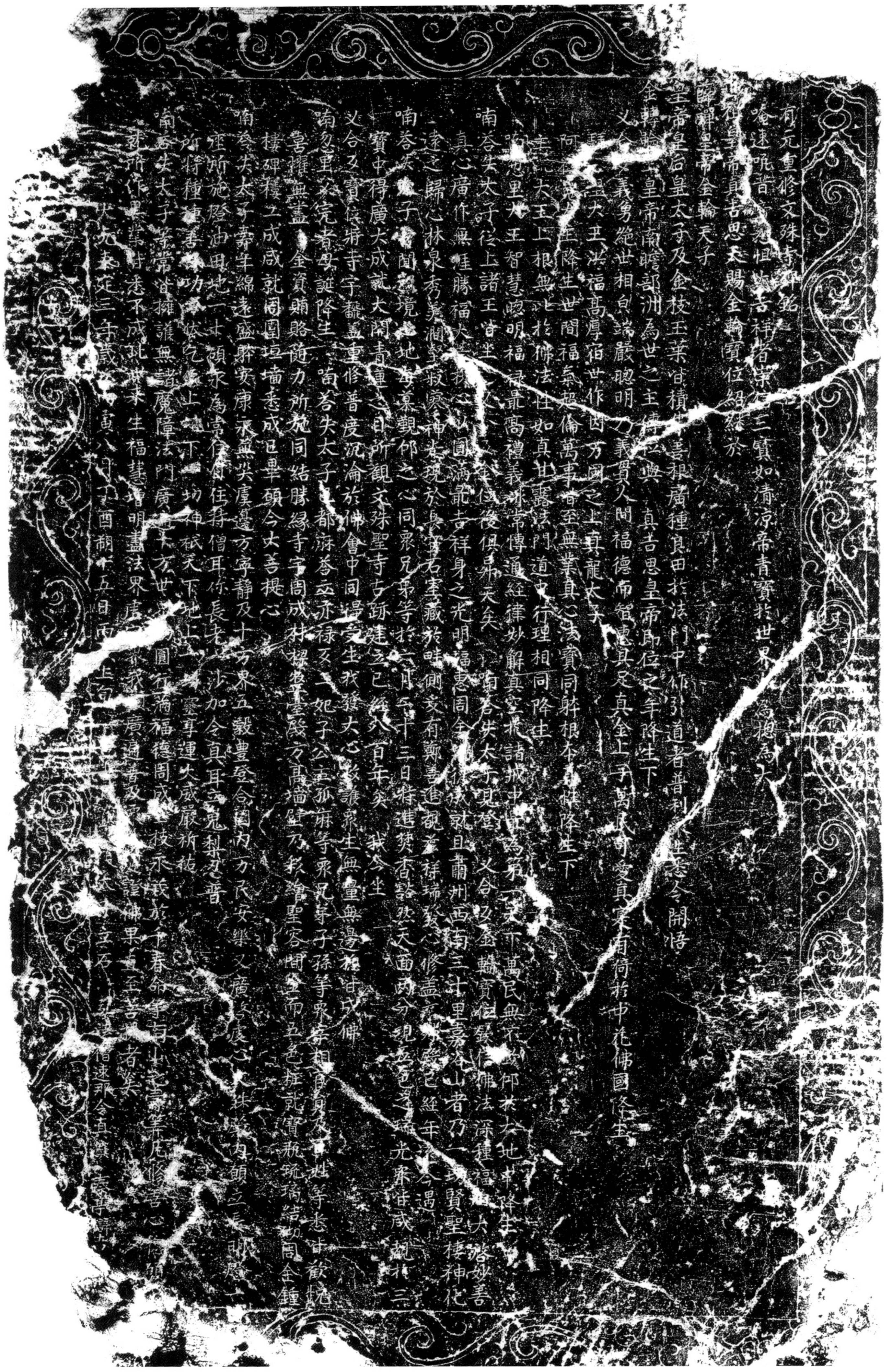

有元重修文殊寺碑銘（泰定三年）碑陽拓片

有元重修文殊寺碑銘（泰定三年）碑陰拓片

録文

碑陽

有元重修文殊寺碑銘ㄴ

唵速吼昔帝悉怛大吉祥者，崇信三寶，如清涼帝青寶於世界□爲總爲大ㄴ□祖皇帝真吉思[一]，天賜金輪寶位，紹繼於ㄴ薛禪皇帝金輪天子。ㄴ皇帝、皇后、皇太子及金枝玉葉，皆積集善根，廣種良田，於法門中作引道者，普利衆生，悉令開悟。ㄴ金轉輪王皇帝南瞻部洲爲世之主，傳位與真吉思皇帝，即位之年降生下ㄴ叉合歹，義勇絶世，相兒端嚴聰明，乃義貫人間福德，而智惠具足。真金上子，萬民可愛，真寔有倚。於中花佛國降生ㄴ拜荅里大王，洪福高厚，宿世作因，万國之上，真龍太子。ㄴ阿禄嵬大王降生世間，福氣超倫，萬事皆至，無業真心，法寶同體，根本真性。降生下ㄴ主魄大王[二]，上根無比，於佛法性，如真甘露，法門道中，行理相同。降生ㄴ喃忽里大王，智慧聰明，福禄最高，禮義非常，博通經律，妙解真空，於諸戒中最爲第一，天下萬民無不欽仰。於大地中降生ㄴ喃荅失太子。從上諸王皆坐叉合歹金位，後俱昇天矣。喃荅失太子見登叉合歹金輪寶位，欽信佛法，深種福田，大啓妙善ㄴ真心，廣作無涯勝福大菩提心，以圓滿最吉祥身之光明，福惠周全，功德成就。且肅州西南三十里嘉谷山者[三]，乃一切賢聖棲神化ㄴ遠之歸心。林泉秀美，澗壑寂寥，神光現於長空，石室藏於畔側。爰有鄭善進覩兹祥瑞，發心修蓋文殊殿，已經年遠。今遇ㄴ喃荅失太子常聞聖境之地，每慕覲仰之心，同衆兄弟等，於六月二十三日特進焚香。豁然天面兩分，現五色之瑞光，衆皆咸覩，於三ㄴ寶中得廣大成就，大開青蓮之目，所觀文殊聖寺古跡建立已經八百年矣。我今坐ㄴ叉合歹寶位，將寺宇黐蓋重修，普度沉淪，於佛會中同得受生。我發大心，救護衆生，無量無邊，摠皆成佛。ㄴ喃忽里父、完者母誕降生喃荅失太子，巴都麻荅並亦禄歹二妃子，公主孤麻等，衆兄弟子孫等，衆宰相官員及百姓等，悉皆歡悦，ㄴ喜懼無盡。金資賄賂，隨力所施，同結勝緣。寺宇周成，材樑整臺，殿方高墻，壁乃彩繪聖容，間金而五色粧就，寶瓶琉璃，結砌周全，鍾ㄴ樓碑樓工成咸就，周圍垣墻悉成已畢。願今大菩提心ㄴ喃荅失太子壽年綿遠，盛體安康，永無災虞，邊方寧靜，及十方界五穀豐登，合國内万民安樂。又廣啓虔心，文殊殿内願立長明燈一ㄴ座，所施燈油田地一十頃，永爲常住，付住持僧耳你長老、沙加令真、耳立嵬、梨忍普。ㄴ所將種種善根功力，伏乞天上地下一切神祇、天下地上一切靈享運大威嚴，祈祐ㄴ喃荅失太子等常皆擁護，無諸魔障，法門廣遍十方世界，功圓行滿，福德周成，金枝永茂於千春，命等南山之壽筭，凡修善心，總願□∟就〔四〕，所作黑業皆悉不成，此世來生福慧增明，盡法界、虛空界，我願廣遍，普及衆生，超證佛果，直至菩提者矣。∟

大元泰定三年歲次丙寅八月丁酉朔十五日丙戌上旬。喃荅失太子立石。弘法僧速那令真撰。秦亭辯吉□。∟

碑陰

（回鶻文）

1 oṃ suvasḍi sitidim aḍ mang(gal) bolz-un(burxan baš-ïn (üč) ärdini-lärgä ïnanur biz : cintamani ärdini-gä oqšatï : čïn kertü alqu ’W?/////

2 činggiz qaγan-nïng (orun-ïn)ta olurmïš

3 säč(ä)n qaγan-nïng altun uruγï

4 qaγan qan-q(a) qatun-q(a) xung taysï bašlap uluγ uruγ-lar-ïnga buyan bolγu üčün ...

5 čaγaḍay oron-ïnta olurmïš n(o)m taš taysï bu mančuśi(ri) sängräm-ni yasaḍïp bi taš turγurdï : kim ol (ča)kravrt qan uγuš-luγ ärip : čambodivip-nïng ärklig-i : čarambavike bodistv (čin)ggiz qan-tïn : čaγaḍay küü-lüg törüdi.

6 baγašal ädgü-lüg ol qan-tïn : barča il uluš-nïng küvänč-i : padma aγïlïq blgürmiš : baydar alpaγut törüdi. anïng täg qutluγtï ïduq-tïn :

7 ašnu qïlmïš buyan-lïγ ///// : . (a-)//////WK tngrisi : aluγu titig törüdi. čoγluγ yalïn-lïγ ol qan-tïn : čoγsïramaq-sïz kirtgünč-lüg : čoḍïraẓ ärdini käsdämi : čubay alpaγutï törüdi.

8 nom-qa kertgünč-l(üg ol qan-tïn) : noš rasγan täg čin sav-lïγ : nom(-qa) yorïr qïlïq-lïγ : nom qulï bilgä törüdi.

9 bo munï täg qutluγ-tïn : buyan bilgä bilig-ning altun-ï : bodistwlar yorïγ-ïn(ta yorïr) : burxan nom-ïnta kertgünč-lüg. yapa alqu-nung küvänči : yrlïqančučï kögül-kä tükäl-lig : yruq bilgä bliglig ... yanïγsïz kertgünč köngül-lüg.

10 manggal ornašmïš ätöz-lüg : markat ärdini täg uz körklüg : maxabala küčlüg küsünlüg : maxa satw-a

11 nom taš taysï törüdi.

12 aluγu bašlap nom qulïγa tägi : aγïr buyanlïγ ïduq-lar : alqu-γun čaγaḍay orun-ïn olurup : aγḍïntï-lar tuz-it ordu-qa. amtï bo tušta nom (taš)

taysï : ašnu-qï (b)uyan (tïltaγ)-ïnta

13 čaγaḍay orun-ïn olurup : arïš arïγ üč ärdinilärtä : aγïnčsïz kertgünč-lüg bolmïš-ïnga. ašnu sügčü-nüng kä-güü qabčïγay-ta : (ačari) Čing (Šin)-sin etḍürmiš : ary(-a) (mančusiri) sängräm-intä :

14 aqa ini-läri birlä yüküngä(li tägi)p. altïnč ay-nïng (üč otuz-ïnta) : ayaz kök qalï-nïng yüüz-intä : adïrtlïγ beš boduγ-luγ yruq-larïγ körüp : alqu-γun barča süzüldi-lär. burxan nom-ïnga kertgünč-lüg :

15 bodistv (uγuš-luγ nom) taš taysï : busulmïš (säng)räm yasamaq-nïng : buyan(-ïn) tälim äšidmiš-kä ////////////. (aranyadan) wrxar-larïγ üklitsär : altun tilgän-lig qan bolup : alqu-nï biltäči bolzun :

16 alqïγ köngül-intä ////////// (köngül-läri) arïγ süzülüp : K///miš-i trk bïšïp : (kök) lenxu-a T'N? köz-in : körüp amtï-qï (sängrä)m-ig. adïnčïγ bo sängräm turγalï : adïrtlïγ säkiz yüz

17 yïl-lar käčmiš : amtï (čaγaḍay orun-ïnta) olurmïš-ïm-ta : arïγlaḍu (biräyin) qopurdayïn tep. alqu-nung ašïγ-ïn saqïnïp : adičit köngül öritip : altun aγïz-ïn barča-qa : antaγ tep inčä sözlädi.

18 kinki-tä birlä tuγṭači : kertgünč-lüg näkim bäg iši-lär : kälinglär bo sängräm-ni yasalï ... keng mängilig ulaš-ta tuγalï. üstün tngri-tä yalanguq-ta : üṣüksiz mängi-lärig körüp : üṣäliksiz

19 burxan bolalï tep : öz aγïz-ïn munï täg ödläti. b(odun) boqun uluš-ï : bo munï täg öd ärig-ig äšidip : bodistv nom qulï-tïn ölčäy qatun-tïn tuγmïš nom taš taysï-nïng padmaṭari qatun ürügḍäy

20 qatun qïz qïrqïn-larï : buyan-qa kertgünč-lüg aγa (i)ni uruγ-larï bäg bägäḍ-läri birlä. köngül-läri arïγ süzülüp ... kümüš altun čao-larïγ kälürüp : küč-läri barïnča yumšap : körkläḍürti bo sängräm-ig.

21 (tangut) čölgäsintä körmädük : tay-ïn ediz soqḍurup : tašïn ičin suvadïp : tam-larïn körklä bäṣätdi. altun-ïn boduγ-ïn yasaḍurup : ary-a mančusiri-nï čïngladïp : aγḍurup bumbasin yaqïlḍïp : arïγ čongluγ bi taš turγurdi.

22 qaγan qan-nïng yaš-ï uṣun bolγu üčün : qaḍnayu yula küši (tam)durγu-qa on taγar-lïγ yer-ni suvnï toyïn-larqa tapšurup sanggik orantdï. amtï bo buyan-nïng t(üšin)ta : ayaz kök-täki

23 (yaγïz yer-täki) : alqu qamaγ naivasike-lar nïng : asïlzun üsdälzün küč-läri. asïlmïš küč küsün-lügin : aγïr buyan-lïγ (nom) taš taysï-nï : aγa ini el-i uluš-ï birlä : adasïz küyü küṣädü tutzun-lar.

24 (o-)/// olar-nïng ädgü nom-ï : ontïn sïngar kengürülzün : uluγ buyan-lïγ nom taš taysï : (ur)uγ-ï birlä tümän yašazun. bodistv nom taš taysï ... busuš ämgäk yüüz-in körmädin : buyan bilgä biligi ükliyü :

25 (burxan) bolzun kenintä. toγum-luγ toor-ta tutulmïš : tolp qamaγ tïnlγ oγuš-ï : tuγmaq ölmäk-tin trk oṣup : tuγum üṣlünčü-süz qïlzun-lar. tolp kiši-kä körgülük : körklä ädgü bo bi taš-ta

26 ///K uluγ ačari S?///-YN yaratïp : küz öd säkizinč ay-ïn (itip tükätdi : otčuγ -taqï oot qutluγ bing bars yïl säkiz-inč ay beš ygrmikä t(ükäl) ///SY? irpa ada baxsï : bitkäči yïγmis qay-a oyγuči LY K'ŠY.

校勘記

〔一〕總爲大□祖皇帝真吉思　「□祖」，《元回鶻文〈重修文殊寺碑〉初釋》、《西北民族碑文》、《甘肅古代石刻藝術》作「太祖」。

〔二〕降生下主魄大王　「魄」字，《隴右金石録》作「龍」，《元回鶻文〈重修文殊寺碑〉初釋》、《甘肅古代石刻藝術》作「伯」。

〔三〕且肅州西南三十里嘉谷山者　「嘉谷山」，《西北民族碑文》作「嘉峪山」。

〔四〕總願□就　「願」後殘一字，《隴右金石録》、《元回鶻文〈重修文殊寺碑〉初釋》、《西北民族碑文》、《甘肅古代石刻藝術》作「成」。

五五　鞏昌伏羌縣墓券　泰定四年

《鞏昌伏羌縣墓券》，泰定四年（一三二七）閏九月立。二〇〇〇年出土於甘肅省天水市秦安縣王窯鄉下灣村，現存秦安縣博物館。墓券泥質灰陶，方形，邊長二八至二九釐米，厚五釐米，左上角有殘缺。券文朱砂書寫，行書，一三行，行字不等。

墓主姓名模糊不清，券文標明墓主身份屬伏羌縣三十八指揮。券文用語如「□□讀了入清海，童子讀了亦上天」等在元代西北地區墓券中少見，對研究元代隴右喪葬風俗具有參考價值。

鞏昌伏羌縣墓券（泰定四年）照片

録文

維大元歲次丁卯泰定四年閏九月丙寅朔初七日，陝⌞西鞏昌伏羌縣三十八指揮馬互爲歿故亡人□□〔一〕⌞□□今將用錢九萬九千九百九十九貫文，於南山之下⌞丙穴之□地，就皇天父、后土母、地神社稷前十二神靈⌞□乃□□□田一所，周流五十二步，東至青龍，西至白⌞虎，南至朱雀，北至玄武，上至蒼天，下至黄泉。四界□⌞□明，己財地相交分付。天地神明□代保善人，□□⌞□□□□□□書。寫券人錢曹，稅券人□□。⌞□□讀了入清海，童子讀了亦上天。□□⌞□□□□□亦□□深□□□□⌞□⌞□如⌞□帝使者女青律令。⌞

校勘記

〔一〕陝西鞏昌伏羌縣三十八指揮馬互爲歿故亡人□□　「亡人」後殘二字，疑爲「郭□」或「耶律」。

五六　創建玉陽觀碑記　泰定五年

《創建玉陽觀碑記》，泰定五年（一三二八）二月立。現存甘肅省天水市秦州區關子鎮流水村玉陽觀内。碑白色石灰石質，碑首及碑身右上角殘缺。碑身長方形，重階方座。碑通高一〇六點五釐米；碑身高七七釐米，寬五五點五釐米，厚一八釐米；碑座高二九點五釐米，寬七二點五釐米。碑陽飾卷草紋邊欄，碑文楷書，二〇行，滿行二九字。首行碑題已殘。趙仲珍撰，趙善政等立石。碑陰楷書，分爲兩欄，上欄爲「玉陽觀陳志隱置買常住地土記」，二〇行，滿行一三字；下欄爲施捨者名録。

碑文記述陳志隱、馬守真於至正二十二年（一三六二）以來創建玉陽觀，及趙善政繼修觀内殿堂經過。該碑是研究全真道崳山派在甘肅發展狀況的珍貴資料。

創建玉陽觀碑記（泰定五年）碑陽照片

創建玉陽觀碑記（泰定五年）碑陰照片

創建玉陽觀碑記（泰定五年）碑陽拓片

創建玉陽觀碑記（泰定五年）碑陰拓片

碑陽

□修真□道□□奉玄真人趙仲珍撰。⌊

□□□□□□□□□□□□溪谷泝流而上，經西會關行，越小溪⌊□□□□□□□□□□□木雲松，四時之景不同，誠亦勝趣。背坤面⌊□□□□□□□□□□王志宗其所耳，乃練師陳公之權輿也，諱志隱，⌊□□□□□□□□陽真人□□皆非真入道。酷志虛玄，而耽林泉之樂⌊□□□□□□□來同遊雲水，尋幽訪勝，徘徊于兹。慨然嘆曰：道在於此。奚⌊□□□□□是心可卜小隱。遂誅茅構廬，木食澗飲，真棲度人，立不教□求⌊□□□，負笈而歸，與道契馬守真曰：「與其内修於一己，曷若外啓於大爲。大⌊□□聖賢興像設之儀，雲倚闕棲神之所，可竭力成之。」迨至元乙酉秋志隱⌊身死，守真從志葬於庵麓。明年春，高遵還命率衆芟其刈蔓，墾土伐榛，□□⌊祁寒□□無懈，中建玉皇聖殿，前開龍虎神門，兩廡列龍王、靈官，四庭建□⌊堂廚庫，購田置産，鑿堰斲輪，靡所不周。一日，道門提點任公君美導其法嗣⌊趙善政來山堂殿庭而作禮曰：「山高因緣消見，綸給吾輩坐享成功，可無碑⌊耶？」礱石既久，匄子記之。余聞此而□泛然而應之曰：「夫大道無言，非言則莫⌊顯其妙；至真無像，非像則莫寓其誠。蓋非道弘人，而人能弘道爾。」趙善政□⌊曰：「宜修□添西殿先師賜號玉陽，得無故乎？」一則取師祖之徽稱，次則□瑞⌊□之藏山。瑞玉之爲德，温潤以澤。陽之爲物，高明乾健。俾夫煉神入妙，復陽⌊□□内温則能如玉之温，外和則能如陽之和，其藴意豈□□哉？義藴妙理，⌊□□□□□山之石，恭按圖以紀其歲月云。⌊

□定五年歲次戊辰正月乙酉朔初九日癸酉清真大師、提點玉陽觀事趙善政等建。⌊

碑陰

上欄

□陽觀陳志隱置買常住地土記⌊

買到流水谷原□坡地壹段：東至⌊馬合鬧水溝端出大領，南至大山⌊嶺並官道，西至曲海水溝□後；北⌊至孫永德小領子端。□水溝半坡；∟山地土壹段：□至陳先生自己，南∟至大領官道，西至李法緣小領子∟北畔，北至半坡高山小領子端下。∟□後買到馬玉□東坡地壹段：東∟至高山張驢漢地畔，南至小領子∟□北高地畔，西至大溝，北至墩小∟□□□出石堡子埧河西壹段：東∟□□□□至小溝峴陳大漢地畔∟□□□□□至大溝師小□地畔∟□□□□□磑窠地東壹段：東至∟□□□□□□□自己磑窠，西至∟□□□□□□□□□地畔買到磑∟□□□□□□□□至陳先生自∟□□□□□□□□□□至陳先∟□□□□□□□□□地記。∟

下欄

化緣施捨會首：

伏羌石氏□並孝男楊子和、廚子楊文□∟

吳用∟曲文福∟嚴文虎∟馬子祥∟安世顯∟馬子仁∟時文富∟闞寶玉∟岳德修∟趙世禄∟左世昌∟黄明∟馬才良∟霍才志∟閆文忠∟楊德清∟楊德冲∟楊德順∟陳四∟

孫二∟康文秀∟嚴伯祥∟李法緣∟王志德∟嚴文進∟嚴文貴∟單世才∟王德用∟潭講主∟義山主∟韓文顯∟黄禄兒∟曲文貴∟曲文忠∟何貴∟薛文興∟李伯玉∟白世英∟

三祖父趙海　孫母　彭□∟蹇惠新　王道未　張志□∟

知觀趙德祥　買童□∟永童　秀童　和□∟

尚大　祐童　元童　奴□∟

作務人冉大方　僧□∟改童　万家　安的□∟

女會首：

吳宅王氏　章宅韓氏∟曲宅王氏　安宅李氏∟馬宅趙氏　闞宅李氏∟岳宅王氏　黄宅李氏∟趙宅韓氏　馬宅高氏∟

礬二　康餘慶　陳撒因∟馬文信　馬義　馬天喜∟李番狗　嚴珍　落子和∟黄季安　郭文　祁□□∟

修造主趙善政亡室韓氏∟男趙德通章氏等□∟

戊辰年二月十四丁未日立碑。∟

五七　汪公（懋昌）墓前壙誌 天曆二年

《汪公（懋昌）墓前壙誌》，天曆二年（一三二九）五月立。一九七二至一九七九年間出土於甘肅省漳縣汪家墳元墓羣，現存漳縣博物館。誌一合，青石質，方形，邊長七二釐米。誌蓋盝頂式，厚八釐米。誌蓋題篆書陽文「壙誌」二字。誌石底邊出階，與蓋套合，厚九釐米。誌文楷書，二三行，滿行二三字。吴景山《元代汪世顯家族碑誌資料輯録》（《西北民族研究》一九九九年第一期）、《漳縣金石録》（漳縣文史資料委員會，二〇一〇年）、汪楷主編《隴西金石録》（甘肅人民出版社，二〇一一年）著録。

誌文記載汪懋昌生平及家族世系。

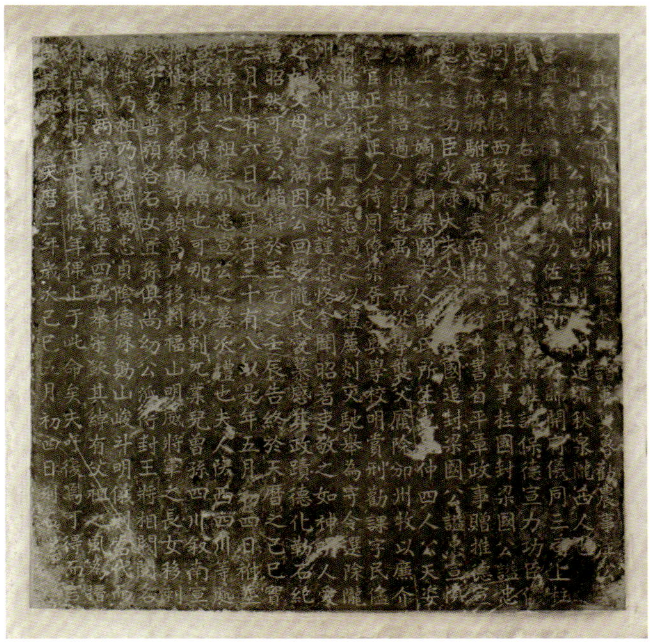

汪公（懋昌）墓前壙誌（天曆二年）誌蓋、誌石照片

汪公（懋昌）墓前壙誌（天曆二年）誌文拓片

汪公（懋昌）墓前壙誌（天曆二年）誌蓋拓片

壙誌（誌蓋）∟

奉直大夫前隴州知州兼管本州諸軍奥魯勸農事汪公墓∟前壙誌

公諱懋昌，字則聞，道號秋泉，隴西人也。∟曾祖義武，贈推忠協力佐運功□〔一〕、太師、開府儀同三司、上柱∟國，追封隴右王汪公之曾孫；駙馬、贈推誠保德宣力功臣、儀∟同三司、陝西等處行中書省平章政事、柱國，封梁國公，謚忠∟惠之嫡孫；駙馬、前雲南諸路行中書省平章政事，贈推德宣∟恩定遠功臣、光禄大夫、大司□〔二〕、柱國，追封梁國公，謚忠宣，慎∟齋汪公之嫡冢嗣，梁國夫人師氏所生也。昆仲四人。公天姿∟英偉，穎悟過人。弱冠寓京從學，襲父廕，除邠州牧。以廉介∟莅官，正己正人，待同僚，禦胥吏，興學校，明賞刑，勸課字民，儘∟有條理。省臺風憲，悉遇之以禮，薦剡交馳，舉爲守令，選除隴∟州知州。比之在邠，愈謹愈恪，令聞昭著，吏敬之如神明，人愛∟之如父母。過滿，因公回鞏，隴民愛慕，感其政蹟德化，勒石紀∟善，昭然可考。公儲祥於至元之壬辰，告終於天曆之己巳，實∟三月十有六日也，享年三十有八。以是年五月初四日，祔葬∟于漳川之祖塋，列忠宣公之墓次，禮也。夫人，陝西四川等處∟宣授權太傅總領也可那延移剌兀業兒曾孫，四川敍南宣∟撫使兼領敍南守鎮萬户移剌福山明威將軍之長女移剌∟氏。子男普顔荅石，女宜孫，俱尚幼。公派衍封王，將相閥閱名∟家。其乃祖乃父世篤忠貞，陰德殊勛，山峻斗明，儀刑當代。而∟公中年兩官郡守，德望四馳，舉宗欽其綽有父祖之風，爲搢∟紳楷範。惜乎天不假年，俾止于此，命矣夫！吁，復焉可得而言∟哉！謹誌。

天曆二年歲次己巳五月初四日刻石。∟

校勘記

〔一〕贈推忠協力佐運功□　「功」後殘一字，疑爲「臣」。

〔二〕大司□　按《（光緒）隴西分縣武陽志》卷三載：「梁國公惟勤，光禄大夫、司徒、平章政事，追封梁國公。」據此可知闕字當爲「徒」。

五八　大元明威將軍保寧等處萬户府萬户汪公（惟簡）壙誌　天曆三年

《大元明威將軍保寧等處萬户府萬户汪公（惟簡）壙誌》，天曆三年（一三三〇）三月立。一九七二至一九七九年間出土於甘肅省漳縣汪家墳元墓羣，現存漳縣博物館。誌石青石質，右上角殘缺。方形，邊長六八釐米，厚八釐米。誌文三六行，滿行三五字。吴景山《西北民族碑文》（甘肅人民出版社，二〇〇一年）、趙一兵《元代鞏昌汪世顯家族墓葬出土墓誌校釋五則》（《内蒙古社會科學》二〇〇六年第二期）、《漳縣金石録》（漳縣文史資料委員會，二〇一〇年）、汪楷主編《隴西金石録》（甘肅人民出版社，二〇一一年）等著録。

誌文記載汪惟簡生平及家族世系。

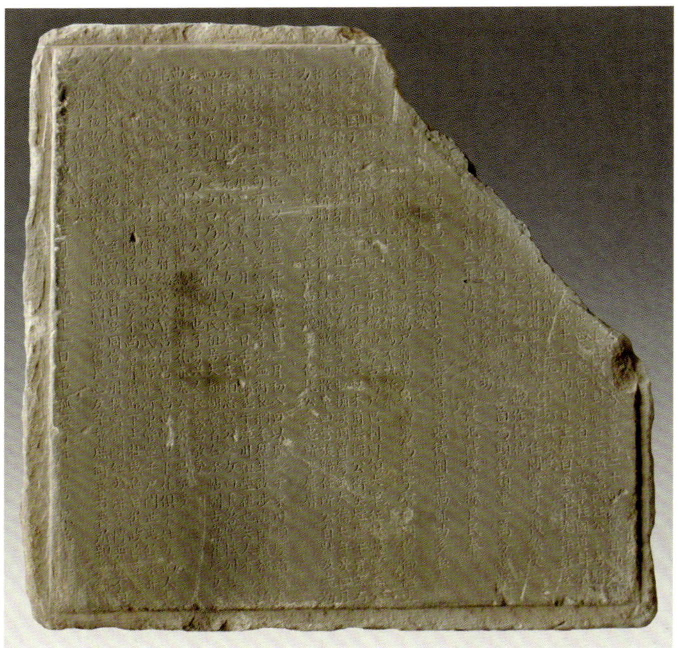

大元明威將軍保寧等處萬户府萬户汪公（惟簡）壙誌（天曆三年）誌蓋、誌石照片

大元明威將軍保寧等處萬户府萬户汪公（惟簡）壙誌（天曆三年）誌文拓片

大元明威將軍保寧等處萬户府萬户汪公（惟簡）壙誌（天曆三年）誌蓋拓片

録文

汪公ㄴ壙誌（誌蓋）ㄴ

□〔一〕ㄴ

□人也〔二〕。祖考鞏昌路二十四處便宜都總帥，ㄴ□司〔三〕、上柱國，追封隴右王，謚義武汪公；考駙□ㄴ□陝西等處行中書省平章政事〔四〕，柱國，追封梁□ㄴ□壬戌歲十二月初十日生〔五〕。始自至元十九年，敬受ㄴ□都總帥府事〔六〕。至元二十六年，欽受ㄴ□〔七〕，兼管本州諸軍奥魯勸農事。未任間，當年又復欽受ㄴ□萬户〔八〕。至元三十年，西番并蠻賊作耗，被ㄴ□處宣慰使司官阿都赤〔九〕、都總帥三箇爲頭，統領軍一萬，分道收□ㄴ□處，勦除逆賊，安撫居民。累獲戰功，ㄴ□鞍轡等。元貞二年，鐵州西番賊人叛逆，侵犯階境，虜掠良民。奉ㄴ□ㄴ□王斟酌軍馬，一處會合，引兵分道征進，誅戮賊徒，削平禍亂，功多，欽奉ㄴ□□□□□定、白金三十定。大德三年，欽受ㄴ□□□□已降虎符〔一〇〕，授明威將軍保寧等處萬户府萬户。鎮遏軍馬，撫字黎庶，同僚仰德，吏ㄴ畏民愛。大德六年，蠻境順元土官宋隆濟謀爲不軌，欽奉ㄴ聖旨，命四川道宣慰使司都元帥阿答赤、都總帥、蒙古萬户巴剌同領大軍征□逆黨〔一一〕，委公ㄴ充第二圈子軍官，摘領精鋭軍兵一千，征進叛蠻，攻取木角寨柵。公衝突煙瘴，干冒矢石，ㄴ不避寒暑，積歲踰時，委身致命，直至烏蒙、烏撒等處，收捕溪洞酋虜。至大德七年夏四月，ㄴ挺身鏖戰，羣醜奔潰，斬將搴旗，俘虜獻馘，勝敵還凱。散軍回營，旋歸任所。公自壯及老，勠ㄴ力効忠。居帥職，掌雲屯，爲萬夫長，生番、蠻醜連年作耗，公盡忠所事，屢膺ㄴ寵渥，論功授爵，疊承ㄴ聖主賞賚，真社稷之臣也。以天曆二年歲次己巳二月初八日，以疾終于東川順慶路南充ㄴ縣興教坊，享年六旬有九。子男汪智昌兄弟等泣血銜哀，捫參歷井，跋涉險阻，護柩迎歸ㄴ鞏昌故里。擇以天曆三年庚午三月二十一日壬申，歸葬于漳川祖塋，禮也。夫人有四：曰ㄴ石抹氏，秦州管軍元帥石抹公之女；曰李氏，奉元李相忠宣公之女；曰卜魯罕，怯列真氏，ㄴ四川萬户不闌奚之女；曰乃馬倫，怯列真氏，祖居大都，湖廣省右丞帖别古魯花之女。皆ㄴ先公相繼亡歿。兹乃合葬于公之域，亦禮也。子男六人：長義昌，敬受ㄴ曲律禄大王令旨，乾州絲綿散慢總管府達魯花赤，先公卒；次棣昌，敬受ㄴ隴王令旨，四川諸色民匠總管府總管；次智昌、信昌、禮昌、也帖里卜花，俱未仕。女四人：長ㄴ適西京阿納回平章長男王傳哈必赤；次適武略將軍、河東管軍千户閆世忠；餘未笄□。ㄴ公□□倜儻〔一二〕，文武兼該。處閥閲將相之家，不尚奢靡，折節下士。壯歲涖官從政，除苛禁暴，⌞撫軍恤民，廉幹公忠，始終一至。每遇暇日，宴同僚，習射投壺，講閱經史，彈琴博弈，靡不洞⌞究。應人接物，温容和緩。治家嚴肅，臨政簡寬，深得民心。及卒，黎庶銜哀，若喪所親。兹録其⌞□而刻于石〔一三〕，舉其大概云。⌞

□□□□歲次庚午三月壬子朔二十一日壬申〔一四〕，孤哀子汪智昌兄弟□□〔一五〕⌞

校勘記

〔一〕□ 《隴西金石録》作「大元故明威將軍保寧等處萬户府萬户汪公壙誌」，《西北民族碑文》作「公壙誌」。

〔二〕□人也 《隴西金石録》作「公諱惟簡字□□□□□人也」，《漳縣金石録》作「大元明威將軍保寧萬户汪公，襄武隴西人也」。

〔三〕□司 《隴西金石録》作「贈推忠協力佐運功臣開府儀同三司」，《漳縣金石録》作「開府儀同三司」。

〔四〕駙□□陝西等處行中書省平章政事 《隴西金石録》作「駙馬，贈推誠保德宣力功臣儀同三司陝西等處行中書省平章政事」，《漳縣金石録》作「駙馬中書右丞陝西等處行中書省平章政事」。

〔五〕梁□□壬戌歲十二月初十日生 《漳縣金石録》作「梁國公忠惠公。公以壬戌歲十二月初十日生」。

〔六〕敬受□都總帥府事 《漳縣金石録》作「敬受保寧等處都總帥府事」。

〔七〕欽受□ 《漳縣金石録》作「欽受管軍元帥」。

〔八〕當年又復欽受□萬户 《漳縣金石録》作「當年又復欽受保寧府萬户」。

〔九〕被□處宣慰使司官阿都赤 上闕文字，《漳縣金石録》作「召蜀等」，當仍有闕字。

〔一〇〕欽受□□□□已降虎符 《漳縣金石録》作「欽受管軍元帥，降虎符」。

〔一一〕征□逆黨 《西北民族碑文》、《元代鞏昌汪世顯家族墓葬出土墓誌校釋五則》作「征收逆黨」。

〔一二〕公□□倜儻 《漳縣金石録》作「公遒驃倜儻」。

〔一三〕録其□而刻于石 疑爲「録其要而刻于石」。

〔一四〕□□□□歲次庚午三月壬子朔二十一日壬申 《漳縣金石録》作「天曆三年歲次庚午三月壬子朔二十一日壬申」。

〔一五〕汪智昌兄弟□□ 《漳縣金石録》作「汪智昌兄弟謹誌」。

五九　惠澤大王靈湫祈雨記　至順二年

《惠澤大王靈湫祈雨記》，至順二年（一三三一）九月立。原存今寧夏回族自治區固原市隆德縣北聯池北岸惠澤大王祠，清末已被打碎。二〇〇六年出土於北聯池建設工地，碎石三塊，現存隆德縣文物管理所。殘石僅存三一字，其中碑首殘存篆書「靈湫」二字，碑身殘存八行二九字。原碑文約一四行，滿行三五字。《（嘉靖）固原州志》、《（民國）隆德縣志》、張維《隴右金石録》（蘭州古籍書店，一九九〇年）等著録。

惠澤大王祠，又名黑水龍王廟、大王廟等，傳爲北宋時即有此祠。碑文記載天曆二年（一三二九）承事郎、同知開城州事脱因祈雨靈應事，與六盤山惠澤大王或湫靈崇拜有關。

惠澤大王靈湫祈雨記（至順二年）照片

録文

靈湫□（額）∟

惠□大王靈湫□□□∟

二□□清濁分□□□□□□□□□□□□□□□□□□□□□□□□□□□∟江河□□通淮□□□□□□□□□□□□□□□□□□□□□□□□□□□∟肇於□□□於□□□□□□□□□□□∟聖元以□□□□□□□□□□□□□□□□□□□□□□□□□□□□□□□∟儀用昭□□□□□□□□□□□□□□□□□□□□□□□□□□□□□□∟禮祀儀□□□□□□□□□□□□□□□□□□□□□□□□□□□□□□∟州事脱因□□□□□□□□□□□□□□□□□□□□□□□□□□□□□□□∟後闕〔一〕

校勘記

〔一〕按據《（嘉靖）固原州志》、《隴右金石録》録文，復原碑身文字於下：

惠澤大王靈湫祈雨記∟

二儀判，清濁分。陽凝成山，陰積成水。考稽泰運推否，洪波汎濫，堯獨憂之，敬命伯禹，決∟江河，導泗通淮，龍蛇歸所，川靈既濬，黎庶亦安。乃刊祀典，辨載羣神，各有配享。是湫也，∟肇於春秋，威於炎漢，享祀唐宋嘉時。至於我∟聖元，以其能興雲致雨，溥萬物，通百和，有益於人者祀之。故每值歲旱，郡官謹更率舊章，∟儀用昭明，則風雨應候，百穀繁殖，黎庶時雍。此政德休明，禎祥之兆也。荒淫臊穢，靡恭∟禮祀，儀不中式，篤災必降。此政德匪臧，妖孽之萌也。天曆二年改元，承事郎、同知開城∟州事脱因，以請命莅是邦，威隆恩。踰冬日至郡，盜遁奸革，政均令行。歲辛未抵夏，彌月不雨，∟脱因竊禄之報，順民之則，沐心浴身，露頂跣足，跪拜聖湫。越三日，陰陽仍翕，風雨應起，瀸∟潤品物，稼穡咸亨。於是功曹僚庶乃相謂曰：「是湫之靈澤福，有功於人。是公之誠奏格，無∟言於神。盛德盛事，可無述焉？當勒石以記鴻勛，垂於萬年。俟之來者，亦將有驗於斯文也！」∟至順二年歲次辛未秋九月戊戌十九日辛卯，∟武德將軍、開城州達魯花赤兼諸軍奥魯勸農事忽都魯沙撰。∟□等立石。∟

六〇　秦州玉陽觀碑銘　至順三年

《秦州玉陽觀碑銘》，至順三年（一三三二）立。現存甘肅省天水市秦州區玉陽觀。碑白色石灰石質。圓首，碑身長方形，方座。碑通高一二〇釐米，身高九六釐米，寬六六點五釐米，厚一八釐米，座高二四釐米，寬九〇釐米，厚四六釐米。碑陽額題篆書「秦州玉陽觀碑」三行六字。碑身飾卷草紋邊框。碑文楷書，二二行，滿行三〇字。張道彧撰文，王端書丹，楊□篆額。碑陰分左右兩欄，右欄列秦州官員及助緣道衆題名，左欄爲「宗派之圖」。《天水縣文物志》（天水縣文物志編寫委員會，一九八四年）、吴景山《西北民族碑文》（甘肅人民出版社，二〇〇一年）、《漳縣金石録》（漳縣文史資料委員會，二〇一〇年）、劉雁翔《天水金石文獻輯録校注》（三秦出版社，二〇一七年）等著録。

碑文記述全真道士陳志隱、馬守真與趙善政等修建玉陽觀始末。

秦州玉陽觀碑銘（至順三年）碑陰照片

秦州玉陽觀碑銘（至順三年）碑陽照片

秦州玉陽觀碑銘（至順三年）碑陽拓片

秦州玉陽觀碑銘（至順三年）碑陰拓片

碑陽

秦州∟玉陽∟觀碑（額）∟

秦州玉陽觀碑銘

特賜金冠霞帔、三洞講經、通玄演教廣德大師（一）、岱嶽觀住持張道彧撰文。∟

奉議大夫、秦州知州兼管本州諸軍奥魯勸農事王端書丹。∟

從仕郎、秦州判官楊□篆額。∟

秦城不遠百里有玉陽觀者，陳公開基之肇也。公諱志隱，師禮∟玉陽真君門人、亳州王志宗之爲徒也。公自幼拔萃離倫，語驚時人。從師及冠，∟志懷雲水，心慕林泉。中統改元，出關歷長安，過岐逾隴，及秦周覽，既朞嘆曰：「秦∟亭聖跡，亦足以多也。未幾，自郭西緣驛而行，涉夕水，逾夕陽，路歧西北，水分其∟三，中曰流水，由其縈谷窮源，紆盤而上，山曰半坡，愈見天地之寬、宇宙之迥，岩∟壑尤嘉，峰巒如削，竹木脩然，花卉馨然。乃相龍岡之首，遂爲廬而居之，以是化∟道友，營資糧，薙榛莽，攻土木，逾紀剏建粹宇。厥功未克，公乃離世。其友馬守真∟繼其令緒，諸徒不日崇構∟玉皇寶殿，左右備列靈祠、三門，序各有次，以爲昭謝焉。西嵓真人賜其額曰玉∟陽，奂然一新矣。其徒趙善政善乃繼述，克承道統，感動吾州賢士大夫，聿來贊∟助，塑繪聖容肅穆，朝元列像彷彿，巍彩赫然。增修齋宿之次居，託之於政，爲∟屋四十餘楹，飛翬纚屬，照映林谷，盛矣！玄門掌教宗師賜公本觀提點清∟真大師之號也。又披度冠者五六人、童子六七人，委其觀事。嗟乎！非以其道，何∟以致斯偉哉！一日，知觀趙德通具其修營始末，囑予爲記。予曰：「善建善抱，鳴鶴∟相和，良可也。」予自愧膚學，再三固辭不獲，姑摭其實，仍繫之銘，曰：∟

東土之人兮，寓秦之乾。化彼之民兮，結淨因緣。吾道永隆兮，祝∟天子之萬年。教法無盡兮，燈燈之相傳。

秦亭李惟正刻字。∟大元至順三年歲次壬申中秋吉旦，知觀趙德通，副觀趙德祥、趙德安洎道俗等立石。∟

功德主：武略將軍、征西都元帥汪舜昌。∟

碑陰

右欄

重修玉陽觀化緣施捨會首：㇗

秦州道門提點三洞講師、敕賜□□大師真人何元進 ㇗□□□□□侍講馬天錫 □□□ ㇗□□□□□□□□玄講主□吉祥 ㇗義山主金吉祥 ㇗寶塔寺住持譚講主灝吉祥 □吉祥 ㇗□□觀住持何道亨 何德智 馬德靈 ㇗集仙庵住持楊德清 楊德冲 ㇗法賜金紫帔服棲真靈妙法師朱貞明 ㇗真武殿住持葉季安 ㇗秦州道門提舉兼洞陽宮事劉季宣 ㇗無爲山元君廟三洞講經棲真大師岳德修 ㇗前秦州道門提點朝元觀住持任德元 ㇗前成紀縣威儀王道常、張君祥 ㇗前秦州道正青華觀住持高志賢 ㇗西和成金洋等州醫藥提領劉文德 ㇗秦州吏嚴世顯 章永興 ㇗□信校尉、秦州成紀縣達魯花赤荅孩 ㇗□□校尉、秦州同知忽都海牙 ㇗前秦州達魯花赤兼管本州諸軍奧魯勸農事□兒都 ㇗

本觀上七北斗上元會首：㇗

曲文□ 嚴□□ □□ ㇗馬子□ □□□ □信□ ㇗馬子仁 □伯□ □伯全 ㇗吴用 王□用 趙□鑾 ㇗安世顯 趙世禄 孫天禄 ㇗嚴文虎 □世昌 曲友直 ㇗時文昌 楊才志 吴才富 ㇗黄明 曲文貴 吴原州 ㇗孫平 薛文興 吴天祥 ㇗韓文顯 安懷仁 吴才政 ㇗曲文德 馬義 王怙兒 ㇗閻文忠 馬文信 曲伯祥 ㇗康文秀 馬天錫 馬天禮 ㇗李伯玉 馬天喜 馬天裕 ㇗何貴 嚴伯祥 馬秀 ㇗嚴文貴 馬文□ 馬天吉㇗

□緣會首：㇗

師文□ 師弟□ ㇗□□□ 師文□ ㇗□復貞 馬文虎 ㇗□天保 馬選 ㇗□□□ □□福 ㇗安懷德 高二 ㇗李天福 □世才 ㇗李文忠 時文秀 ㇗薛□義 雷德通 ㇗薛文興 馬天禄 ㇗王世富 馬天和 ㇗郭子禄 ㇗左文信 ㇗郭文春 ㇗左六 左禄 ㇗左求順 左福㇗

宗派之圖

宗師玉陽體玄廣慈普度真君　祖師王志宗　先師

陳志隱
馬守真

王道末
趙海孫
彭妙先
蹇惠新

吴善信
万善能
薛善淵
李仲武
清真大師本觀提點趙善政
清和散人韓善應
趙善時
趙善□
趙善心

吴德延
龍德新
吴德秀
趙德進
寂照大師副本觀趙德祥
安靜大師知本觀事趙德通
虛白大師堂修造趙德安
本觀聖母殿知廟趙德□
賈德明
蘇德定
蘇德閏
万德一

賈姣童
賈玉童
趙鑾童
趙和童
趙祐童
趙靈童
趙□童
賈貴童
万□童

校勘記

〔一〕通玄演教廣德大師　《天水縣文物志》、《漳縣金石録》作「通玄□□□□德天師」。

元代北方金石碑刻集成

甘肅、寧夏卷 下冊

本卷主編 俄軍
副主編 王科社 廖元琨

總主編 李治安 王曉欣
副總主編 薛磊 馬曉林

国家出版基金项目
NATIONAL PUBLICATION FOUNDATION

中華書局

六一　亦都護高昌王世勛碑　元統二年

《亦都護高昌王世勛碑》，碑刻立石年份殘闕，党壽山《亦都護高昌王世勛碑考》（《考古與文物》一九八三年第一期）考證認爲立石時間爲元統二年（一三三四），今從之。原存甘肅省武威市涼州區永昌鎮石碑村紐林的斤墓地，清代遭受破壞，其半被鑿爲碾磨。一九三四年由賈壇等將殘碑移置武威教育館（即今武威文廟），一九六四年殘碑首亦出土於紐林的斤墓地。殘碑首、碑身現存武威市博物館。碑首殘高一三〇釐米，寬一八〇釐米，厚五二釐米；碑身殘高一八二釐米，寬一七三釐米，厚四七釐米。碑陽楷書，殘存二七行，行殘存四〇字（原滿行九二字）。虞集撰文，康里巎巎書丹，趙世延篆額。碑陰回鶻文。元虞集《道園學古録》、元蘇天爵《元文類》、《（乾隆）武威縣志》、黄文弼《亦都護高昌王世勳碑復原并校記》（《文物》一九六四年第二期）、耿世民《回鶻文亦都護高昌王世勛碑研究》（《考古學報》一九八〇年第四期）、党壽山《亦都護高昌王世勛碑考》、張維《隴右金石録》（蘭州古籍書店，一九九〇年）、王其英主編《武威金石録》（蘭州大學出版社，二〇〇一年）、吴景山《西北民族碑文》（甘肅人民出版社，二〇〇一年）、唐曉軍《甘肅古代石刻藝術》（民族出版社，二〇〇七年）、陳曉峰編《武威文物精品圖集》（讀者出版社，二〇一九年）等有録文。

碑文記載畏兀兒國從巴而朮阿而忒的斤亦都護到太平奴八代高昌王世系、事迹及回鶻族起源、西遷等史實。

亦都護高昌王世勛碑（元統二年）碑陽照片

亦都護高昌王世勛碑（元統二年）碑首照片

亦都護高昌王世勛碑（元統二年）碑陽拓片

亦都護高昌王世勛碑（元統二年）碑陰拓片

録　文

碑陽

□〔一〕∟

□巙奉勑書〔二〕。翰林學士承旨、銀青榮禄大夫、知制誥、兼脩國史、奎章閣大學士、涼國公趙世延篆額。∟

□∟□∟□厥績懋焉〔三〕。昔其父葬永昌，大夫往上冢，其伐石樹碑，而命國史著文而刻焉。臣集頓首受詔，退而考諸∟□人姙身然〔四〕。自是光恒見者。越九月又十日，而瘿裂，得嬰兒五，收養之。其最穉者曰兀單卜古可罕。既壯，遂□∟□攻戰〔五〕，久之乃議和親，以息民而罷兵。於是唐以金蓮公主妻可罕之子葛勵的斤。居和林別力跛力荅，言□∟□有此山〔六〕，盍壞其山以弱之？乃告諸可罕曰：既爲婚姻，將有求於可罕，其與之乎？福山之石，於上國無所用，□∟□弗安居〔七〕，傳位者數亡。乃遷諸交州東別失八里居焉，統交州。交州，今高昌國也，北至阿木河，南接酒泉，東∟□∟□道〔八〕，列諸第五。與者必那演征罕勉力、鎖潭、回回等國，將部曲萬人以先啓行，紀律嚴明，所向克捷。又□∟□萬人〔九〕，從∟□∟□民人在宗王近戚之境者〔一〇〕，悉遣還其部，始克安輯。十二年，都哇、卜思巴等率兵十二萬圍火州，揚□曰：阿∟□死以此城爲墓〔一一〕，終不能爾從。城受圍六月不解，都哇系矢以書射城中曰：我亦∟□止〔一二〕，則淪胥而亡。亦都護曰：吾豈惜一女而不以救民命乎？然吾終不能與之相面也。以其女也立亦∟□∟□林的斤方幼〔一三〕，詣闕請兵北征，以復父讎。上壯其志，賜金幣鉅萬，妻以公主曰□∟□詔以榮禄大夫、平章政事、吐蕃宣慰使，領本部探馬等軍鎮吐蕃〔一四〕。威德明信，賊用斂迹，其民以安。∟□∟□公主曰兀剌真〔一五〕，阿難荅安西王之女也。領兵火州，復立畏吾而城池。延祐五年十一月二十一日薨。子□∟□闊端太子孫女也〔一六〕。至大中，從父入覲，備宿衛，又事∟□欽察台〔一七〕，不允，嗣爲亦都護高昌王。至治中，與喃荅失王同領甘肅諸軍，且治其部。泰定中召還，與寬徹不花∟□∟□執而剹之〔一八〕，乃更爲申捄於上曰：「是誠有罪，然不至死。」再三言之，得釋。其不念舊惡，以德量贊襄，類如□∟□月拜御史大夫〔一九〕。大夫之拜左相也，讓其弟籛吉嗣爲亦都護高昌王。籛吉尚公主曰班進，闊端太子孫□∟□相傳數十代至于今〔二〇〕，克治其土，豈偶然哉？火赤哈兒亦都護百戰以從王事，捐骨肉以救其民，後卒死之，□∟□義之功沛如也〔二一〕。及其臨大政，決大議，憂深思遠，而聲容凝重若太山然。用能彌綸大經，以佐成雍熙之盛，□∟□嘻〔二二〕，天啓爾衷。

有附匪疏，以究爾功。橐鞬介胄，十千維旅。以從四征，斥廣疆宇。從我王□，∟　順[二三]，我死無貳。崇墉言言，寇來寔繁。力殫守堅，責我師昏。有齊季女，出女紓難。義有絶□，∟　處[二四]，狂嚚掎之。矢盡衆殲，執節死之。維時賢嗣，泣血入告。請揚天威，以報無道。天子壯□，∟　綬[二五]，仍護其屬。乃稽王封，在時仁宗。旂纛舒舒，刻章以庸。迺即永昌，幕府斯□。∟　享[二六]。佩玉瓊琚，靖共以居。躬行孝嚴，服御不渝。肅肅雝雝，有察有容。親親尊尊，允德允□。∟　息[二七]。儆于無虞，匪泰伊惕。大夫申申，明哲以孚。噓欷有懷，永昌之墟。天子有詔，□□省□。∟　戊十月上旬吉日立石[二八]。大都留守司石局提領楊秀奉勑摹刊成造。提控謝思聰同造。∟

碑陰

（回鶻文）

第一欄

1 ... -in osaqi täg iḍip
2 ... -lar-ïnga urncaq qodup
3 ... -ya yrlïqadï ärsär.
4 ... oγlï mamuraq tigin -tä
5 ...(q)ocγar tigin törüyü yrlïqap
6 ...a käsḍämi
7 ...soyurqadïp
8 ...-ta ïdïp qut aḍanïp.
9 ...(ni)ng ulaγ-ïn üṣmädin
10 ...oγrqγ-ïn buṣmadïn
11 ...yang-ïn yaṣmadïn
12 ...(q)ur-luγ baslayur-ïnda.

13 ...(tu)ba buspa bašl(ï)γ-lïγ
14 ...oγlan tigit-lär
15 ...-r süü-singä oqšadï
16 ...qocu-γa kälip
17 ...oqcï turγaq-larïn
18 ...qawsayu...
19 ...ärän-lärin
20 ...-icḍürü qawsayu.
21 ...(qocu) tägdürmäk
22 ...bar-a iḍtürmäk
23 ...(su)z öngi türlüg
24 ...tükäl qïlïp.
25 ...γqa tüsüp
26 ...birip(?)
27 ...täg bitidip
28 ...(sa)w-lar ïdtï.
29 ...-un ïduq qut
30 ...dmadïn tägišip
31 ...oγlum tidürdüp
32 ...-miz ni birdümis.
33 ...ädgü ärän-lär-ning

34 ...in saqnsar
35 ...qutmn qzng
36 ...bolγu tu(ru)rm(ä)n.
37 ...(k) örklüg mängiz-lig
38 ...k-lüg bilig-lig
39 ...(yan)tsï-lïγ
40 ...qïz-ïngïz bar ärmiš.
41 ...örk-in üṣmädin
42 ...ni öngi qïlmadïn
43 ...ni z-m-gä birsär-siz
44 ...urï tuḍušγay ärḍimiz.
45 ...n birlä tägišip
46 ...(a)qa ini tutšup
47 ...toy-lašïp icišip
48 ...(a)bamu-luγ amrašïp.
49 ...qayïdïp barayïn
50 ...qara quw(a)γ qac
51 ...qatun-ï qïz tngrim birlä.

第二欄

1 qayγu-suz-ïn yïrqasun qara qocu-ta tip.
2 tüü türlüg munï-täg ädgü saw-lar-ïγ

3 tükäl käsik-cä äksükäsüz tükäl bitidip
4 türüp bitig-ni oqqa baγ-ladïp
5 türkän-lärni kälrp balïγ-qa atdurdï.
6 alqu il bodun acïp körüp ärtürü säwinšip
7 alïp ol bitig-ni acturu ünišip
8 atlγ yüüzlüg bäg bägit barca yïγlïšïp
9 ayaγ-lïγ tngrikän-gä incä tip odug birḍi-lär.
10 altï ay solanïp asuγ-suz-ïn sancïšïp
11 ašïmïz asuγ-umuz tükäl alqïnmïšïnda
12 aq yaγïmïz z-in ... artuq // linip
13 aday-ïngïz o(ng m...y) tägi ol tolduru (ki)dmiš.
14 ada-sïn abïγu ücün al//qlïγ
15 alp mung taqï ödügümüz(-ni) sïγuru yrlïqasun
16 asïγ-ïn büdürgü ücün alqïnmiš ulus-ï-nïng
17 ädgüsin birgü qï/// (tükälig) (yar)lqasun tip.
18 bu düg (birdilär) tngrikän-imiz
19 boγuz-ïnda t...
20 bolmaz-un ...
21 qosmïš bolγay-m(ä)n (otγuraq ol il-im...).
22 kangaqu bodisatwi ïduq tngrikänimiz (ämgä-)
23 k mung bolmiš il-ning...

24 känc-indinbärü oγlaγu bodistwi (täg il yïγmïš) bägi(ni)
25 k//ngagü täg ïsïγ birlä (balïγ qodï) (tuš) ürdi.
26 qanüp küsüš-i tuu-a (buspa) ... bardlar
27 qamaγ q...
28 qaracu il-in ävürüp qïz-ïn yol...
29 qacan-γa tägi ädüg adi yirdincütä ...l...
30 buquq tzlg pundarik cäcäk täg tigin (bägni)
31 burhan toγmïš qocu il-ingä uluγ...
32 bolun-qa birmiš ücün l...
33 bu aγïz birlä sözläp qacan ... b...
34 aγïdïp tuu-a cärigi (bar)dï...
35 adïncïγ ïduγ tngrikän (imiz)-tä ...
36 anda bolmišca alqu saw...
37 (aranc-lar bägdün-i)...
38 (a)...
39 (alïp tosup) tükädgülüksüz altun kümüš-lär
40 anculayu oq yincu //p t//// (kädim)...
41 artuq (soyurqap ögdir-ägü) t///b// durup.
42 uruγ-umuz acïγï birlä bašlap (qoc)γa(r) tägin
43 uluγ cärig birlä udru t(ïnmadïn) yanïp ärip.
44 udlï bilgü ucun ïduq ///-zing ädgümizgä

45 on iki tümän cao yastuq birlä soyurqadïp ïdtiï.

46 äbügä-läring-ning ädgü ädi(n ar)datmadïn

47 äs-ä-läring orun-ï-nga tüšmiš üdlimin unïdmadïn

48 är-täg iš qïilmïš-s(ä)n ädgüng-ni tolp bildim

49 äksügsüz on iki tümän ok cao ystuq biräyin.

50 oqta turmiš bodunung-γa yuluγ bolz-un

51 uduru turup sancïšmïšïng-γa tanuγ bolz-un.

第三欄

1 on iki tümän yastuq burun bälgu bolz-un

2 obasï bu oq saqïnmaγïl uluγ-ï kin bolz-un

3 yrlïqancucï köngül-lüg tngrikänimiz münitäg soyurqadïp

4 yaba qamaγ bägä bägid-i birlä qocu-γa yanïp

5 yadamïš uyγur il-ingä yastuq tawar birdürüp

6 yawïrmïš ulus-ïn yana bun-täg türgürdï.

7 aγïr buyanlïγ

8 säcän qaγan bir kün orduta

9 altun uruγ-larï tayzïlar birlä aγlaγ olururda

10 adin kim ärsär bäg bägäd ödündäcisiz-in

11 andaγ tip altun aγïz-ïn soyurqal boldï.

12 üür-tin ünmiš biš tigitlär-tä birägu-si

13 oy icingä kirip yanmadï tip äšidilti.

14 ol swaïγ m(ä)n köngül-um-tä//t//...

15 oγrayu biz-gä uruγ yrïp...

16 anï ücün mundïn song...

17 ...aqa ini törü (sincä)...

18 atlun uruγumuz ////ta...

19 andaγ yanglïγ...

20 yrlïγ (boldï).

21 ...-laγuq tutmïšta

22 ...-miš-qa

23 ...

24 ...qa...

25 ...qocγar ïduq qut (yorïdï) ...

26 ...saqïnclïγ isiz uyγur ///

27 ...(kiši) isig-indin actï (yorï) ...

28 ...(taqï yamaγ qatay i) kim-tä bar a//

29 ...-ädurmädin (yanduru)...

30 yrlïγ boldï.

31 ...mundaγ otγuraq soyurqal bolm(ïš)-qa

32 (säwin)ch (ögr)inc qïz kudägu kim kimtä...

33 ...p yašïp sïγïmïš ...

34 ... il-i bo(dunï) ...

35 ...

36 ...

37 ...il...

38 ...

39 qocγar ïduq qut (nïng)...toγmiš

40 qormu(z)-ta tngri-ning...

41 ...korklä (amraq) tigin...

42 ...tngrisi...tig...

43 k(üy)...quγ to//γ-ta yr(lïqamïš) yädä

44 ...r oγlï t...c tig(in)

45 külüg qa(γan)qa soyurqadïp

46 k/// qutluγ bicin yïl-ïn ïduq qut adanïp.

47 alqu uyγur ilin osaqï yangca bašlayu olurdï.

48 anda basa yana

49 buyandu qaγanqa soyurqadïp

50 altun tamγa kao cang ong ad birdurup

51 ašnuqï äsäsi barcuq art ïdup qut täg ok

52 abamu-a tägi uruγ uruγ-larïnga ulaγ qïlïp.

第四欄

1 yangï birdürmis kao cang ong altun tamγanï

2 yat tas il-lärdä yorïdur lingciqa islädip

3 yana bir ol ozaqï altun tamγa-nï
4 yaqïnta uyγur ara islätgil tip
5 yrlïγ boldï
6 yana munda basa sämpin kumuš tamγalïγ
7 yangï törüsi barca tawγac yangslïγ
8 yarγuci-si bitgäcisi barca tolp tukäl-lig
9 yarasï uz bärk yrp ongfu yamun turγurdï.
10 täring biligling tngrikänimiz qutïnda
11 tänggäšigsiz qutluq ïduγ babaca aγata
12 tänggärguluksuz buyanlïγ tämur buqa s(ängk)i tip.
13 tngri urïsï täg iki tigin(-lär) torudi.
14 aγïr buyanlïγ küd(än) yayz-ining acïsï
15 ...yrlïqadï ...
16 ...ta
17 ...taypinu tigin törüdi.
18 ...muntitäg
19 ...artuq asïγlar
20 alqu islägul(uk) buyan ... ärdürü tükädip
21 asnuqï orun-ï tustqa (bar)dï...
22 uruγïn üklidgü ücün ...
23 ...r-in yaltrïdγu ücün ...

24 odan xan uruγï t(ä)mur buqa tik...
25 uluγ ïduγ
26 buγandu qaγan soyurqaγu yrlïqap
27 ärdtürü idmiš ilci-ni (yïr)aqï-ta soyurqap
28 ... idti ... ni ïduq qut adap
29 i(l) (bo)dun ... uk bäkädän (ong) ... (sävinci)s.
30 ...
31 ... s-a ... lar bägduni t(ä)mur buqa ... ta ...
32 ... cäcäk täg arïγ körtlä torcisman aγata
33 ... bir täg tükäl tärkänimiz
34 ... atlγ adïncïγ tigin törüdi.
35 ...
36 ...
37 ... ili bodunï ... incin ...
38 ... olururïnta
39 ... bol...
40 ... uluγ...
41 ... ta(?) du ödünüp
42 ... ladïp uluγ(?) birlä tatuγa kälürüp
43 ... ta baslïγ bolγuγa ïdtï tutusup
44 ïduq qut png ad altun t(a)mγa oz-indä ok ärip

45 ikiläyü yana quu kung sing-γa ïdtï ayaγlatïp
46 idärip birmis nökürlärin öküs ogdirlädip
47 ïdtï ayïrlap ulaγ birlä körü usadïp
48 anda yidmistä iisläri birlä ayïdsïp kängäsip
49 ardamïs busulmïs sing islärin asuru yasasïp
50 aqalap oluruta asnuqï tayancγlarï(?) aslasip
51 ayïγ xan bolγu
52 tayz-i birlä anda(?) yoluγusu(?)

第五欄

1 odudurulup
2 taiz-i taytu sïngar yanarta
3 ögdilmis tngrikänimiz-ni binlan-gta cingsang
4 oda birlä taytupa yana soyurladïp(?)
5 ösrikänip isänip üksindä yaqï tut(dï).
6 cinasdan bägi ïduγ
7 jiyaγtu qaγan suusï
8 cintamani täg tngrikänimiz birlä cin yrp söz-(läsip)
9 cidaqu täg ädgü är ärünrin cinγaru bi(lip)(?)
10 ci ün qïlïp cümüy üntä tüsitdi uluγ ...
11 tolp qamaγ ciγay bulγaq islärin anurdγurup
12 tuni-a-ni ärksingu bao t(a)nγalar qaïsmsïs-ïnda

13 tusittin inmis tngri-känimizniz yana soyurqa(ḑïp)
14 tuu singtä cingsang qïlïp tüsiyü yrlïqa(dï)
15 (taytu)ta qayïmlïγ(?) tngrikänimiz cängsang bolmïz (ïnda)
16 aγïr buyanlïγ
17 qaγan suusïnga adïrdlïγ ödünüp
18 ... ïduq qut kao cang ong ad(nï)
19 amraq inisi sängki tiginkä birip ...
20 ... üskütä ... kirm(is)
21 ...
22 ...
23 ...
24 ...
25 ...
26 öküs/// asïγlïγ ädgü ...
27 irtincütä(?) yana(?) ärk türk ...
28 ö//kä asïγ qïlγuluq kö...
29 ...bodun...
30 ...
31 ...
32 ögdilig... sangi i...
33 öz orunï tusitqa...

34 ...

35 ...qïda orun ol...

36 ...ücün(?) bay tas ... d...

37 ...

38 ... odünüp birgil ...

39 ... yrlïqa(dïp)

40 ...qa ïtmïs

41 ... p... icindä torünis ...

42 ... bl... ulus(?) tägsinmis///

43 uruγ ocaγlarï ulasu bu odkä(?) yidmislärringä t(ilägäymn)

44 uluγ talui täg ucsuz qïdïγsïz ädgü adruγlarïnd(a)

45 oγrayu bir tamïzïmca qï-a alïp qoos-a tägin(ip)

46 ucinga qïdïγïnga tägi tolp tukäl yidguru ...

47 uz oγur qosqu-luq kücüm näcuk yidilgäy.

48 ün tong ikinti käsik täz-ik sipq(an)

49 ït yïl onunc ay qutluγ ädgü kun uz-ä

50 tolp tükäl büdürü turγurldï mn(?) cam bal-(ïqlïγ)

51 kiki qorqa in(cip) bitiyu (tägindim) (taytu li-) usiu s...

52 idtürmis yang tiling sirduyü(?) (tägindim) sadu.

校勘記

〔一〕□　碑文首題，《道園學古録》（商務印書館，一九三七年）作「高昌王世勳之碑」，《元文類》（《四部叢刊》影印元刊本）作「高昌王世勳碑」，《（乾隆）武威縣志》作「亦都護高昌王世勳碑」。

〔二〕□巎奉勑書　上闕文字疑爲「奎章閣侍書學士虞集撰文。奎章閣承制學士、禮部尚書康里巎」。

〔三〕□□□厥績懋焉　《元文類》作「至順二年九月某日，皇帝若曰：予有世臣帖睦兒補化，自其先，舉全國以歸我太祖皇帝，寔贊興運，勛在盟府，名著屬籍，世纘令德，以勵相我國家。至帖睦兒補化，佐朕理天下，爲丞相，爲御史大夫，文武忠孝，厥績懋焉」。按，「皇帝」、「太祖皇帝」處換行示敬。

〔四〕□人妊身然　《元文類》作「高昌王世家，蓋畏吾而之地，有和林山，二水出焉，曰禿忽剌，曰薛靈哥。一夕，有天光降于樹，在兩河之間，國人即而候之，樹生瘦，若人妊身然」。

〔五〕□攻戰　《元文類》作「能有其民人土田，而爲之君長。傳三十餘君，是爲玉倫的斤，數與唐人相攻戰」。《亦都護高昌王世勳碑復原并校記》作「能有其民人土田，而爲之軍長。傳四十餘君凡五百二十載，是爲阿力秘畢立哥亦都護可汗，亦都護者其國主號也」。

〔六〕□有此山　《元文類》作「婦所居山也。又有山曰天哥里干荅哈，言天靈山也。南有石山曰胡力荅哈，言福山也。唐使與相地者至其國，曰和林之盛彊，以有此山」。「婦」字，《隴右金石録》作「妻」，《亦都護高昌王世勳碑復原并校記》作「其常」。

〔七〕□弗安居　《元文類》作「而唐人願見。遂與之，石大不能動，唐人使烈而焚之，沃以醇酢，碎石而輦去。國中鳥獸爲之悲號。後七日，玉倫的斤薨，自是國多災異，民弗安居」。

〔八〕□□道　《元文類》作「至兀敦甲石哈，西臨西番。凡居是者，百七十餘載。而我太祖皇帝龍飛於朔漠，當是時，巴而术阿而忒的斤亦都護在位。亦都護者，其國主號也。知天命之有歸，舉國入朝。太祖嘉之，妻以公主，曰也立安敦。待以子道」。按，「太祖皇帝」、「太祖」處換行示敬。

〔九〕又□□萬人　《元文類》作「又從太祖征你沙卜里，征河西，皆有大功。薨，次子玉古倫赤的斤嗣爲亦都護，玉古倫赤的斤薨，子馬木剌的斤嗣爲亦都護，將探馬軍萬人」。「你沙卜里」，《（乾隆）武威縣志》作「你卜兒」。按，「太祖」處換行示敬。

〔一〇〕□□民人在宗王近戚之境者　《元文類》作「憲宗皇帝伐宋合州，攻釣魚山，有功。還軍火州，薨。至元三年，世祖皇帝命其子火赤哈兒的斤嗣爲亦都護。海都帖木迭兒之亂，畏吾而之民遭難解散。於是有旨命亦都護收而撫之，其民人在宗王近戚之境者」。「命其子」，《（乾隆）武威縣志》、《亦都護高昌王世勳碑復原并校記》作「用其子」。按，「憲宗皇帝」、「世祖皇帝」處換行示敬。

〔一一〕阿□死以此城爲墓 《元文類》作「阿只吉、奥魯只諸王以三十萬之衆，猶不能抗我而自潰，爾敢以孤城嬰吾鋒乎？亦都護曰：吾聞忠臣不事二主，且吾生以此城爲家，死以此城爲墓」。「阿只吉、奥魯只諸王」，《（乾隆）武威縣志》作「阿吉、奥魯諸王」。

〔一二〕□止 《元文類》作「太祖皇帝諸孫，何以不我歸，且爾祖嘗尚主矣。爾能以女歸我，我則休兵。不然，則亟攻爾。其民相與言曰：城中食且盡，力已困，都哇攻之不止」。「不我歸」，《道園學古録》、《隴右金石録》作「不歸我」。「不然」，《道園學古録》、《隴右金石録》作「不能」。

〔一三〕以其女也立亦□□林的斤方幼 《元文類》作「以其女也立亦黑迷失别吉，厚載以茵，引繩墜諸城下而與之。都哇解去。其後入朝，上嘉其功，錫以重賞，妻以公主曰巴巴哈兒，定宗皇帝之女也。又賜寶鈔十二萬定，以賑其民。還鎮火州，屯於州南哈密力之地。兵力尚寡，北方軍猝至，大戰力盡，遂死之。子紐林的斤方幼」。「也立亦黑迷失别吉」，《（乾隆）武威縣志》作「也亦迷失别」。按，「上」、「定宗皇帝」處換行示敬。

〔一四〕妻以公主曰□□詔以榮禄大夫平章政事吐蕃宣慰使領本部探馬等軍鎮吐蕃 《元文類》作「妻以公主曰不魯罕，太宗皇帝之孫女也。主薨，又尚其妹曰八卜義公主。有旨，師出河西，俟與北征大軍齊發，遂留永昌焉。會吐蕃脱思麻作亂，詔以榮禄大夫、平章政事，領本部探馬等軍萬人鎮吐番宣慰司」。

〔一五〕□□公主曰兀剌真 《元文類》作「武宗皇帝召還，嗣爲亦都護，賜之金印，復署其部押西護司之官。仁宗皇帝始稽故實，封爲高昌王，别以金印賜之。設王傅之官，其王印行諸内郡，亦都護之印則行諸畏吾而之境。八卜義公主薨，尚公主曰兀剌真」。按，「武宗皇帝」、「仁宗皇帝」處換行示敬。

〔一六〕子□□闊端太子孫女也 《元文類》作「子二人，長曰帖睦兒補化，次曰籛吉，皆八卜義公主出也。帖睦兒補化，大德中尚公主曰朵兒只思蠻，闊端太子孫女也」。

〔一七〕□欽察台 《元文類》作「皇太后於東朝，拜中奉大夫、大都護，陞資善大夫。又以資善出爲鞏昌等處都總帥達魯花赤，奔父喪於永昌，請以王爵讓其叔父欽察台」。

〔一八〕□□執而戮之 《元文類》作「威順王、買奴宣靖王、闊不花靖安王分鎮襄陽。尋拜開府儀同三司、湖廣行省平章政事。今上皇帝歸正大統，召之至汴，以左丞相留鎮。旋趣至京師，戮力削平大難。鎮湖廣時，左轄相媢而害政，人所弗堪，至是有旨執而僇之」。按，「今上皇帝」處換行示敬。

〔一九〕類如□□月拜御史大夫 《元文類》作「類如此。天曆元年十月，拜開府儀同三司、上柱國、録軍國重事、知樞密院事。明年正月，以舊官勳封拜中書左丞相。三月，加太子詹事。十月，拜御史大夫」。

〔二〇〕闊端太子孫□□相傳數十代至于今 《（乾隆）武威縣志》作「闊端太子孫女也。主薨，又尚其妹曰補顔忽禮。籛吉薨，弟太平奴嗣爲亦都護高昌王。臣惟高昌祖之所自出，事甚神異，其子孫相傳數十代至於今」。

（二一一）後卒死之□▯義之功沛如也　《元文類》作「後卒死之，其節義卓然如此。至其子與孫，再世三王，盛德之報也。大夫世胄貴王，清慎自持，户庭之間，動中禮法，平易以近民，正己以肅物，仁義之功沛如也」。

（二一二）□▯嘻　《元文類》作「所謂社稷之臣也哉。表其碑曰世勳爲宜，敢再拜，系之以詩曰：維皇太祖，建極定邦。知幾先徠，偉兹高昌。列圖率賦，寶玉重器。稽首受命，以表誠至。太祖曰嘻」。

（二一三）從我王□▯順　《元文類》作「從我王事，靡解朝夕。邦之世臣，食其舊邑。舊邑高敞，介乎强藩。爲暴突來，虔劉以殘。保障扞城，我禦我備。敵爲弗順」。

（二一四）義有絶□▯處　《元文類》作「義有絶愛，皇用咨歎。寇退民完，天子慨之。輦帛載金，悴斯溉之。城郭室家，既還既復。庶其寧我，皇錫之福。于廬于處」。

（二一五）天子壯□▯綬　《元文類》作「天子壯之，俾軍于西。撫爾民人，授之鼓鼙。有嚚西羌，弗靖以撓。移節往治，旋就馴擾。武皇纘武，睠爾舊服。節旄印綬」。

（二一六）幕府斯□▯享　《元文類》作「幕府斯建。將星宵隕，亦既即遠。宰木陰陰，閱歷歲時。顧瞻徘徊，邦人之思。大夫嗣德，克敬以讓。三命彌恭，世爵用享」。

（二一七）允德允□▯息　《元文類》作「允德允功。天子還歸，大義攸正。大夫在行，民信以定。既安既寧，治久告成。大夫司憲，百度孔明。袞裳赤舄，進見退息」。

（二一八）□□省□▯戌十月上旬吉日立石　《元文類》作「大夫省墓。勒文載碑，世勳是祚。維王子孫，永言思之。豈惟子孫，百辟其儀之」。《元文類》不載立石時間，党壽山《亦都護高昌王世勳碑考》作「元統二年歲次甲戌上旬吉日立石」。

六二　重脩三門之記　元統三年

《重脩三門之記》，元統三年（一三三五）五月立。一九六三年出土於寧夏回族自治區固原縣古城址中，後流落縣城内。一九八二年徵集，現存寧夏固原博物館。碑座已佚，碑身斷爲兩截。碑高一八七釐米，寬六二釐米，厚二〇釐米。碑青石質，首身相連，圓首。碑陽額部陰刻雙龍紋，碑陽額題篆書陰文「重脩弎門之記」二行六字。碑陽楷書，二二行，滿行六〇字。梁遺撰文。碑陰楷書，二〇行，行字不等。《（嘉靖）固原州志》、《（宣統）固原州志》、《固原歷代碑刻選編》（寧夏人民出版社，二〇一〇年）、馬建民《元代固原〈重修顯靈義勇武安英濟王廟三門記〉疏證》（《圖書館理論與實踐》二〇一四年第七期）、劉雁翔《天水金石文獻輯録校注》（三秦出版社，二〇一七年）等著録。

碑文記載六盤山提領所副提領張庸重修顯靈義勇武安英濟王廟三門經過，對於元代關羽信仰以及六盤山相關行政機構等研究有參考價值。

重脩三門之記（元統三年）碑體照片

重脩三門之記（元統三年）碑陰上部照片

重脩三門之記（元統三年）碑陽上部照片

重脩三門之記（元統三年）碑陰下部照片

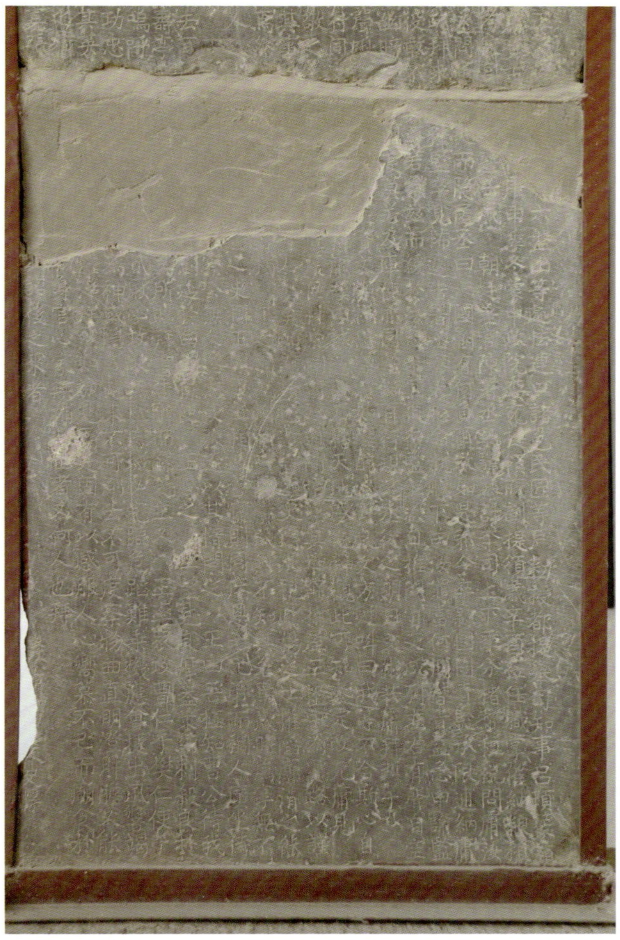

重脩三門之記（元統三年）碑陽下部照片

碑陽

重脩弍⌞門之記（額）⌞

重脩顯靈義勇武安英濟王廟三門記⌞

嘉議大夫、山南河北道肅政廉訪使梁遺譔。應理州儒學正、□六盤山等處怯連口諸色民匠等户勑授都提舉司知事吕頊篆額。⌞

元統甲戌夏四月，六盤山都提舉司案牘張庸一旦款門告予曰：庸貫古□庚申季冬蒙中政院委充提領所副提領，歲辛酉莅任，職掌催納粮租，⌞歲辦貢税千餘石，例投提舉司庫使閆文彬收掌，驗數給付，歲終考較，官□暨壬戌，朝廷差官陳署丞馳驛纂計本司上下季分楮幣租税。問庸：「汝⌞納税數，有租挈否？」庸賚元給收付爲照。丞曰：「殊無印符，難爲憑准。」遂問庫□從而隱匿。丞曰：「國朝有何負爾，敢如是邪？」令卒隸囹圄，責監承限逋納。庸⌞曰：「此冤何地可伸？」越明日，庸禱于顯靈義勇武安英濟王廟内，跪拜未□釋。監卒見怖，遽告署丞。丞大怒，命執廳下，曰：「汝罪當何刑？」督責益急，申諭監⌞卒重鎖固衛。言未訖，俄聞空中發矢之聲，鎖隕於地。丞曰：「予造天役，敢不□事？若□兹而緩，於法恐未宜。」復行監鎖。次日推問，官吏咸列左右，有聲自空⌞鎖轟於地，碎猶沙礫，聞者莫不震悚，髦髮盡豎。官吏更諫丞曰：「此幽暗□度。莫若及庫使亦同監鎖，自行規兑。」丞從之。明日，文彬共庸拜誓于⌞王。至祠未矢，忽二雀翔下高空，集文彬首，二爪□髮，兩翼擊面，鳴聲啾□實，文彬神思昏瞶，如癡醉人耳，良久方甦。叫曰：「我等不合欺心，自⌞召此報。」言畢，雀即飛去。既而從其家求庱，得日收曆一卷，照與庸付同。官□釋庸，嘆曰：「誠透金石，格天地，感鬼神，觀此可知。」泰定改元，庸見⌞王祠稍完艱，出入往來門夷垣拔，不足以妥靈倡虔，非所以致崇敬之義□匠，度巨材，於祠前臨通衢增築其址，締構屋三楹，中爲通路，以謹⌞出入，經營之心，勤且至矣。是季是月景辰工告功成，宜有文以識其事□石礱矣。願有□心遺□之史傳。虎視鷹揚之士，摧陷廓清之能，⌞乘時而起，各佐其主，功烈昭著，廟食百世，使民不能忘者，爲不少焉。然□智，獨王之□，九州中□□貴賤無不知其名焉。歲時薦享，無不⌞崇其敬焉。蓋王之神，如水由地中，無所往而不在，必有以感服人心□之。史稱王與先主相友善，寢則同床，恩若兄弟，而稠人廣坐，侍⌞立終日。隨先主周旋，不避艱險。又曰王守下邳，爲曹操所得，拜王□察公無久留意，使張遼以其情問之。王曰：「吾極知曹公待我

∟厚，然吾受劉將軍恩，誓以共死，不可背也。要當立効以報曹公乃去耳。」□劉延於白馬，操使王擊之。王望見良，摩蓋策馬，刺殺良於∟萬衆之中，紹諸將及軍莫能當者，遂解白馬圍。操表封王爲漢壽亭□所賜，拜書告辭，而歸先主。又，王率衆攻曹仁于樊，仁使于∟禁、龐德屯樊北，王降禁殺德，威震華夏，操議徙許都以避其鋭。嗚呼□貳厥心，攻敵無堅，守城必完，臨危蹈難，乘機應會，捷出風響。竭∟心力敬供臣子之職，扶漢基於煨燼之末，以能迎天之休，顯有丕功，忠□爲神，或隱或見，來不可測，去不可度。察物曲直，明澄肝膽。又能∟警動禍福於天下也，寔謂靈也已。王之大節有如此。由今望之，其英□懼，洋洋然如誠見焉。是固有以感服人心，嚮慕不已，而廟食於∟天下也。噫！後之爲臣者效王之事君忠，澤民福，與人義，則爲臣之職□身官心家無補□□者，又何人也？拜∟王之祠，觀王之像，讀王之傳，寧不愧於心乎？僕固辭弗獲，竊嘉張□詔後之來者。□□□□史博。∟

碑陰

　　元統乙亥蕤賓望日，管領六盤山怯連口諸色民匠等户都提舉司提控□　弟前奏差張琇　室劉氏　男張友諒　張鼎臣　□∟宣授管領
六盤山怯連口諸色民匠等户都提舉司、思闇郎、管領六盤□都提舉司達魯花赤完者不花　本廟住持道人任道和　∟忠翊校尉、管領六盤
山怯連口諸色民匠等户都□花赤倒剌沙　丹青高善明　橋彦真　∟勑授管領六盤山怯連口諸色民匠□副提舉趙也先　孔玉　∟勑授管領
六盤山怯連口諸色民□提舉司知事吕頊　前案牘袁庭彦　∟司吏孫世才　尹天禄　范文秀　邵宗敬　王忠　吕□　首領王福　∟奏差拜
延帖木　師文興　李榮祖　張林　徐卜延　□政　斡魯脱　介奏差　宋文信　趙譯史　∟司屬皂隷楊忽都荅兒　□成　何德用　∟開成
長官司副長官滅帖兒　案牘李從義　都目豐祐　□長官賈忙兀□　副長官張荅剌孩　都目鮮子才　涇州社長文德　□∟勑授管領開成等
處怯連口諸色民匠提領所提領馮珍　管□諸色民匠副提領白閏　□遵義　司吏楊祐　粘匠提領□德安　□∟勑授管領長成等原田賦怯連
口引者思提領所提領賈鵬翼　□信　典史韓文應　司吏王中平　木匠提領徐文義　徐思誠　□∟諸物庫官黄德成　楊智明　李斡羅思
來德昌　孫德□差　李提領　□提領　陳德用　趙世英　楊移住　左天□∟資功　社長李思忠　來文貴　任文禄　總把劉海　孫榮　王
得□灰力　張世隆　梁興童　梁秤住　陳玉　權福　張才卿　王義　王□∟耆老薛提領　張長官　賈副使　李大使　羅副使　買驢百户
□趙永祥　趙文義　伯家奴　李提領　楊世安　孫亭秀　李思義　李思忠　□∟修葺廟宇綵繪神像：柳華卿　程福　李思忠　趙彦達
□　王德才　李君卿　師文興　文仲禮　小王大　小傅大　吴信　伸道安　張成□∟石敬臣　張用　田思忠　楊遇春　小温大　史五

張思敬　□甫　小彭三　韓文信　于德禮　小何大　韓文先　陳仲禮　曹福政　樊福政　□∟忠顯校尉、開成州達魯花赤兼管本州諸軍奥魯勸農事押不花　□司吏曹壽　于英　孫振　王子忠　何汝明　朱□玉　賀閏甫　∟承德郎、開成州知州兼管本州諸軍奥魯勸農事朵兒只　□柏松　王信　馬德明　東山馮社長　蔡社長　毯匠提領許仲祥　∟承務郎、同知開成州事王璧　□察罕不花　大使荅失怗木兒

副使也先　監正□買也先帖木兒　∟勑授開成州判官脱歡察兒　大使□克明　副使師文質　□∟

六三　太祖山行祠記　後至元三年

《太祖山行祠記》，後至元三年（一三三七）四月立。原存甘肅省天水市秦州區汪川鎮汪川村善利祠遺址，現存汪川村河南組山神廟側。碑座已佚。碑青石質，長方形，圓首，下有榫頭，嵌入磚砌基座。碑通高約一七二釐米，寬八三釐米，厚二三釐米。碑首正面陰刻雙龍紋，額題雙鈎篆書「太祖山行祠記」三行六字，首身分界處刻花卉紋。碑身兩側飾卷草紋邊欄，碑文楷書，二八行，滿行四〇字。周坤德撰文，李才智書丹，汪伯卜花等立石。《天水縣文物志》（天水縣文物志編寫委員會，一九八四年）、吴景山《西北民族碑文》（甘肅人民出版社，二〇〇一年）著録。

碑陽載泰定丙寅年、天曆己巳年汪世顯曾孫、汪惟孝長子進義校尉汪伯卜花率鄉人祈雨禱雪以及後至元三年修葺善利祠事。碑陰列功德人員題名，泐蝕嚴重，難以辨認。

太祖山行祠記（後至元三年）碑體照片

碑陽

太祖∟山行∟祠記（額）∟

重修太祖山勑賜普澤善利孚佑王行祠記∟

隴右名山大川，巖洞水源，林泉□壁，人跡塵囂，迥絶深邃處，皆有神物所棲，如雲龍風虎，蟠踞潛藏，施靈∟□而禦旱荒，□□□而□□□□釐兆序，廟食一方。蓋穹壤精氣，鍾而靈之，靈而神之也。距城之東北隅∟三十里處曰太祖山□□□莽滄，雄居衆山之尊。木參天而陰陰，竹交翠而青青。山之巓，其坦而夷，中有∟龍洞，不踰尋尺。水奔湧出洞，□□□□□，汪洋浸漫，晨昏變態，狀四時之景聲。潄玉琴，嘎金音。每遇歲旱，∟叩之必應。遐邇來取水者曾不□□□必誠必敬，影響潛孚。間有不誠[一]，其瓶中取水恍然成冰，凝於林木∟枝上。人各悔過虔懇，冰遂弗覩，水復盈其瓶矣。即此而觀，誠之格思，不可度思，誠之不可揜如此矣！昔在∟宋時，勑賜善利普澤孚佑王，顔額所至，刱建行祠，月朔香火，歲時享祀，正在天水上店中川。泰定三年歲∟次丙寅夏六月，旱既大甚，苗稼將枯，民心惶惶，若不聊生，恐罹飢饉，轉乎溝壑。時∟義武隴右王之曾孫、龍虎衛右轄公之長子汪公進義，閑是邑之別墅，率鄉中之耆舊導迎聖水，禱于行∟祠，果沐神休，油然雲，沛然雨，遂成三日之霖，苗稼勃然，乃若有秋。掃如焚之沴氣，轉凶歲以作豐年，四野∟謳歌，輿情感戴。顧其行祠，歲月彌久，風雨剥落，殿宇傕傾，公乃推誠心，捨己資，備牲醴，邀同氣，即爲經營。∟剪除荆蓁，鳩工度梓，運斤施斧，重新而補葺。不踰月，厥功告成。其簷牙高啄，輪奂粲然，永爲一鄉瞻仰祈∟福之地。天曆己巳冬十月遇旱，公又詣行祠祈禱。是夜，大雪平地尺余。若此應驗，足見公之誠默契于神，∟屢沾澤惠，寔符衆望。是廟也，究其原始，歷數二百余年，香火綿綿而不絶者，神之靈、人之誠也。里社好事∟者欲踵芳蹤，樂於爲善，賴神之惠恩，紀神功以彰汪公祈禱救物之誠，重脩行祠之盛事，乃刻堅珉，囑予∟爲文，以傳不朽。僕固辭不已，敬述前賢往行，拜手而言曰：夫鬼神者，二氣之良能也。依人而行，有其誠則∟有其神，無其誠則無其神。傳有之曰：「鬼神之爲德，其盛矣乎！」噫！湯有七年之旱，斷髮剪爪，躬代犧牲，禱于∟桑林，責己自修，而天大雨。周宣遇灾而懼，側身行，瞻彼雲漢，欲銷去之。齊景值旱不雨，聽晏子以禳，宫殿∟暴露於外焉，山林河伯共其憂，天果大雨。今我汪公精意入神，禱雨祈雪，屢沾神祐，雖不敢比古之成∟湯、周宣、齊景，其推誠心，感格亦猶是也。非㇄惟至誠感神，而又洽乎民心。原其華胄，將相根荄。乃若誠意正心、修身齊家、治國莅政、忠㇄君愛民，尤能克紹先烈，見義勇爲，當仁不讓，仁宦淹留郡府，廉聲聳撼人間，會當展傅説爲霖之手，補袞㇄廟堂，爲邦家之砥柱。姑摭其實，而樂爲之記云。㇄

大元至元三年歲次丁丑四月孟夏初四日謹記。㇄書丹李才智。石匠陳才，廟官張才禄，王壽刊。㇄將仕郎、前延安路延長縣主簿南安周坤德撰。㇄進義校尉、前成州同知兼管本州諸軍奧魯，及任臨洮府判官、王傅、司馬汪伯卜花立石。

校勘記

〔一〕間有不誠　《天水縣文物志》、《西北民族碑文》均作「開有不誠」。

六四　張公（庭祐）壙誌　後至元三年

《張公（庭祐）壙誌》，後至元三年（一三三七）六月立。出土於甘肅省定西市隴西縣城西郊五牟川，現存隴西縣仁壽山公園碑廊。誌一合，青石質，方形，邊長六二釐米，誌蓋厚一四釐米，誌石厚一一釐米。誌蓋盝頂陽刻，篆書「張公壙誌」二行四字。誌文楷書，三〇行，滿行二九字。陳世榮撰。汪楷主編《隴西金石録》（甘肅人民出版社，二〇一一年）有録文及拓片。

誌文記載墓主張庭祐一生政績及其家族世系，是研究元代鞏昌及西北政治文化的參考資料。

張公（庭祐）壙誌（後至元三年）誌蓋照片

張公（庭祐）壙誌（後至元三年）誌文拓片

張公∟壙誌（誌蓋）∟

有元故中大夫陝西河東等處都轉運鹽使知渠□事張公墓誌銘并序〔一〕∟

公諱庭祐，字順甫，鞏昌人也。隸隴西縣軍籍，累世簪纓之家。祖考諱思義，∟贈中順大夫、同知漕運使司事、上騎都尉，追封清河郡伯；祖妣楊氏，追∟封清河郡君。考諱謙，贈亞中大夫、同知鞏昌總帥府事、輕車都尉，□∟封清河郡侯〔二〕；妣李氏，追封清河郡夫人。初，清河郡侯有七子，∟公其第五子也，辛未年六月十六日生，天資英偉。自幼讀書，慨然有特立之∟志。其在家也，孝於父母，友於兄弟，謙以處己，仁以存心。及壯而仕也，州郡交∟辟。大德元年，擢爲鞏昌等處便宜都總帥府吏。大德七年，復爲甘肅行∟省掾，以廉幹偁。至大元年，祗受勑牒，除從仕郎、安西同官縣尹兼管諸軍∟奥魯勸農事，政績昭著。延祐元年，轉承事郎、鳳翔府扶風縣尹。又嘗爲米脂∟縣尹，政有殊績。至治三年，改除宣政院資善庫副提舉。既任之後，差公∟取勘官員，克稱其職。公之任扶風也，時方代閑，值圓明之鼠竊，而能仗義，∟首擒賊黨百十餘人，朝廷以是功優賞。泰定元年，欽受∟宣命，陞朝列大夫、甘肅等處行中書省管勾。泰定二年，轉申甘肅省理問。天∟曆二年，授亞中大夫，就陞甘肅省左右司郎中。因馳驛朝賀，臺省∟交薦，授同知大都路總管府事。至順二年，除中大夫、陝西河東等處都轉運∟鹽使、知渠堰事。秩滿還家，繼興元路總管。至元三年五月初六日，疾終∟於家，享年六十七。妻王氏，追封清河郡夫人，先公數年卒。妻夾谷氏，追∟封清河郡夫人。妻牛氏。男一人，曰答罕，尚幼。女二人，長適董福，次適李傑，皆∟名家子也。以是年六月十三日壬午葬于鞏昌通遠關去成五里五牟谷之∟祖塋，禮也。公之在生也，孝親弟長，敬老慈幼，謙讓恭謹，處富貴而不驕。及∟其任職，居官則公忠廉幹，不可干以私，故所歷之任俱有能聲，宜其名聞∟天闕，爵陞公侯，以伸其平生之志。惜乎！有如是之善，弗得耄耋之壽而殁，聞者∟驚嗟。一日，其壻李傑與其子來，泣以請銘，固辭不獲，謹以蕪詞序∟公之行實，仍係之銘，曰：

公之家世，派出清河。□考相繼，積德誠多。∟宜天祐善，是生公賢。高名赫赫，餘慶綿綿。歷居顯仕，復任運司。∟廉幹公忠，政聲交馳。方歸里閈，爵禄鼎來。豈期罹疾，梁木遽□〔三〕。∟故舊親姻，聞之慘悽。歸葬祖塋，鞏昌之西。昭然簡册，已紀殊功。∟刻銘堅石，傳之無窮。定西州儒學正陳世榮撰。∟

□□□年六月十三日〔四〕，孝子張答罕立石。」

校勘記

〔一〕有元故中大夫陝西河東等處都轉運鹽使知渠□事張公墓誌銘并序　「渠」後殘一字，《隴西金石録》作「堰」。

〔二〕□封清河郡侯　「封」前殘一字，疑爲「追」。

〔三〕梁木遽□　「遽」後殘一字，《隴西金石録》作「摧」。

〔四〕□□□年六月十三日　「年」前殘三字，《隴西金石録》作「至元三」。

六五 敕賜雍古氏家廟碑 後至元三年

《敕賜雍古氏家廟碑》，亦作《趙氏先廟碑》（見元程鉅夫《雪樓集》）、《魯國公家廟碑》（見張維《隴右金石録》），後至元三年（一三三七）七月立，現存甘肅省隴南市禮縣城關鎮南關村中書平章政事魯國公趙世延家廟舊址。碑由六螭碑首、碑身、贔屓座組成。碑通高四三〇釐米，首高一三〇釐米、寬一三〇釐米、厚四三釐米，碑身高二一〇釐米、寬一三〇釐米、厚四一釐米，座高八〇釐米、寬一五〇釐米。碑陽額題篆書「敕賜雍古氏家廟碑」二行八字。碑陰額題行書「大元勑賜之碑」六字。碑身邊欄上爲雲鶴紋，兩邊爲卷草紋。碑文行書，三三行，滿行六二字。程鉅夫撰文，趙孟頫書丹并篆額。《（光緒）禮縣新志》、張維《隴右金石録》（蘭州古籍書店，一九九〇年）、《禮縣志》（陝西人民出版社，一九九九年）、《禮縣金石集錦》（禮縣博物館，二〇〇〇年）、《西北民族碑文》（甘肅人民出版社，二〇〇一年）、《塔影河聲：蘭州碑林紀事》（敦煌文藝出版社，二〇〇一年）、《甘肅古代石刻藝術》（民族出版社，二〇〇七年）、趙逵夫主編《隴南金石校録》（社會科學文獻出版社，二〇一八年）、蔡副全《隴南金石題壁萃編》（中華書局，二〇二一年）等有録文。

碑文載雍古氏按竺邇家族成員生平事迹以及元廷封贈其家等情況。

敕賜雍古氏家廟碑（後至元三年）碑體照片

敕賜雍古氏家廟碑（後至元三年）
碑陰額題拓片

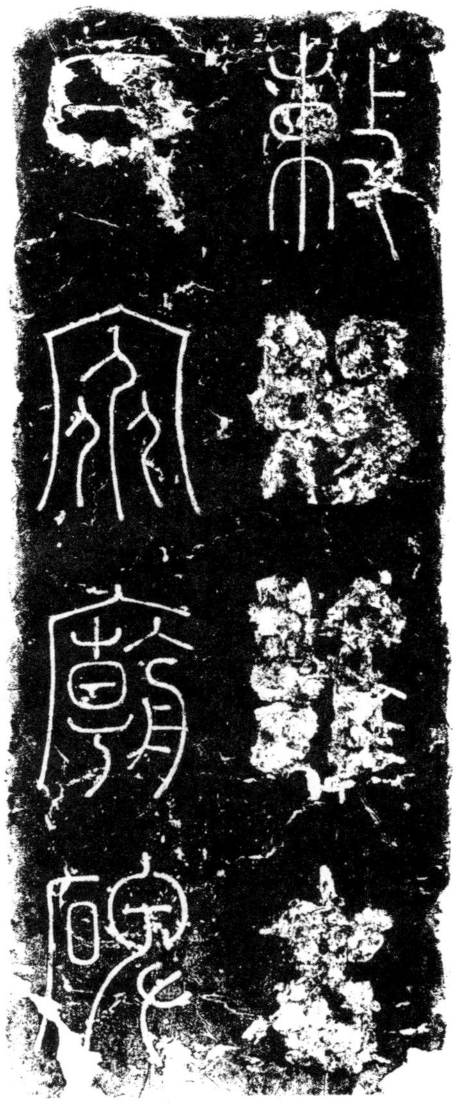

敕賜雍古氏家廟碑（後至元三年）
碑陽額題拓片

敕賜雍古氏家廟碑（後至元三年）碑文拓片

録文

敕賜雍古∟氏家廟碑（額）∟

大元勑賜雍古氏家廟碑∟

翰林學士承旨、榮禄大夫、知制誥、兼脩國史臣程鉅夫奉勑撰。∟

集賢學士、資德大夫臣趙孟頫奉勑書并篆題。∟

先王之制：諸侯廟五，大夫廟三，父爲士，子爲大夫，葬以士，祭以大夫，禮也。是以君子將營宫室，宗廟爲先，祭器爲次，□室爲後〔一〕，而宗廟之器苟可銘者而無不著焉。□∟以慶〔二〕、所以勸也，忠孝之道備矣。∟今天子稽古右文，一本於禮，河洛之思，羹墻之見，慨然延念先正之臣。克左右，亂四方，其股肱心膂之績，固已彰于彝常，焕乎其足徵矣。乃若∟國家所以報往而勸來者，猶以爲未居於極也。爰命公卿舉先猷、展故實，而隧章之典行焉。於是陝西行御史臺以侍御史世延父祖勳伐，列上公章。有∟旨，集博士禮官議。議既上，∟詔贈故征行大元帥按竺邇爲推忠佐運定遠功臣、太傅、開府儀同三司、上柱國，追封秦國公，謚忠宣，配白氏秦國夫人；故蒙古漢軍元帥國寶爲推誠佐理宣力功臣、□∟尉〔三〕、銀青榮禄大夫、上柱國，追封梁國公，謚忠憲，配雲氏梁國夫人。明年，公孫世延入參大政，政以咸熙，∟天子嘉焉。又贈其曾祖故羣牧使䵣公彰義保節衍慶功臣、資德大夫、御史中丞、上護軍，追封冀郡公，謚忠毅，配□□□□冀郡夫人〔四〕。繇是參政之先三世六代皆蒙加□〔五〕。∟又明年，參政拜中丞，自中丞遷右轄，分治雲南。∟天子顧中丞曰：非君不可，復拜中丞。以乃祖乃父勤勞∟皇家，宜最其平生，著之閟祀，庶幾永啓厥後。爰∟詔臣鉅夫，文其家廟麗牲之石。臣惟∟上之下下郅隆者恩也，大復古始者禮也，感激奉∟詔。謹按：忠宣公雍古氏，雲中世族，幼孤，育於外氏曰术要甲，因姓舅姓，轉乃爲趙。忠宣智略沉謐，弓馬絶世，衣冠材器已顯，攻城略地，所向無前。扈∟太祖平河湟，從∟太宗下岐鳳，取平涼、慶、原、邠、涇，如風隕籜。金人固守關河幾二十載，一旦忠宣假道擣虚，如天墜地涌，良平之智不及施，賁育之勇無所用，心潰膽裂，莫之能支。∟睿宗深所嘉賞，金繇之遂墟。已而奉律西征，隴右遄定。進兵蜀道，首集階、文，守漢陽，制三邊，納吐蕃，收後効。成都、夔門之戰，江油、□掖之師〔六〕，皆其功之較然者。多謀尚□□∟下恤民〔七〕。所至捄殄戮，贖俘囚，輯降附，則所惠蓋廣矣。然則開國之功，不後諸將，而略不滿假，退然若無，所謂勞謙君子者與。忠憲雖出將家，自幼學問，雍容閒雅，□□∟甚都〔八〕。蓋忠宣雖積苦兵間，而敬禮儒生，恒戒軍中無毁文籍，是宜有佳子弟之報。慷慨倜儻，能得人之驩心。勇於當敵，愛恤士卒，有古名將之風焉。重慶、删丹之戰，□∟居軍鋒〔九〕，或降或殲，無不如志。火都授首，榮之彌精，思立奇功，以承先志，乃招屬户脩慶州，虎視西南，别授元戎之寄。於是徼外羌渠畏威款塞，列于王會。初不自□□∟功〔一〇〕，降羌爵命返出其上。殷勤遜謝，益簡∟帝心。君子有終，□濟其美，古之名將有不能及者矣。竊嘗究觀成功之臣弗居者百一，而矜以致敗者何多也。若忠宣、忠憲，爲而弗有，有而弗恃，簪組蟬聯，式克□于□□〔一一〕，∟父子祖孫，並受顯服。胙之秦梁，躋之廟祏，將遂爲百世不遷之祖，非盛德孰濟登兹？嘗聞雲中據西北河山之奥，原野高博，風氣凝厚，炳靈異而生其間者，不出□□〔一二〕，∟出則必瑰偉絶世之材。若雍古氏之達已數世，而方來者彌昌，其不謂之間氣之鍾與？且家奮於韜鈐，而中丞服膺詩書，動必以禮，高材姱節，負天下重望，尊∟天子之命，考先王之禮，於報本反始、教孝移忠之義，蓋惓惓也。《詩》不云乎：以似以續，續古之人。斯可謂能似續者矣。揆厥淵委，宜有雄詞；發揚蹈厲，老臣何能？然∟大君有命，謹摭其大者而系之銘。銘曰：∟

皇帝御寓，天蓋地函，萬有咸𢌿。施仁錫類，幽遐開通，恩明在上。矧兹世勞，崇功廣業，禮有攸當。□雍古氏〔一三〕，方升名家，∟父子相望。揚休纘慶，光于家邦，以將以相。桓圭玄□〔一四〕，爾祖其從，同尊與享。馨香惟德，子孝臣忠，世世無曠。∟刻此貞石，以昭淵猷，以迪永養。∟

至元丁丑孟秋初吉，孫男奎章閣大學士、翰林學士承旨、銀青榮禄大夫、知制誥、兼脩國史、中書平章政事、魯國公世延□□。∟

校勘記

〔一〕□室爲後　「室」前殘一字，《雪樓集》作「居」，《隴右金石録》作「宫」。

〔二〕□以慶　「以」前殘一字，《雪樓集》、《隴右金石録》作「所」。

〔三〕□尉　「尉」前殘一字，《隴右金石録》作「太」。

〔四〕配□□□□冀郡夫人　「配」後殘四字，《隴右金石録》作「韓氏」，然字數不符，《雪樓集》作「阿刺弘氏」。

〔五〕繇是參政之先三世六代皆蒙加□　「加」後殘一字，《雪樓集》、《隴右金石録》作「恩」。

〔六〕□掖之師　「掖」前殘一字，《雪樓集》作「張」。

〔七〕多謀尚□□下恤民　「尚」後殘二字，《雪樓集》（《四庫全書》本）作「義厚」，《隴右金石録》作「義愛」。

〔八〕□□甚都　「甚」前殘二字，《雪樓集》、《隴右金石録》作「言貌」。

〔九〕□居軍鋒　「居」前殘一字，《雪樓集》、《隴右金石録》作「皆」。

〔一〇〕初不自□□功　「自」後殘二字，《雪樓集》作「以爲」。

〔一一〕式克□于□□　《雪樓集》作「式克至于今日」。

〔一二〕不出□□　「出」後殘二字，《雪樓集》作「則已」。

〔一三〕□雍古氏　「雍」前殘一字，《雪樓集》作「惟」。

〔一四〕桓圭玄□　「玄」後殘一字，《雪樓集》作「衮」。

六六　西江廟龍宫獸鼎爐　後至元五年

西江廟龍宫獸鼎爐，後至元五年（一三三九）七月造。現存甘肅省隴南市禮縣石橋鎮西江廟。該爐早年毀壞，爐蓋、盤、座均缺失，現碑首係誤置，僅見爐盤之下石刻。殘石正面、背面銘文均爲楷書。正面額題二行，銘文一二行，行字不等。背面上部横題「大吉」二字，中間七言詩四行，兩側各三行，爲發心辭。梁德明書。《禮縣金石集錦》（禮縣博物館，二〇〇〇年）、趙逵夫主編《隴南金石校録》（社會科學文獻出版社，二〇一八年）、蔡副全《隴南金石題壁萃編》（中華書局，二〇二一年）著録。

該爐由後至元五年天水工匠趙公雕造，鞏昌府楊真人、牟守中等發心貢獻。

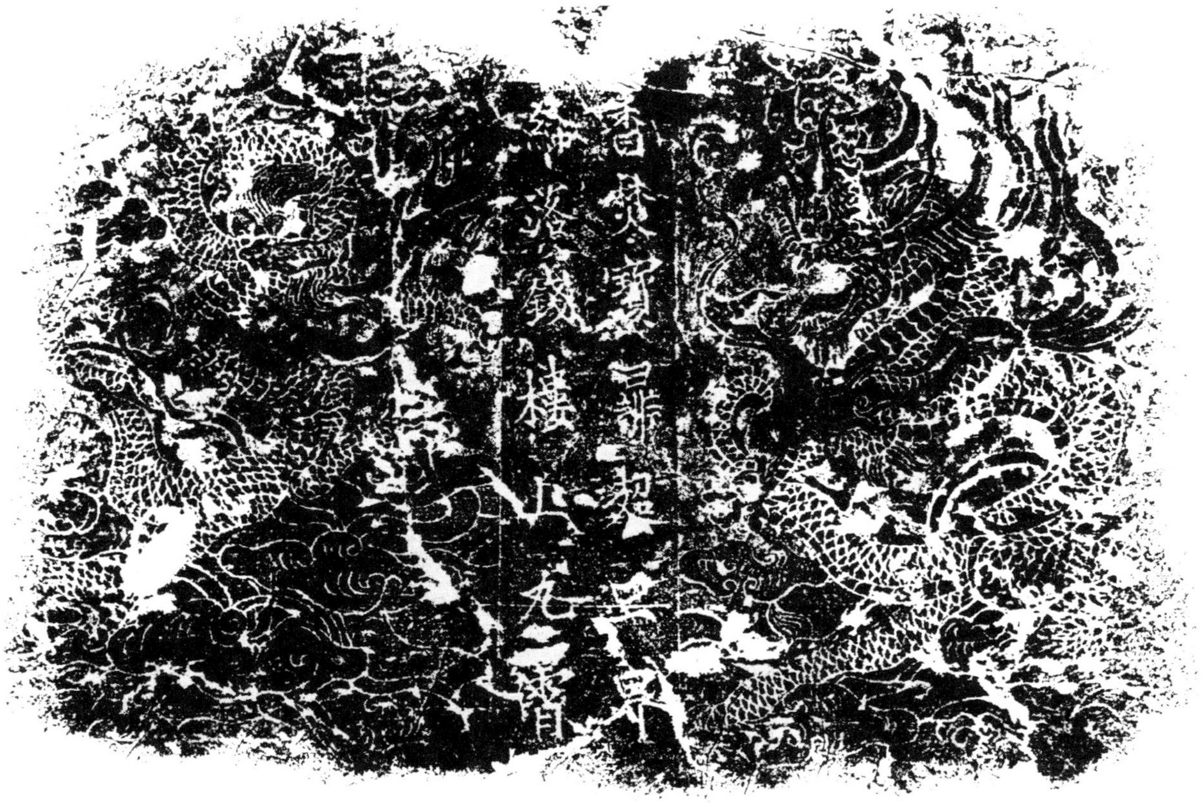

西江廟龍宫獸鼎爐（後至元五年）爐體正面額題拓片

西江廟龍宫獸鼎爐（後至元五年）爐體正面銘文拓片

西江廟龍宫獸鼎爐（後至元五年）爐體背面銘文拓片

録文

正面

香焚寶鼎超三界，∟紙落錢樓上九霄。∟

西江發主，輔佐天地。∟雲行雨時，國賴時豐。∟鄉民好善，天水趙公。∟名稱巧匠，藝□□□。∟鑿成獸鼎，奉獻∟龍宫。心香一炷，瑞氣∟盈空。惟∟神俯鑒，賜福增崇。千∟年萬載，無壞無終。∟

歲次己卯至元五∟年七月中元∟命工獻上。

背面

大吉∟

三界無家誰是親？∟十方惟有一空林。∟但隨雲水伴明月，∟到處名山是主人。∟

鞏昌府楊真人、牟守中等，∟惟願本境發心∟施主各家安泰，∟門户興隆而六∟時中吉祥如意！∟

至元己卯年中元，梁德明書。∟

六七 大元崖石鎮東岳廟之記 後至元五年

《大元崖石鎮東岳廟之記》，後至元五年（一三三九）九月立。現存甘肅省隴南市禮縣崖城鎮東岳廟舊址。碑首、碑座已佚，僅存碑身，業已斷裂。碑通高三一〇釐米，寬一八七釐米，厚三〇釐米。碑陽邊欄兩側、下邊緣陰刻纏枝花卉紋，上邊飾飛鶴祥雲紋。碑文行書，二四行，滿行四八字。周夔撰文，野峻台書并篆題。碑陰楷書，分爲四欄：第一欄三四行，滿行二二字；第二欄三一行，行字不等，與第一欄以龍紋相隔；第三欄三一行，行字不等；第四欄一八行，行字不等。《禮縣志》（陝西人民出版社，一九九九年）、《禮縣金石集錦》（禮縣博物館，二〇〇〇年）、趙逵夫主編《隴南金石校録》（社會科學文獻出版社，二〇一八年）、蔡副全《隴南金石題壁萃編》（中華書局，二〇二一年）有録文。

碑陽記仁宗、英宗年間崖石鎮東岳廟由道士嚴惠昭經辦重葺經過。碑陰載地方官僚、道士和助緣者名録，以及東岳廟廟産。

大元崖石鎮東岳廟之記（後至元五年）碑體照片

大元崖石鎮東岳廟之記（後至元五年）碑陽拓片

大元崖石鎮東岳廟之記（後至元五年）碑陰拓片

録文

碑陽

大元崖石鎮東岳廟之記∟

奉訓大夫、江南諸道行御史臺都事周夔□（一）。∟

亞中大夫、河西隴北道肅政廉訪司副使野峻□□□篆題（二）。∟

聖人之制祭祀也，法施於民則祀之，以死勤事則祀之，以勞定國則祀之，能禦大菑則祀□（三），能捍大患則祀之。唯方岳見諸∟《虞書》，復見於《周官》。秦漢登封泰山，皆未見徽稱。至唐秩封方岳∟東岳天齊王，宋加天齊仁聖帝，∟國朝加大生天齊仁聖帝。五岳視三公，四瀆視諸侯，惟∟天子得而祀之，其來遠矣。獨∟東岳祠廟徧海宇，誠未合於禮經。由其首冠羣岳，方主生生，仁育浹洽，民心之深感之也。□崖石，古岷之巨鎮也。先是天戈西∟指，金雖亡北，而襄武西有西戎，南接宋境，皆勍敵焉。丙申，∟上命秦國忠宣公按竺邇鎮撫三方，開帥閫於西漢陽天嘉川衝要，是鎮爲屬。舊竚東岳靈祠，雨暘災沴，有禱必應，有文實∟岳府糾察司也。國公思有以住持者，難其人。戊戌經理川蜀，得昌州天慶觀道士毋混先者，道行高潔，以祝祓禦患爲心，喜而∟納諸祠，命掌其事。唯時毋混先承命，焚修甚謹，繼從其祠之前剏集真閣以棲∟九真，複道廊廡以居列聖，齋庫庖湢，咸集其事。一旦，命其徒慧昭曰：爾子陵雲，仍天緣□契（四），行化利物，超乎等輩，宜繼斯焉，∟勉旃毋忽。語畢而逝。自爾慧昭奉命愈勵，夙夜孳孳，心靡適佗。復以岳祠居後，莫便禱□，遂卜築高岡妥∟岳靈。自延祐丁巳經始，至治辛酉落成，於是神各有棲，人懷其吉。一日，慧昭踵門，跽請紀□始末（五），予嘉其意。《周書》有曰：厥考作∟室（六），既底法，厥子乃弗肯堂，矧肯構？厥父菑，厥子乃弗肯播，矧肯穫？今毋混先一方外之士，□謹自持（七），以祝釐爲務，一承忠宣之∟命而竭心盡力，始終不渝，遂成其志。其徒嚴慧昭尤善擴其師之心，成其之所未成，終其之所未終，∟岳祠一築，遂得其所，捍災禦患，感而遂通。其規其隨，守而不易，可謂善述人之事，善繼人之志也。與夫矧肯構、矧肯穫之流，不∟可同日而語也。於是乎書。因銘曰：∟

岱宗碞碞，魯邦是鑑。仁柄生生，海宇思銜。崖石巨鎮，□維至誠。中有祠宇，∟曰暘曰雨。忠宣維懷，盡求其主。曰毋居前，克張其矩。曰嚴居後，克接其武。∟神赫厥靈，賚我西土。與國同休，永永莫數。∟

至元五年歲在己卯季秋吉日，本觀住持金欄紫服希文凝妙□□大師嚴惠昭建[八]。∟

碑陰

第一欄

本廟住持嚴慧昭幼年慕道，朝夕誦念∟《太上清淨寶經》，感動∟天□□賜神光，終身衛護。以刊壁銘，覺後謹識。∟無形無象亦无名，長育三才極有情。由恐後人迷清∟淨，深思來者失光明。∟老君留下真常道，王母宣傳幾万京。勸諭諸公勤諷誦，∟十天擁護自長生。∟老君曰：大道无形，生育天地。大道无情，運行日月。大道∟无名，長養萬物。吾不知其名，强名曰道。夫道者，有清∟有濁，有動有靜。天清地濁，天動地靜。男清女濁，男動∟女靜。降本流末，而生萬物。清者濁之源，動者靜之基。∟人能常清靜，天地悉皆歸。夫人神好清，而心擾之，人∟心好靜，而慾牽之。常能遣其慾，而心自靜。澄其心而∟神自清，自然六慾不生，三毒消滅。所以不能者，爲心∟未澄、慾未遣也。能遣之者，内觀其心，心无其心；外觀∟其形，形无其形；遠觀其物，物无其物。三者既悟，唯見∟於空。觀空亦空，空无所空。所空既无，无无既无。湛然∟常寂。寂无所寂，慾豈能生？慾既不生，即是真靜。真常∟應物，真常得性。常應常靜，常清靜矣。如此清靜，漸入∟真道。既入真道，名爲得道。雖名得道，實无所得。爲化∟衆生，名爲得道。能悟道者，可傳聖道。∟老君曰：上士无爭，下士好爭。上德不德，下德執德。執着∟之者，不名道德。衆生所以不得其道者，爲有妄心。既∟有妄心，即驚其神。既驚其神，即著萬物。既著萬物，即∟生貪求。既生貪求，即是煩惱。煩惱妄想，憂苦身心，便∟遭濁辱，流浪生死，常沈苦海，永失真道。真常之道，悟∟者自得。得悟道者，常清靜矣。佩受∟法籙弟子嚴慧昭仰體∟仙人得真道者，曾誦此經万遍，感蒙傳授茲者慇懃∟無怠，旦夕誦持。上祝∟今上皇帝萬歲，太子諸王千春，四海來王，万民樂業。次∟冀本郡大小官員高增禄位，十方檀信各保安寧。惟∟願觀門昌盛，道教興行，法派永豐，香燈不替，重資∟先化已列仙班，稽首歸依無極大道。∟

第二欄

世居官僚開座于後：∟亞中大夫、西蜀四川道肅政廉訪司事納石國玉。∟奉政大夫、鞏昌等處都總帥府副總帥納石國珍。∟武德將軍、同知威茂等處軍民安撫使司事朵立只。∟廣威將軍、前西番達魯花赤、禮店文州蒙古漢軍軍民元帥亦輦真。∟宣武將軍、禮店文州蒙古漢軍西番軍民元帥翔鴞石麟。∟忠顯校尉、禮店文州蒙古漢軍奥魯軍民千户真卜花。∟禮店元帥府鎮撫也先。∟前元帥府鎮撫張文才。∟漢陽軍民元帥府副元帥曹興。∟管軍上百户王哈納合。∟進義副尉、本鎮管軍百户何德，付百户盧黑荅。∟千户所知事王德賢。∟文州上千户所知事張才厚。∟怯連口長官所達魯花赤阿都只。∟怯連口長官李万家奴，付長官文觀音奴。∟文州西番万户府副万户漆孝諒。∟安撫使司鎮撫漆孝祈。∟威茂州付千户漆孝裕。∟總領韓外家驢，文世昌，鄭，張良才。提領范德隆，德遠。∟護國觀肅正輔真大師、鞏昌等處玄學提點、廣元沔州禮店文州道正江月龐居翊。∟四王壇沖玄悟道崇文演義大師、前階州道判知閑彭智隆。∟關王廟通真悟道大師、前禮店道判提點宗主顧嗣僊。∟玄妙觀明仁守素大師、提點彭以政。∟明真守素大師、提點苟志沖。長道彌羅宫王堅信，趙道興。∟觀音院僧因上座，宗上座。平泉待詔提領史朝傑，彭杲。∟上師安貞通妙大師嚴德瑞，德琳，德瑄，德璋。∟法眷：姚惠通，馮得傳，劉德全，德圓，鄧德常，∟劉道紀，道寧，馮道淳，道應。∟道童：嚴贇，嚴鍪，嚴和，嚴順。∟秦州石匠。提領李通和。∟

第三欄

供齋助工施主：奉元路□石匠趙信□刊。∟興百户山　雲善和　雲□□喜慶□五十　∟本鎮何世富　何世傳　□得□　∟李怯朝張望望　郭銀童　嚴拜拜　楊百户　∟張志安　文怯力　馮阿奴　楊僧僧　楊覓覓　∟姚□古歹　焦怯朝　嚴西番　郭童童　嚴佛保　∟郭金童　張已速　張歪歪　楊海　于喜僧　∟本境捨財檀信：　∟楊鐵哥　張文玉　□文富　張文質　張七哥　∟何進　何順　□選　拜寒　張喜哥　∟王忠富　馬丑漢　□驢哥　吴回哥　楊智德　∟吴晚晚　張子成　□家奴　楊宋奴　郭仲明　∟上寨馬百户　郭仲德　□千千　黄子義李君祥　∟趙文德　姚子文　□長壽　張臺兒　任四十　∟吴僧奴　李得進　□得兒　史嗣驢　馬法銀　∟杜文昌　馬台台　□福弟　張福□張哇兒　∟梁怯朝　馬大用　□三□　李□哥　李□安　∟郭仲成　党万奴　□大眼　楊晚哥　楊□竹　∟王永志　謝西番　□生住　宋臘那宋永□　∟楊□□　范伴驢　□丑兒　李識迷　姚志信　∟張阿男多　張台兒　□天保　顧禄童　馬得哥　∟馬思忠　馬思義　□□□　杜和尚　周文　王玉　∟党奴閣荅　張志富　□大節　王普普　熊才興　陳文富　∟湫山施主：郭晚哥　□□□　□仲景　梁驢兒　杜案牘　∟郭延喜　郭仲□　□仲和　忠安　杜達平　陳大□　∟曲村院子口施主：趙天禄　□素甫　甘富　劉海　關社長　∟錦院提領馬思安　盧□□　馬務鎮社長范孝禮　∟水磑川居士郭志榮　祁山堡李奴　尹僧僧　楊貴　∟木匠任捨捨　張同山　楊□□　趙牟□　∟捨身俗人李選□□□　∟本廟常住人：何牛　□□　范丑兒　∟

第四欄

道士嚴慧昭用價錢買到∟何□等户近廟山坡田地一分∟□兒本廟香燈修造常住，∟今開四至：∟東至何世富地道爲界，∟南至崖嘴爲界，㇄西至楊家地官道爲界，㇄北至何世富地爲界。㇄鄭榮榮子兄弟捨施前茶谷山㇄坡生熟田地一分，㇄今開四至：㇄東至大河爲界，㇄南至蒸餅嘴小水窖以南溝爲界，㇄西至坐受大嶺爲界，㇄北至倒木樹溝口河對中嘴。㇄武德信叔姪等捨施山坡地一段：㇄東至深溝，南至小嶺爲界，㇄西至道嶺，北至嶺爲界。㇄

校勘記

〔一〕江南諸道行御史臺都事周夔▯　下闕文字，《禮縣志》、《禮縣金石集錦》作「撰文」。

〔二〕河西隴北道肅政廉訪司副使野峻□□□篆題　「峻」後殘三字，《禮縣志》作「台書并」，《禮縣金石集錦》作「台□并」。

〔三〕能禦大菑則祀□　「祀」後殘一字，《禮縣志》、《禮縣金石集錦》作「之」。

〔四〕爾子陵雲仍天緣□契　「緣」後殘一字，《禮縣志》作「地」。

〔五〕踸請紀□始末　「紀」後殘一字，《禮縣金石集錦》作「其」。

〔六〕厥考作室　按，《尚書・周書》作「若考作室」。

〔七〕□謹自持　「謹」前殘一字，《禮縣志》作「嚴」，《禮縣金石集錦》作「志」。

〔八〕本觀住持金欄紫服希文凝妙□□大師嚴惠昭建　「妙」後殘二字，《禮縣志》、《禮縣金石集錦》作「玄微」。

六八　西江廟焚香寶鼎爐　後至元五年

西江廟焚香寶鼎爐，後至元五年（一三三九）十月造。現存甘肅省隴南市禮縣石橋鎮西江廟。該爐早年毁壞，爐蓋、座缺失，現座係誤置，僅見圓鉢形爐盤、高浮雕龍紋柱身。爐殘高一二六釐米，直徑五〇釐米。柱身下部刻兩處銘文，均爲楷書。正面銘文六行，中間四行爲祝辭，兩邊爲七言聯。背面銘文爲發心貢獻人姓名及時間。《禮縣金石集錦》（禮縣博物館，二〇〇〇年）、趙逵夫主編《隴南金石校録》（社會科學文獻出版社，二〇一八年）、蔡副全《隴南金石題壁萃編》（中華書局，二〇二一年）著録。

該爐是後至元五年趙世延家族成員趙子延等發心貢獻。

西江廟焚香寶鼎爐（後至元五年）爐體照片

西江廟焚香寶鼎爐（後至元五年）銘文拓片

録文

正面

寶鼎焚香千千載，㇄玉樓遶錢万万終。㇄大元古岷靈祠，㇄西江有感土主。㇄普潤田苗豐登，㇄万民以祈之濟。㇄

背面

發心主：㇄清水河趙子延，㇄趙子圭，㇄王朝。㇄

至元己卯十月丙戌。㇄

六九　至正元年鐵瓮　至正元年

至正元年鐵瓮，至正元年（一三四一）三月造。原存甘肅省平涼市靈臺縣文化館，現存靈臺縣博物館。瓮鐵鑄，通高五八釐米，口徑六二釐米。形如鼎，深腹，平底，三足。腹部飾三組折枝蓮花紋。銘文楷書，四行，行字不等。羅義奎編《靈臺縣精品文物圖鑒》（華夏文化出版社，二〇一三年）著録。

至正元年鐵瓮（至正元年）照片

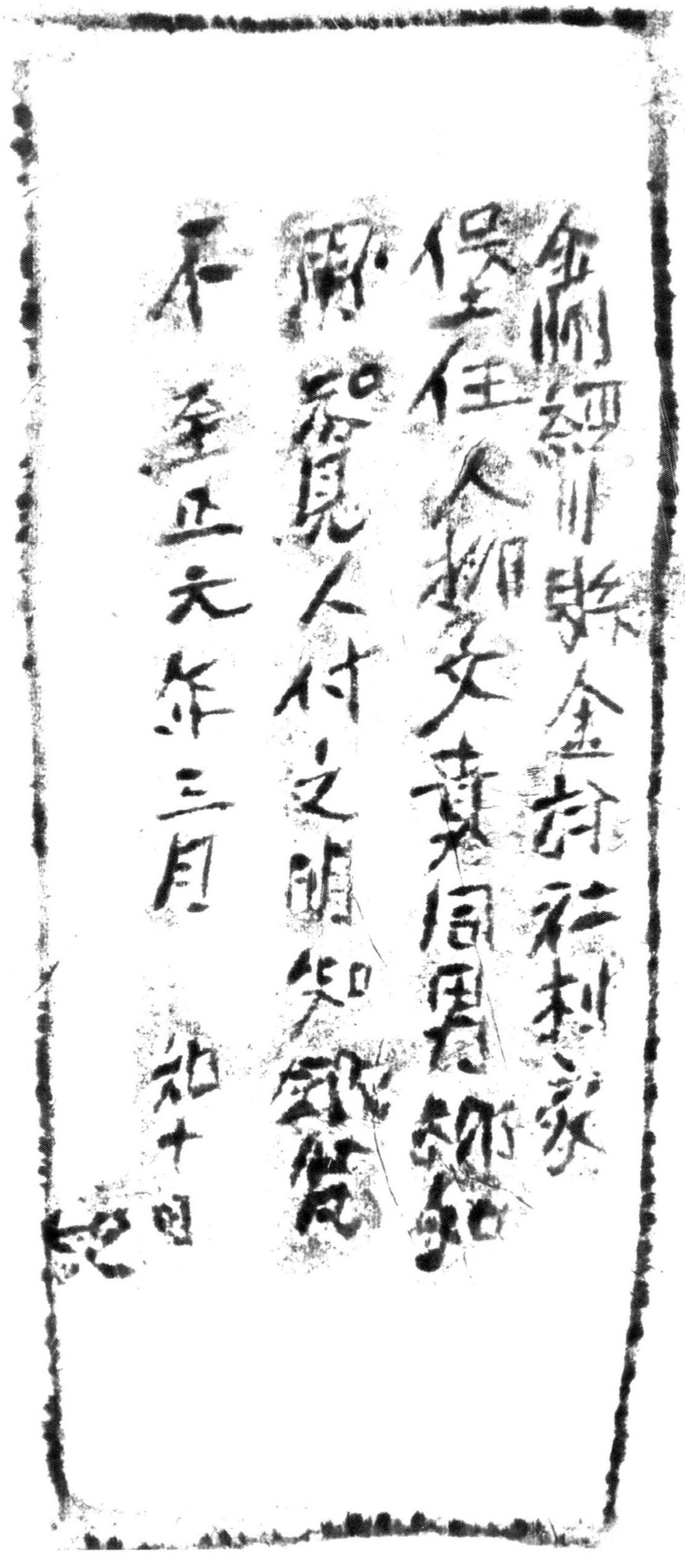

至正元年鐵瓮（至正元年）銘文拓片

録文

金州經川縣金府社利家」堡住人柳文貴同男柳知」庸〔一〕，知見人付之明，知鐵瓮」一个〔二〕。
至正元年三月初十日。」

校勘記

〔一〕金州經川縣金府社利家堡住人柳文貴同男柳知庸　「金州經川縣」應即「涇州涇川縣」。
〔二〕知鐵瓮一个　「知」字，當爲「製」「置」「施」或「捨」。

七〇　清水縣創建宣德堂記　至正元年

《清水縣創建宣德堂記》，至正元年（一三四一）七月立。一九九二年四月出土於甘肅省天水市清水縣稅務所辦公樓修建工地，現存清水縣博物館。碑白色大理石質，左上角和右下角殘缺，碑座已佚。碑殘高一一七釐米，寬六八釐米，厚二一釐米。碑陽楷書，一九行，滿行三〇字。吴好直撰文。《（康熙）清水縣志》、《天水碑文選》（《天水文史資料》第九輯，天水市政協文史資料委員會，二〇〇二年）、劉雁翔《天水金石文獻輯録校注》（三秦出版社，二〇一七年）等有録文。

碑文記述秦珠公主持創建驛館和中臺御史周一齋題名「宣德堂」緣由。碑陰載地方吏員及僧道人員姓名。

清水縣創建宣德堂記（至正元年）碑陰照片

清水縣創建宣德堂記（至正元年）碑陽照片

清水縣創建宣德堂記（至正元年）碑陽拓片

録文

碑陽

清水縣創建宣德堂記

清水縣儒學教諭□〔一〕∟

承務郎、秦州成紀縣尹兼管本縣諸軍奧魯勸農事□〔二〕∟

前秦州清水縣主簿兼尉靖也力不花〔三〕∟

夫郡牧之職，上應列宿，得其人則一方被福，誠古昔之格言矣。清水縣□〔四〕∟上邽之郡也，雖非∟朝使往來衝要之驛，其欽承∟王命公務之使，亹亹相繼，無驛館以待之，誠爲不可。其秦珠公者，來監是邑□□〔五〕∟車之始，慨然謀爲驛亭之置，經之營之，吏卒攻之，不日成之。其正堂兩廡，前□〔六〕∟屋宇、庖廚、倉庫靡所不葺。至於鋪陳什物，百需畢具，不勞民力，奂然一新。其□∟□改元〔七〕，歲在辛巳，中臺御史周一齋者，之∟□□□是邑，處其館，以嘉其能，特書其堂曰「宣德」。名實既具，儒學教諭李惟禎∟□□□□之，予拙於文，固辭弗許，姑應之曰：一齋者，先覺之聞人也。其命其堂∟□□□□□實人之宣德也。蓋見宦於是者，有承宣德政之實，故題是名以∟□□□□□□而欲新其政也，可謂得其人矣。恐始勤而終墮也，其警之之∟□□□□□□□稔聞德政之譽，其五事之實，豈待予揚而後著哉？然於驛∟□□□□□□□□政務之大者，從可知已。於是意不容辭，故録其事云。∟

□次辛巳孟秋吉日建〔八〕。∟□州清水縣主簿兼尉帖力不花〔九〕，稅務同監楊也先不花，∟□吏梁元〔一〇〕，儒生唐紹聞、雍仲義立石。史禮刊。∟

碑陰

前闕 趙璋 曹天祐⌈⌋李□祥 王恕藏 ⌈⌋吉祥 靳端廉 范永孝 ⌈⌋孫清甫 權苑敦 劉文祥 ⌈⌋李瑞卿 王伯用 □監□□郭⌈⌋鮮于恕 楊進之 張文□ 王思⌈⌋周諭 □僧會司□□法恕 卞吉祥⌈⌋大師祐吉祥 道觀提點高德君□□⌈⌋司吏任天祥⌈⌋作紀。李文德⌈⌋邵世祥⌈⌋

校勘記

〔一〕清水縣儒學教諭⌈ 下闕文字，《（康熙）清水縣志》作「□祓書」。

〔二〕承務郎秦州成紀縣尹兼管本縣諸軍奧魯勸農事⌈ 下闕文字，《（康熙）清水縣志》作「吴好直撰」。

〔三〕前秦州清水縣主簿兼尉靖也力不花 《（康熙）清水縣志》作「前秦州清水縣主簿兼尉靖也力不花篆額」，《天水碑文選》無「篆額」二字。

〔四〕清水縣⌈ 《（康熙）清水縣志》作「清水縣者仍古」。

〔五〕來監是邑□□ 《（康熙）清水縣志》作「來監是邑也下」。

〔六〕前□ 《（康熙）清水縣志》作「前後」。

〔七〕其□□改元 《（康熙）清水縣志》、《天水碑文選》作「其至正改元」。

〔八〕⌋次辛巳孟秋吉日建 前已知改元至正，辛巳年爲至正元年，「次」前疑闕「至正元年歲」五字。

〔九〕⌋州清水縣主簿兼尉帖力不花 《天水碑文選》、《（康熙）清水縣志》作「⌋秦州清水縣主簿兼尉帖力不花」。

〔一〇〕⌋吏梁元 「吏」，《天水碑文選》、《（康熙）清水縣志》作「史」。

七一　至正元年鼎形銅爐爐　至正元年

至正元年鼎形銅燻爐，至正元年（一三四一）造。一九八二年出土於甘肅省武威縣校尉鄉珍珠臺村元代西涼報慈安國禪寺遺址，現存武威市博物館。盤口，短直頸，雙立耳下折直角，溜肩鼓腹，腹部象首雙繫，弧底，虎頭形三足中空。盤口四周鏤空纏枝梅花，頸浮雕雙龍，腹鏤空折枝牡丹，開光中有人物、動物、造像，底部鏤空金錢紋。肩部一周鑄有信士弟子姓名及其官職。王其英主編《武威金石録》（蘭州大學出版社，二〇〇一年）、梁繼紅《武威校尉鄉元代窖藏清理簡報》（《隴右文博》武威專輯，二〇〇四年）、党菊紅《武威校尉鄉珍珠臺窖藏元代銅器銘文辨析》（《敦煌研究》二〇一五年第一期）、鄭炳林主編《涼州金石録》（甘肅文化出版社，二〇一二年）等有録文。

至正元年鼎形銅燻爐（至正元年）照片

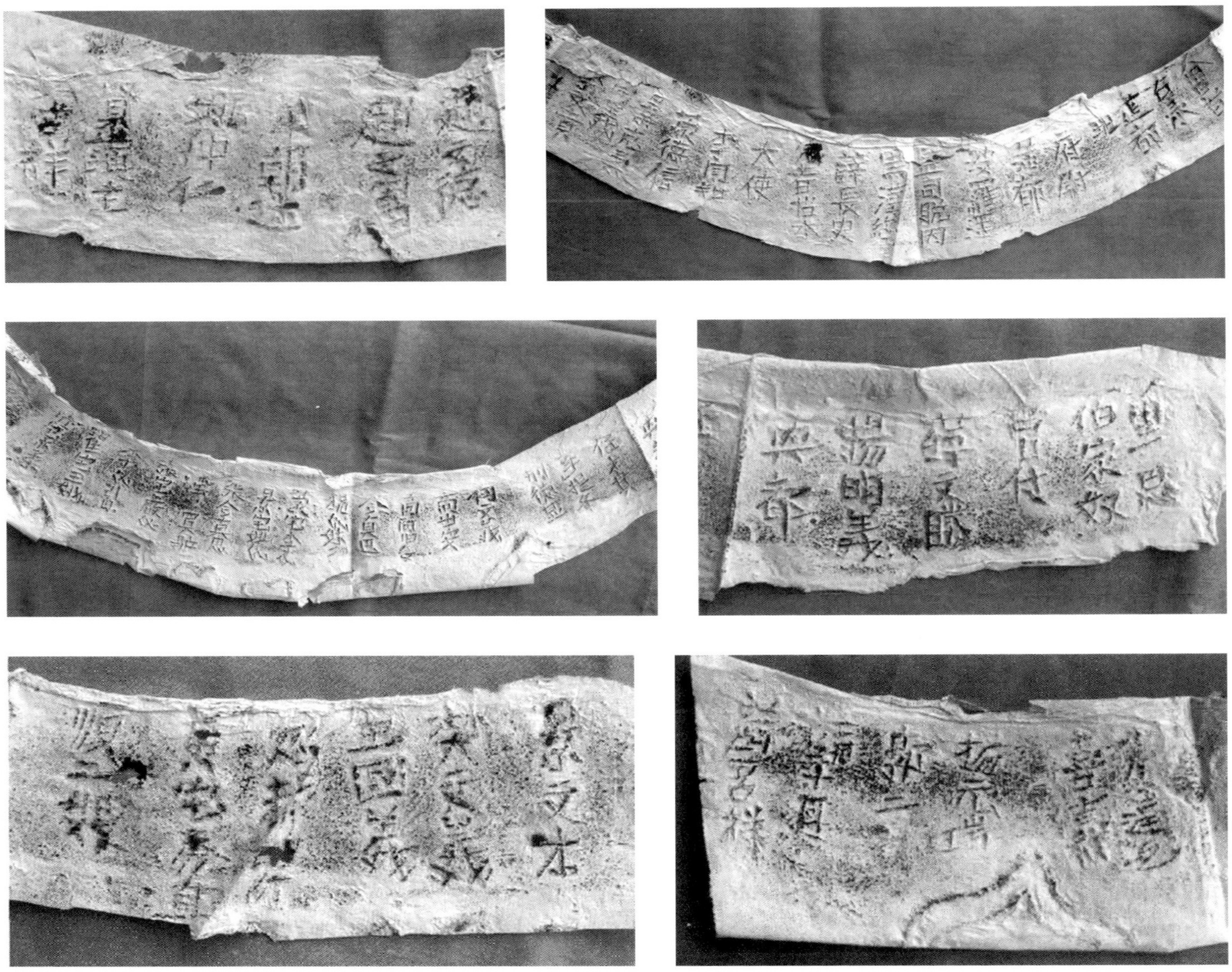

至正元年鼎形銅爃爐（至正元年）銘文拓片

録文

會首：㇗

右丞㇗建都㇗班㇗府尉㇗蒲都㇗波羅澤㇗監司脱因㇗黑漢總管㇗薛長史㇗完者帖木㇗大使㇗李同知㇗蒙德信㇗景克柔㇗同義㇗李文貴㇗趙文德㇗趙文富㇗牟朝迷㇗姚仲仁㇗賢講主㇗□吉祥㇗里思㇗伯家奴㇗曾付㇗薛文勝㇗楊明義㇗興都㇗任才貴㇗毛提舉㇗刑德顯㇗何文義㇗高世安㇗高阿兒歹㇗令真巴㇗楊氏妹妹㇗蒙宅李氏㇗景宅姚氏㇗張令真思㇗鑾□買驢㇗張宅嚴氏㇗李氏引兒㇗瞿宅玉娥㇗楊宅亦柔㇗嚴達之㇗喜吉祥㇗楊元瑞㇗郭二㇗薛十月㇗薛吉祥㇗景文才㇗樊文義㇗王國義㇗忽都的斤㇗黃宅秀直㇗順二嫂㇗

七二　至正元年鈔版 至正元年

至正元年鈔版，至正元年（一三四一）造。現存甘肅省張掖市山丹縣博物館。鈔版銅質，方形，長四點六釐米，寬三點三釐米。版面邊緣起廓，銘文三行，滿行六字。

該鈔版爲元代印製紙鈔重要用具，所印紙鈔用以修城。

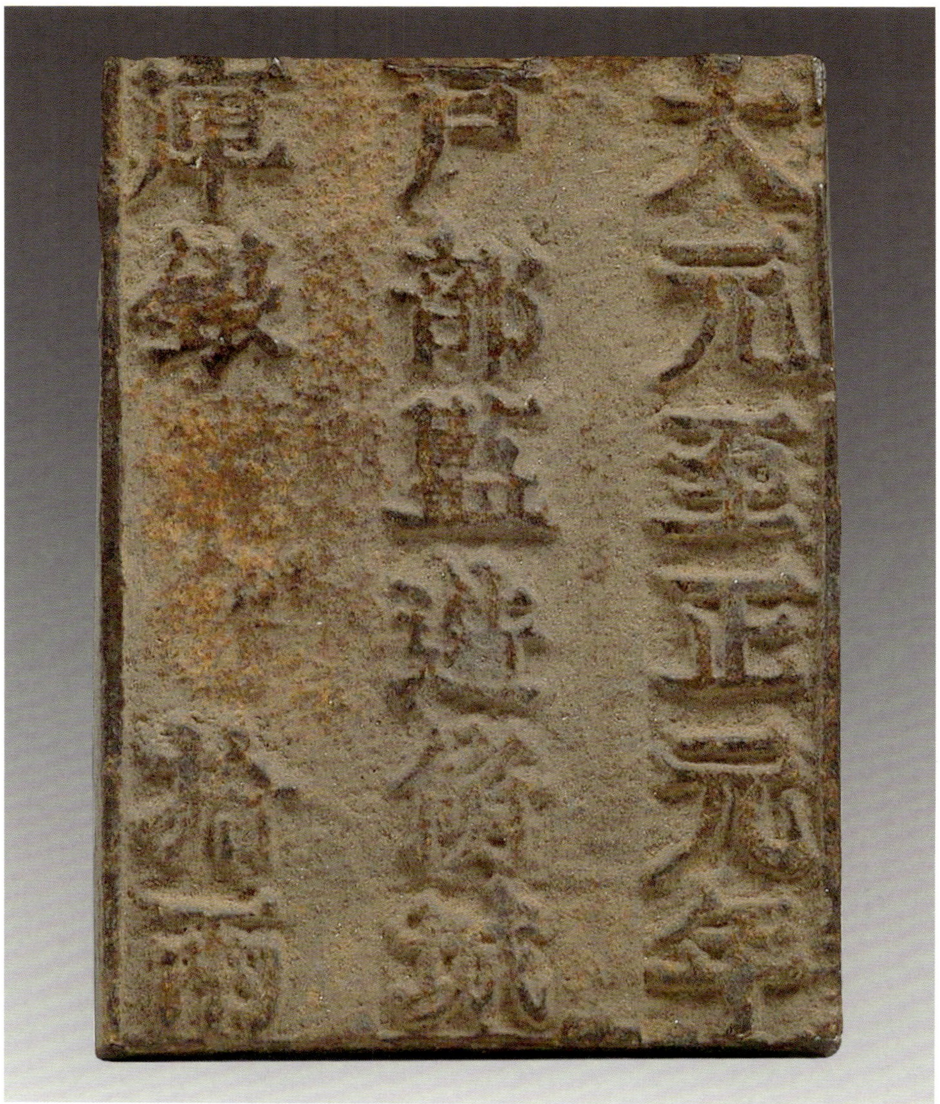

至正元年鈔版（至正元年）照片

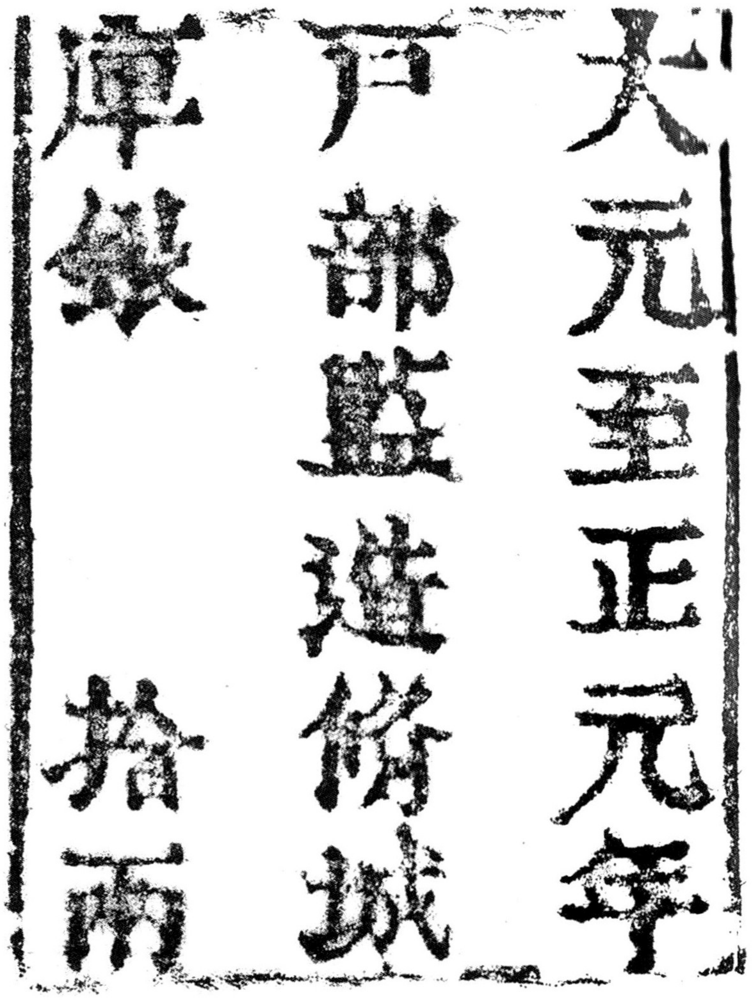

至正元年鈔版（至正元年）拓片

録文

大元至正元年」户部監造脩城」庫銀拾兩」

七三　至正元年銅壺　至正元年

至正元年銅壺，銅壺二件，至正元年（一三四一）七月造。一九八二年出土於甘肅省武威縣校尉鄉珍珠臺村元代西涼報慈安國禪寺遺址，現存武威市博物館。壺青銅質。一號壺，通高五五釐米，口徑一八釐米，底徑二四釐米。二號壺，通高五七點五釐米，口徑一五點五釐米，底徑二三點五釐米。兩件造型相同，侈口方唇，口沿内收，高束頸，銜環龍首耳，平肩鼓腹，喇叭形高圈足。頸部飾四瓣花卉間雲頭紋，頸中有一道凸弦紋；腹上部飾雲頭紋，中、下部飾鋸齒紋。圈足一周鑄有信士題名。王其英主編《武威金石録》（蘭州大學出版社，二〇〇一年）、梁繼紅《武威校尉鄉元代窖藏清理簡報》（《隴右文博》武威專輯，二〇〇四年）、党菊紅《武威校尉鄉珍珠臺窖藏元代銅器銘文辨析》（《敦煌研究》二〇一五年第一期）、陳曉峰編《武威文物精品圖集》（讀者出版社，二〇一九年）、鄭炳林主編《涼州金石録》（甘肅文化出版社，二〇二二年）等有録文。

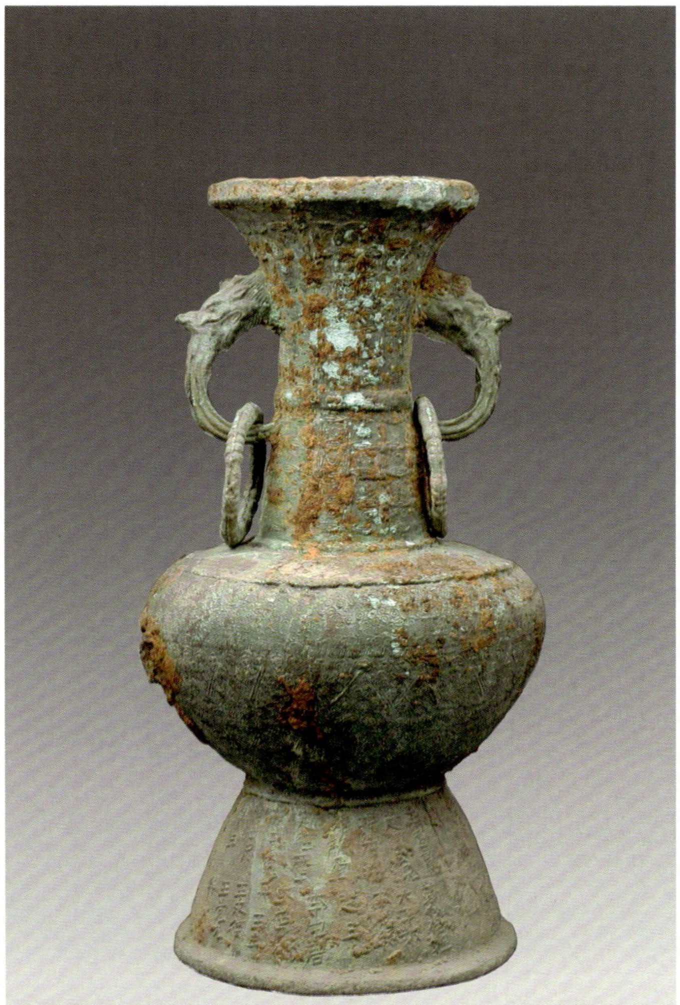

至正元年銅壺（至正元年）一號壺照片

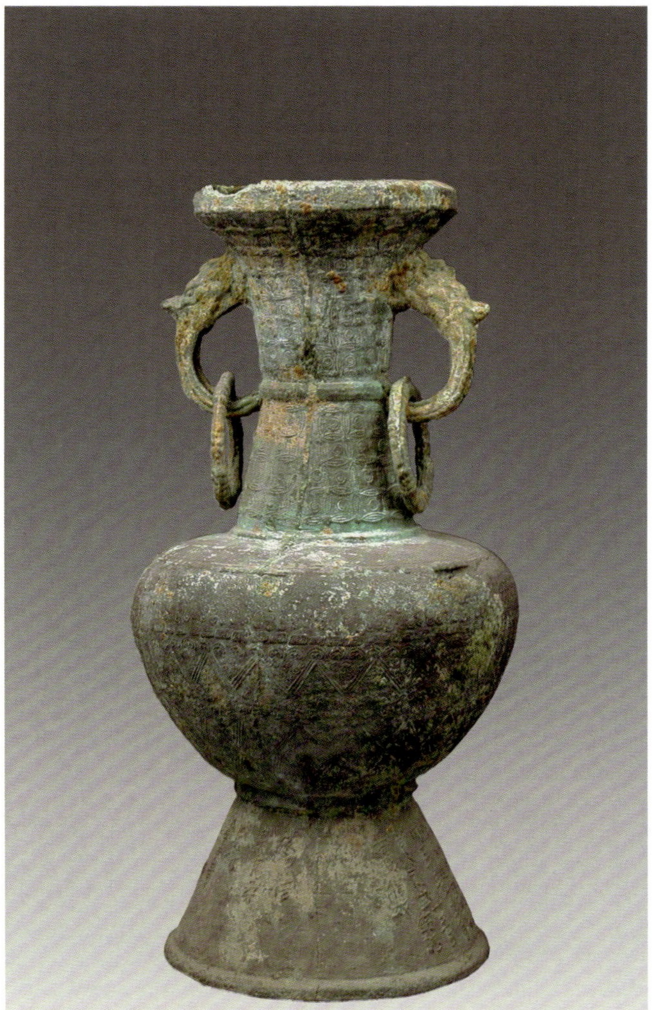

至正元年銅壺（至正元年）二號壺照片

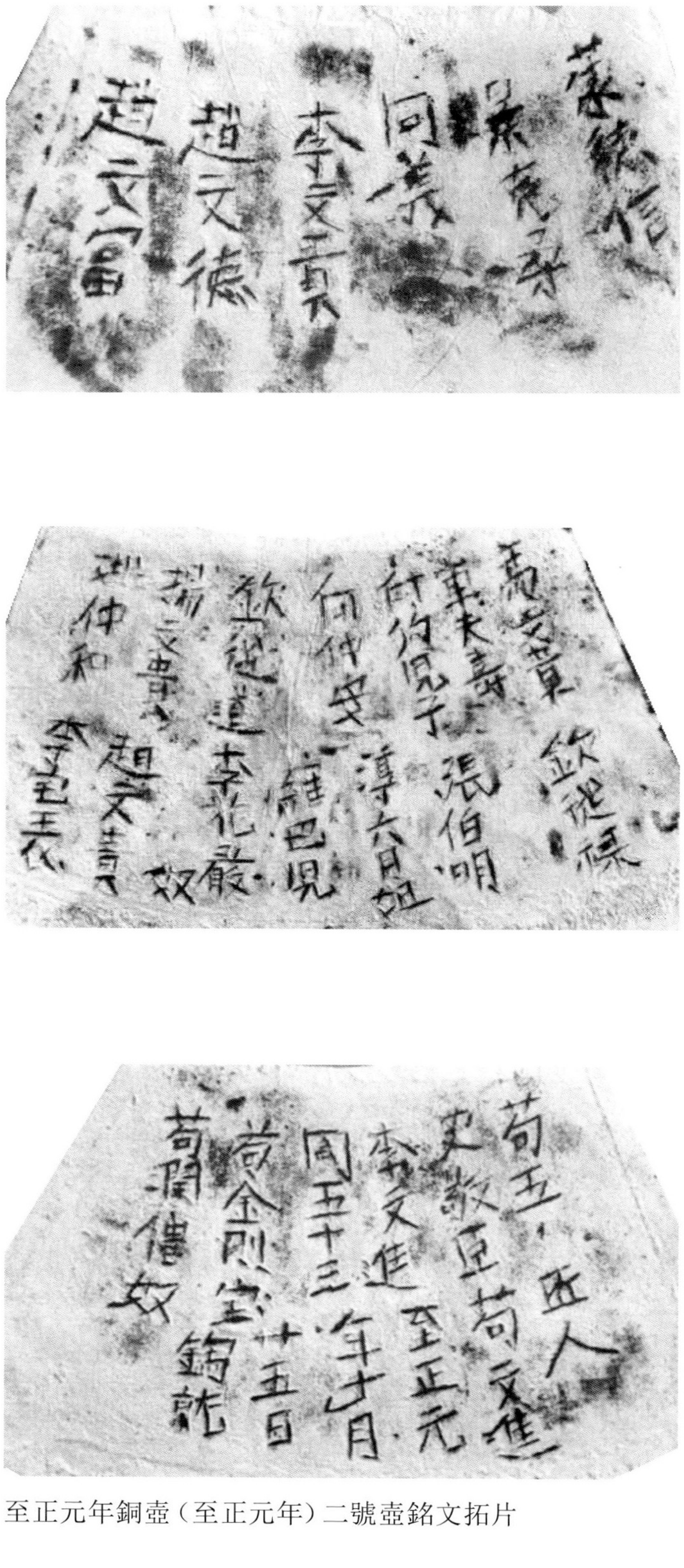

至正元年銅壺（至正元年）二號壺銘文拓片

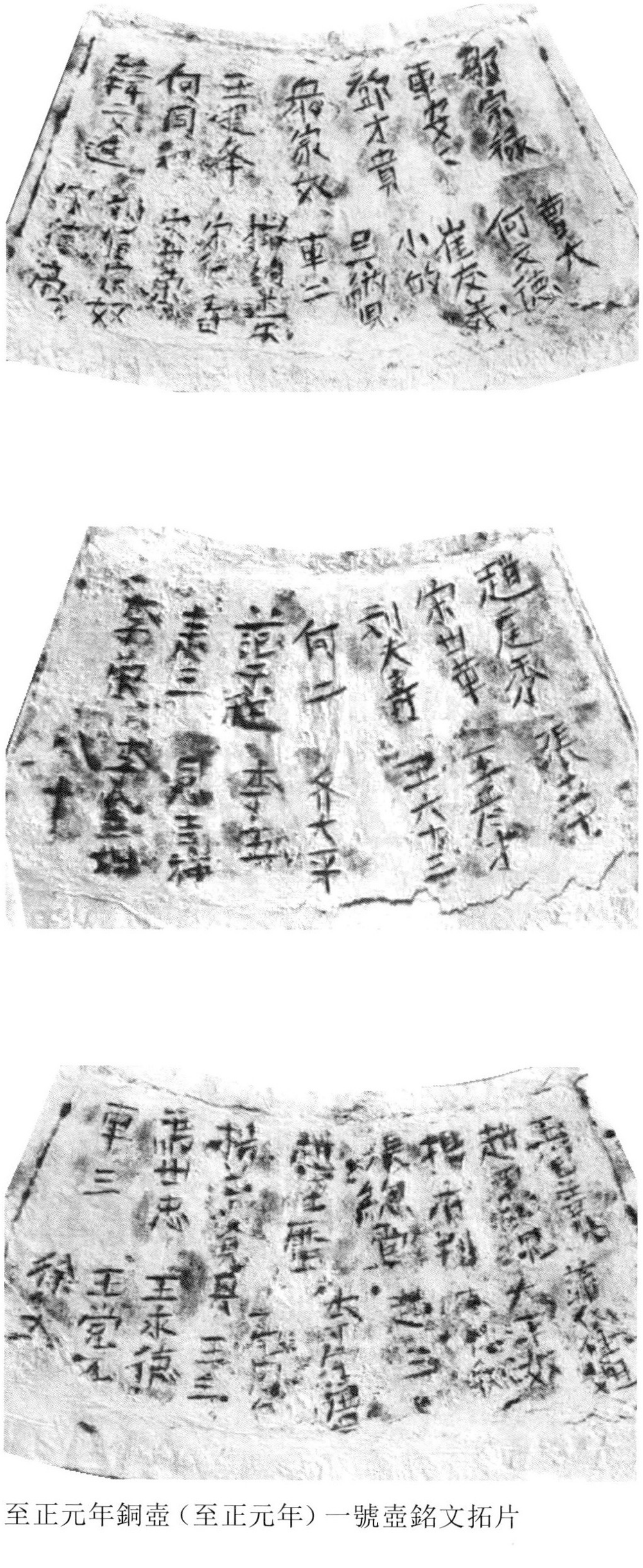

至正元年銅壺（至正元年）一號壺銘文拓片

録文

一號壺

鄒宗禄∟車安安∟鄧才貴∟衆家奴∟王提舉∟何同知∟韓文進∟

曹大∟何文德∟崔友義∟小的∟吴納兒∟車二∟撒的迷失∟宋德壽∟宋世榮∟劉信家奴∟宋德亮∟

趙庭秀∟宋世華∟劉夫壽∟何二∟范子和∟來三∟李榮∟

張五十∟王彦才∟王六十三∟齊大平∟李五∟恩吉祥∟李氏三姐∟八十∟

王宅善兒∟趙黑□兒∟楊府判∟張總管∟趙經歷∟楊曾□興∟馬世忠∟車三∟

蒲氏住姐∟太平奴∟李□□〔一〕∟趙三∟李宅唐〔二〕∟李宅周氏∟王三∟王永德∟王党兀∟徐大∟

二號壺

蒙德信∟景克柔∟同義∟李文貴∟趙文德∟趙文富∟

馬文貴∟車夫壽∟何狗兒子∟何仲安∟欽從道∟楊文貴∟姚仲和∟

欽從禄∟張伯明∟淳六月姐∟雍巴兒 ∟李花嚴奴∟趙文貴∟李宅王氏∟

苟五∟史敬臣∟李文進∟周五十三∟苟金剛寶 ∟苟潤僧奴∟

匠人∟苟文進∟

至正元∟年七月∟廿五日∟鑄就。∟

校勘記

〔一〕李□□　《武威校尉鄉珍珠臺窖藏元代銅器銘文辨析》作「李仲德」。

〔二〕李宅唐　《武威校尉鄉珍珠臺窖藏元代銅器銘文辨析》作「李宅唐氏」。

七四　嚴惠昭買地券　至正四年

《嚴惠昭買地券》，至正四年（一三四四）七月立。出土於甘肅省隴南市禮縣崖城鄉泰山廟時任住持道士嚴惠昭墓，現存禮縣博物館。地券陶質，方形，邊長二六釐米，厚六釐米。券文正面楷書，單行正書，雙行反書，一〇行，行字不等。背面除中間一行文字正寫外，四角各有四字，書寫呈放射狀。《禮縣金石集錦》（禮縣博物館，二〇〇〇年）、趙逵夫主編《隴南金石校録》（社會科學文獻出版社，二〇一八年）、蔡副全《隴南金石題壁萃編》（中華書局，二〇二一年）著録。

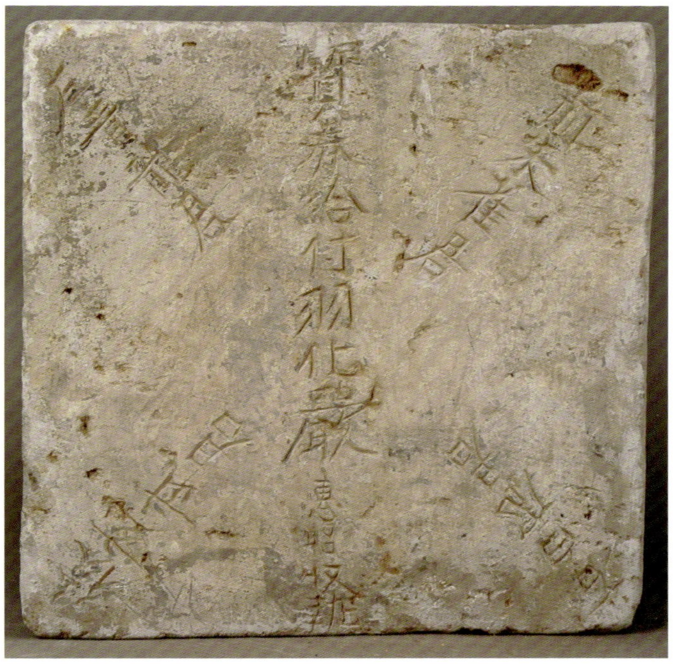

嚴惠昭買地券（至正四年）背面照片

嚴惠昭買地券（至正四年）正面照片

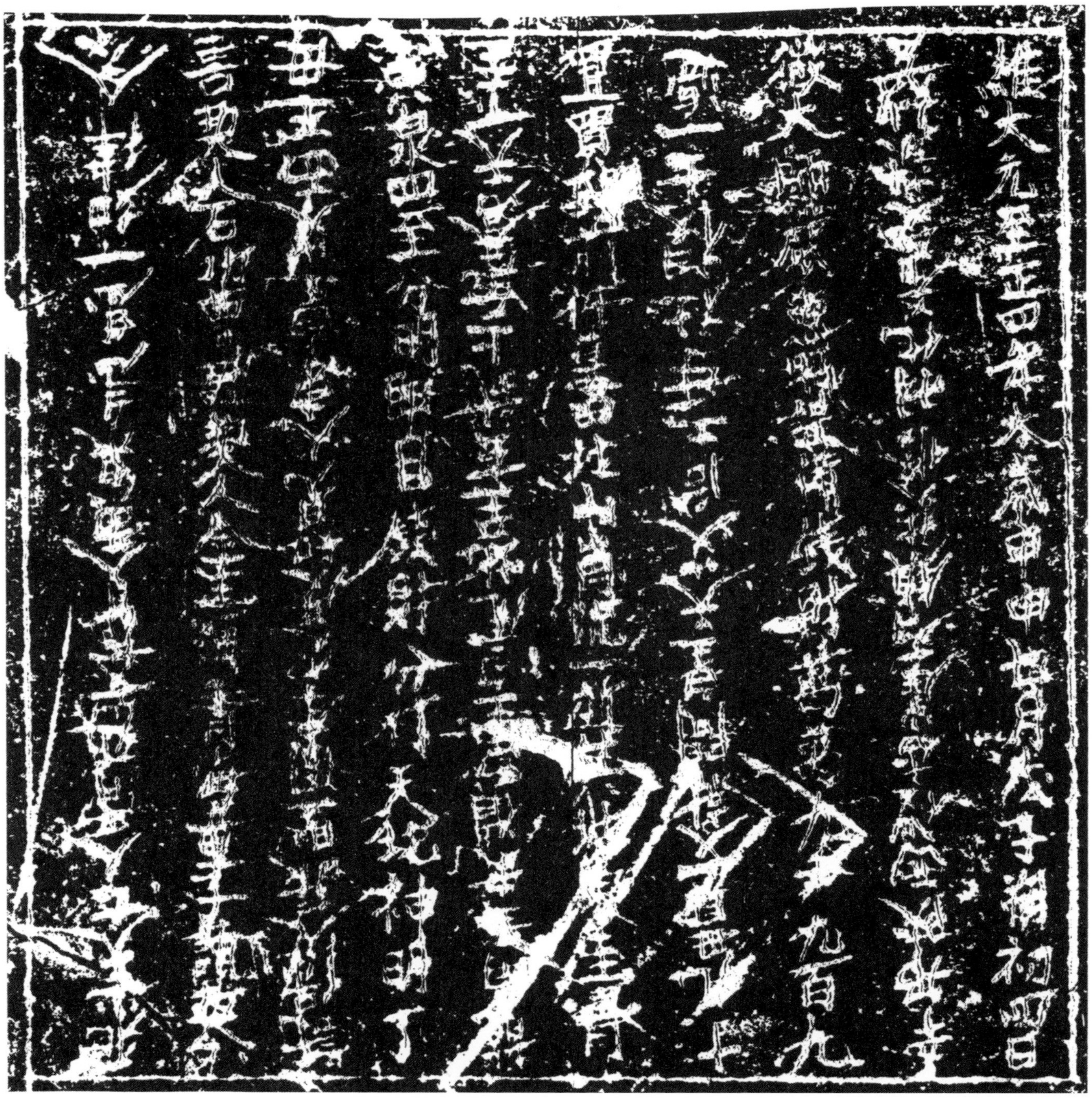

嚴惠昭買地券（至正四年）正面拓片

録文

正面

維大元至正四年太歲甲申七月戊子朔初四日∟辛卯，陝西禮店崖石鎮焚修羽化希文觀妙玄∟微大師嚴惠昭，謹備錢財萬萬九千九百九∟十九貫文，就問皇天父、后土母社稷土一邊∟置買到前件墓田北山□地一所。其地東至青∟龍，南至朱雀，西至白虎，北至玄武，上至蒼天，下至∟黄泉，四至分明。即日錢財分付天地神明，丁∟託保人張堅固、李定度，知見人東皇父、西王母，∟書契人石功曹，證契人金主簿，青海童子讀契□∟死上天，亡人骨，正安葬，入黄泉。急急一如律令。∟

背面

寶券給付羽化嚴惠昭收執。∟左青龍君，∟右白虎君，∟前朱雀君，∟後玄武君。∟

七五 興建廣嚴寺大殿功德碑 約至正五年

《興建廣嚴寺大殿功德碑》，約至正五年（一三四五）立。二〇〇四年發現於甘肅省定西市隴西縣城關鎮西關村。碑青石質。碑首、碑座已佚。高七四釐米，寬四八釐米，厚一八釐米。碑陽楷書，殘存文字一〇行。祖銘撰文。汪楷主編《隴西金石録》（甘肅人民出版社，二〇一一年）有録文。

碑文記載廣嚴寺僧衆修建廣嚴寺屋宇及興蓋大殿等事迹。殘文中祖銘稱「至正乙酉」即至正五年請撰記文，故立碑當在是年文成後不久。

興建廣嚴寺大殿功德碑（約至正五年）碑體照片

録文

⊔意興蓋大殿啓立功碑⊓〔一〕∟

⊔法堂頭長老祖銘□撰。∟

⊔融大師、當代住持、主盟修造、講經沙門妙□□〔二〕。∟

⊔佛祇薗處，雖有志於記載，不能如太史公足迹半天下⊓∟⊔至正乙酉，予自明之補陀，遷杭之中竺，適榮禄大夫、江⊓∟

⊔昌僧智祥、智□、智詰、隆明〔三〕，以廣嚴寺興建狀，以公請記。寺建⊓∟⊔檢修絜〔四〕，内存靜照，外絶□馳〔五〕。衆挽居城之開元

⊓∟⊔嚴堂宇諸屋，法宜有者咸刱成之。初，寺乏水，師以⊓∟⊔山川之氣聚秀，此水甘而澄碧，無□□以惰赤⊓∟⊔屋隨廢

莫葺。至順二年，公被[後闕]∟

校勘記

〔一〕⊔意興蓋大殿啓立功碑⊓《隴西金石録》作「（前缺）□修□住（持）禪師智祜□意興蓋大殿啓并功德碑」。

〔二〕講經沙門妙□□《隴西金石録》作「講經沙門妙悛書」。

〔三〕昌僧智祥智□智詰隆明《隴西金石録》作「昌僧智祥、智護、智詰、隆明」。

〔四〕檢修絜《隴西金石録》作「檢修潔」。

〔五〕外絶□馳《隴西金石録》作「外絶約馳」。

七六　通明顯密大師琉璃塔　至正七年

通明顯密大師琉璃塔，至正七年（一三四七）造。一九七一年出土於甘肅省隴西縣城東飛機場，現存甘肅省博物館。塔通高九六釐米，由仰覆蓮座、鐘形覆鉢、亞字形須彌座式剎基、相輪組成。表施綠色琉璃。仰覆蓮座内墨書楷書二三字。俄軍主編《甘肅省博物館文物精品圖集》（三秦出版社，二〇〇六年）、汪楷主編《隴西金石録》（甘肅人民出版社，二〇一一年）、塔拉主編《相映成輝：草原絲綢之路文物精華》（内蒙古人民出版社，二〇一四年）著録。

通明顯密大師琉璃塔（至正七年）照片

通明顯密大師琉璃塔（至正七年）仰覆蓮座内墨書照片

録文

至正七年歲次∟丁亥二月初八日∟廿時歸化，∟通明顯密大師。∟

七七　大元故大司徒汪公（壽昌）墓　至正八年

《大元故大司徒汪公（壽昌）墓》，至正八年（一三四八）二月立。一九七二至一九七九年間出土於甘肅省漳縣汪家墳元墓羣，現存漳縣博物館。誌一合，方形，邊長八〇釐米，誌蓋厚一八釐米，誌石厚一〇釐米。誌蓋盝頂式，蓋題篆書「大元故大司徒汪公墓」三行九字。誌文楷書，四〇行，滿行三八字。吴景山《元代汪世顯家族碑誌資料輯録》（《西北民族研究》一九九九年第一期）、吴景山《西北民族碑文》（甘肅人民出版社，二〇〇一年）、《漳縣金石録》（漳縣文史資料委員會，二〇一〇年）、汪楷主編《隴西金石録》（甘肅人民出版社，二〇一一年）等著録。

墓誌記載汪壽昌生平及家族世系。

大元故大司徒汪公（壽昌）墓（至正八年）誌蓋、誌石照片

大元故大司徒汪公（壽昌）墓（至正八年）誌文拓片

大元故大司徒汪公（壽昌）墓（至正八年）誌蓋拓片

録文

大元故ㄴ大司徒ㄴ汪公墓（誌蓋）ㄴ

有元故銀青榮禄大夫大司徒汪公神道墓誌ㄴ

□諱壽昌，字仁輔，號雲溪。ㄴ曾祖考贈推忠協力佐運功臣、太師、開府儀同三司、上柱國、義武隴右王。曾祖妣潘氏，追封隴右王ㄴ夫人。祖考贈推忠翊運宏略功臣、太師、開府儀同三司、上柱國，追封忠烈隴右王。祖妣黄摑氏，追封ㄴ隴右王夫人。公迺贈廣忠協運秉節功臣、太師、開府儀同三司、上柱國，追封貞肅南安王之嫡子也。ㄴ母耶律氏，追封南安王夫人，東丹廣寧王耶律中書令之女。惟公忠孝之心出於母，然將相之材禀ㄴ□□□[一]。季未弱冠，赴闕朝覲，特ㄴ命受承直郎、同知興元路事。承襲父爵，受昭勇大將軍、鞏昌平凉二十四處便宜都總帥兼鞏昌府尹。復ㄴ賜玉帶，授昭毅大將軍，職事如故。莅政之後，修公廨，飾館傳，創營養濟院以居菑民，言各投下與民均ㄴ役。更站路、安邊、除盜之偉略，興學、勸農之良規，厚俗、便民之異政，不可枚舉。由是選擢正議大夫、陜ㄴ西諸道行御史臺治書侍御史。遂遷中奉大夫、陜西等處行中書省參知政事，轉陜西諸道行御史ㄴ臺侍御史。次受資善大夫、甘肅等處行中書省左丞，改除陜西行省左丞，又任西臺中丞，即受雲南ㄴ左丞。就爲雲南諸路廉訪使，復除雲南左丞。赴闕朝覲，擢資政大夫、同知宣政院事。復歷西臺ㄴ中丞，改陞資德大夫、南臺中丞，入爲中正院使。天曆二年，陜民飢歉，特奉ㄴ□音[二]，賜御衣、御酒、白金百兩，遂加榮禄大夫、陜西省平章政事。公因奏准鈔壹拾萬定，以ㄴ賑飢民。既任，數陳救荒之策，數次發下鈔百萬餘定。又設輸粟補官之法，革鈔法凝滯之弊，ㄴ朝廷皆從其議。民之疾者治之，死者葬之，所活之人不下百十餘萬。民思遺愛，紀之於石。入覲，賜ㄴ金帶二條。至順二年，任四川省平章政事。其時，雲南敗胡戮餘等繼叛，斷站赤，絶粮道，恃此弗庭。比ㄴ間奏聞，公從宜令邛、普州立宣撫司，設官僚，復立站赤。有ㄴ旨令親王征進，其路大開，賊黨遂平。後戮餘叛，招之不下。公申於朝，謂蠻夷之徒當以德信服ㄴ之，不可專恃以兵。既而朝廷令公從宜調度，因粮道絶，遂立人站，使粮路不絶。後聆賊黨等曰：ㄴ「汪相者，我等素服。若得公撫我，吾輩自安。」公達於朝，請赦其罪，俾之自新。ㄴ詔可其奏，賊衆悉降。ㄴ上知其功，賜御酒、御帛、御衣、雲龍金帶，以褒賞焉。進光禄大夫，復任西臺中丞。未幾，ㄴ遷内臺中丞。時方年踰六旬，自樂恬退，懇辭而歸。朝廷以其有功於ㄴ國，特授銀青榮禄大夫、大司徒，錫以印綬全俸，仍賜鈔伍伯定、御衣一襲。後公年及致ㄴ仕，復上印綬懇辭。朝廷以其自幼服勞㇄王室，遣使欽賚御酒、御帛，復賜印綬俸秩，俾膺前職，以終其身。公以癸酉年十一月十㇄二日生，不幸於至正七年十一月二十七日疾薨於家，享年七十五。是年十二月二十九日，㇄上聞，賜鈔百定，俾充塋葬之資。公初娶夫人張氏，武略將軍、鞏昌管軍元帥張公之女，不幸早世。再娶夫㇄人王氏，平涼知府元帥王公之女，追封秦國夫人，亦殁。次室夫人王氏，永昌路治中王公之女，追封㇄蜀國夫人，元統元年終。復娶夫人李氏，陝西行中書省右丞李公之女。子六人：長曰普達實理，嘉議㇄大夫、侍儀使；次曰長生奴，昭毅大將軍、鞏昌等處都總帥兼鞏昌府尹；次曰萬家奴，奉直大夫、中書㇄□部員外郎〔三〕；次曰祥慶奴，承務郎、太醫院經歷；次曰阿木哥石力；次曰散哥石力，年幼未仕。女四人，㇄俱適右族。孫男三人：長曰光童，次曰寧安，次曰七十三，尚幼。以是年二月十七日歸葬于鞏昌府漳㇄縣鹽川之祖塋，禮也。公之在生也，抱將相器業，文武全材，謙恭廉慎，愛民好士，未嘗有驕矜之色。其㇄事上接下，罔不得其懽心。及其薨也，聞者莫不悲泣。葬有日，侍儀汪嘉議等命僕爲之誌。僕忝㇄門下士，何敢以淺陋辭。若夫㇄公之元勳事蹟□□□□□□□□敍其遷職之梗槩云。㇄

至正八年二月十七日〔四〕，□□子汪普達、實理兄弟謹誌。□□門下士陳世榮□□□〔五〕。㇄

校勘記

〔一〕然將相之材稟□□□　「稟」後殘三字，《漳縣金石録》作「出天賦」。

〔二〕特奉□音　「奉」後殘一字，《漳縣金石録》作「玉」，《西北民族碑文》作「王」。

〔三〕中書□部員外郎　「書」後殘一字，《漳縣金石録》作「工」，《西北民族碑文》作「兵」。

〔四〕至正八年二月十七日　《漳縣金石録》作「至正七年十二月十七日」。

〔五〕□□門下士陳世榮□□□　「榮」後殘三字，疑爲「撰并書」。

七八　大元故資善大夫陝西等處行中書省左丞伯不花之墓　至正八年

《大元故資善大夫陝西等處行中書省左丞伯不花之墓》，至正八年（一三四八）三月立。二十世紀八十年代出土於甘肅省隴西縣城東城門，現存隴西縣威遠樓。碑漢白玉質。碑身圭形，通高八〇釐米，寬六二釐米，厚一二釐米。碑座寬七四釐米，厚二六點五釐米。碑陰楷書，六行，行字不等。汪楷主編《隴西金石録》（甘肅人民出版社，二〇一一年）有録文。

大元故資善大夫陝西等處行中書省左丞伯不花之墓（至正八年）碑陰照片

大元故資善大夫陝西等處行中書省左丞伯不花之墓（至正八年）碑陽照片

大元
故資善大夫
陝西等處行
中書省左丞
伯不花之墓

大元故資善大夫陝西等處行中書省左丞伯不花之墓（至正八年）碑陽拓片

録文

碑陽

大元∟故資善大夫∟陝西等處行∟中書省左丞∟伯不花之墓∟

碑陰

旹至正八年歲次戊子三月二十五日辛酉，孝男∟脩武校尉、成紀縣達魯花赤阿剌忒納失里，次男福僧、∟速荅尼、脱因、唐兀歹、荅失∟帖木，長孫安僧∟立石。∟石匠何思賢等刻。∟

七九　莫高窟六字真言碣　至正八年

《莫高窟六字真言碣》，亦作《速來蠻刻石》，至正八年（一三四八）五月立。現存敦煌研究院。碣石高七六釐米，寬五六釐米。守朗立石，奢藍令栴刻。碣石上方横題「莫高窟」三字，中部刻觀音像，像上方及左右兩側刻梵文、藏文、漢文、西夏文、八思巴文、回鶻文等六種文字之「六字真言」。右側爲功德主妃子屈术、太子養阿沙、速丹沙、阿速歹、結來歹、速來蠻西寧王、脱花赤大王等題名。左側題記爲立石時間與立石人。下部有沙州路河渠司提領威羅沙等題名。清徐松《西域水道記》、蘇瑩輝《敦煌石刻考》（手抄本，現存敦煌研究院）、閻文儒《元代速來蠻刻石釋文》（《敦煌研究》一九八二年第一期）、李永寧《敦煌莫高窟碑文録及有關問題（一）》（《敦煌研究》一九八二年第一期）、北京圖書館金石組編《北京圖書館藏中國歷代石刻拓本匯編》（中州古籍出版社，一九八九年）等著録并有考釋。

莫高窟六字真言碣（至正八年）照片

莫高窟六字真言碣（至正八年）拓片

録文

起初∟莫高窟∟

（梵文）

Oṃ maṇi padme hūṃ

（藏文）

Om ma ni pad me hūm

（漢文）

唵嘛呢八[口迷]吽

（西夏文）

[illegible]

（八思巴文）

Om ma ni pad me huŋ

（回鶻文）

Oom mani padmi qung

功德主∶∟妃子屈术　太子養阿沙　速丹沙　阿速歹　結來歹　∟速來蠻西寧王　脱花赤大王∟

卜魯合真　陳氏妙因∟

沙州路河渠司∶∟提領威羅沙　哈只　大使逆流吉　∟大使興都　百户宜吉　□忍布　∟善友脱脱木　荅失蠻　楊若者　∟華嚴奴　吴脱

延　劉拜延⌐解逆立嵬　解閹布　文殊奴⌐罕班　耳的剌　也先怗木⌐張宣　梁黑狗　王立勺⌐李世榮　逆立嵬　劉三寶⌐陳世昌　翟文通　李劉家狗⌐昔失罕　拜延　阿剌布⌐

僧令栴監撈　令只合巴　公哥力加⌐張耳赤　弄卜忍勿　德沼⌐□惠　穌乙尼　迭立迷失⌐院主耳□　乂束　乂立即⌐□于　律竜布　奐即⌐掠兀沙　哈剌陽　阿卜海牙⌐陳教化　吴教化　智寶⌐耳立嵬　直正布　閻乙尼⌐朶立只　波洛歹　昆都思⌐尼智戒　天的哥失⌐

維大元至正八年歲次戊子五月十五日，守朗立。⌐長老米米　耳立嵬　劉叜有　張即立俺布　劉耳立嵬　弄卜仄令布⌐琓有藏布　劉忍束　吴乂賽　把里耳兒　弄卜耳者　翟忍布⌐

奢藍令栴刻。⌐

八〇 東君明墓券 至正九年

《東君明墓券》，至正九年（一三四九）二月立。二〇一五年出土於甘肅省天水市武山縣馬力鎮元墓，現存武山縣博物館。墓券泥質灰陶，方形。券文朱砂書寫，行書，左起，單行正書，雙行反書，書寫時有脱字、漏字，一五行，行字不等。

券文標明墓主爲東君明，葬地爲秦州寧遠縣澤湖鄉。

東君明墓券（至正九年）照片

録文

維大元至正九年歲次己丑二月壬戌朔□□日，陝西⌞秦州寧遠縣澤湖鄉住、殁故亡人東君明，伏緣⌞奄逝，夙夜憂思，不遑所厝，爰及今日，遂□□□□⌞□□□筮，地占襲吉，地屬本州本縣本鄉本村之⌞原堪爲宅兆□已出備錢財九万九千九百九十九貫文。⌞□□東西闊一十九步二厘，南北長一十九五厘〔一〕。東至青龍，⌞南至朱雀，西至白虎，北至玄武，内方勾陳，分擘四域。丘⌞丞墓伯封步界畔，道路將軍齊整阡陌，致使千年万⌞載永殃咎〔二〕。若有干犯并令將軍亭長縛付河伯。□⌞備□□香薪，共爲信契。財地交相，各已分付〔三〕。⌞

知見人：歲月主；保人：今日直符。原□□□□，不⌞得□□。先有居者，永避万里。若違此約，地府主吏□〔四〕⌞當其禍。勑葬主墓内外存亡悉皆安吉。⌞急急如五帝女青律令。⌞券付亡人東君明收執。⌞

校勘記

〔一〕南北長一十九五厘「九」後疑脱「步」字。

〔二〕致使千年万載永殃咎「永」後疑脱「無」字。

〔三〕各已分付「付」後疑脱「工匠營厝」四字。

〔四〕地府主吏□「吏」後殘一字，疑爲「自」字。

八一 石造像塔 至正九年

《石造像塔》，至正九年（一三四九）四月立。出土於甘肅省慶陽市合水縣板橋鎮柳溝村，二〇〇九年入藏合水縣博物館。塔砂岩質，座已佚，現座係誤配，塔頂檐蓋不存，塔身左上殘損。通高一七〇釐米，塔身底邊長五四釐米，寬四九釐米。塔身呈長方體，正、左、右三面分層鑿龕雕像。正面兩龕，上爲一佛二菩薩，下爲舒相倚坐觀音菩薩。左面三龕，上龕殘而不明，中爲一佛二弟子，下爲乘象菩薩。右面三龕，上爲釋迦佛及二弟子，中爲騎獅文殊菩薩，下爲乘象普賢菩薩。塔背面、正面及右面之龕楣或龕緣有刻字，均爲楷書。

該石造像塔延續宋金時期隴東造像遺風，銘文記述造塔緣由及信士名録。

石造像塔（至正九年）塔體右側照片

石造像塔（至正九年）塔體正面照片

石造像塔（至正九年）正面上部照片

石造像塔（至正九年）正面下部照片

石造像塔（至正九年）背面照片（二）

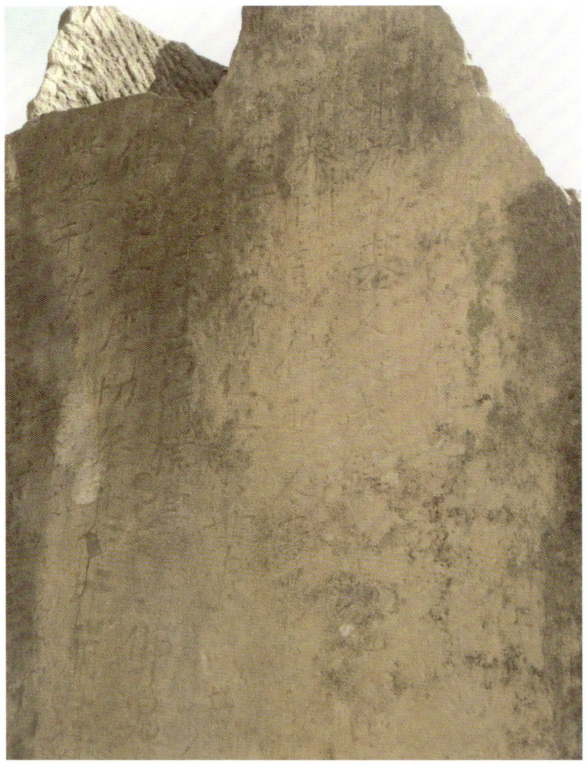

石造像塔（至正九年）背面照片（一）

石造像塔（至正九年）背面照片（四）

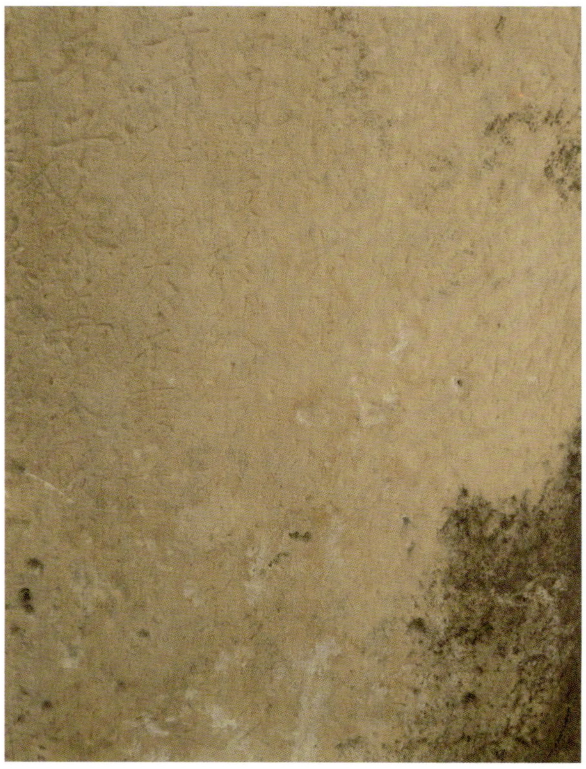

石造像塔（至正九年）背面照片（三）

録文

正面

上莊衆人施佛▯⌞
下莊衆社人施觀音菩薩一堂。⌞

右面

▯⌞□爲亡父李⌞□真、亡母□⌞氏施釋迦⌞佛一堂。⌞
▯⌞施普賢菩薩⌞一堂。⌞
▯爲⌞父母□□⌞赫□□仙⌞成喜施文⌞殊菩薩⌞一堂。⌞
合▯人▯⌞▯⌞福世世▯⌞▯⌞▯⌞大元國⌞□陽⌞[後闕]
[前闕]⌞▯中倉⌞□□易、王克、王冲▯⌞□歲次己丑至正九年四月▯吏▯⌞

背面

[前闕]⌞▯虎兒虎▯⌞施地基人成鐸、成允、成□、成□、成▯⌞恭聞諸佛聖人寂▯庇，度於彼岸者▯⌞悲傷▯患世中□者，王孫得四大不壞世▯⌞殿宇□火□清信士□佛男弟子：成善友、成□□、成▯⌞佛堂一座，切恐基址□壞，糺集衆人▯⌞此地形勢□□堪作▯⌞靈水寺▯重建▯⌞

八二　興國寺常住碑記　至正九年

《興國寺常住碑記》，至正九年（一三四九）八月立。二十世紀九十年代出土於甘肅省渭源縣路園鄉雙輪磨村，現存當地。碑漢白玉質，碑首、碑座已佚。碑身長方形，下端出榫頭，殘高一一〇釐米，寬九〇釐米，厚二五釐米。碑陽楷書，二四行，滿行三五字；碑陰楷書，二八行，行字不等。碑右側楷書，七行；碑左側楷書，九行，行字不等。孫允政撰文，普□書丹并篆額。汪楷主編《隴西金石録》（甘肅人民出版社，二〇一一年）著録。

碑陽記述元朝興國寺興盛擴建歷史，碑陰記載該寺香火常住地段及四至，并列各寺觀大德高道及善信人員姓名，兩側列善信人員姓名。

興國寺常住碑記（至正九年）碑體照片

興國寺常住碑記（至正九年）碑陽拓片

興國寺常住碑記（至正九年）碑陰拓片

興國寺常住碑記（至正九年）左側拓片

興國寺常住碑記（至正九年）右側拓片

録文

碑陽

興國寺常住碑記⌊

夫聞混沌始判，天地法則；人禀三才，佛稱萬德。故如來爲一大事出現於世，説法在鷲峰□⌊中，演教於娑婆□内，劫緣發成無上正遍等覺者，蓋因本乎□心故也。其於經教，源生西□，⌊法流東土，始自漢室明帝。唐初三藏玄奘遠于流沙以西□以我⌊聖元世祖皇帝，崇之尚之，以爲師□。自釋氏闡教以來，未有如今日之盛者。大哉！□乘正教（一），佛佛⌊授受，心法相傳，世出世間，可謂逕万劫不生不滅，真心不變者，其至矣乎！疇昔有一沙門曰⌊了愷者，川蜀人也。於丁巳年自彼至此，無精舍止息，欲建佛刹。有鄉民趙公信、白武、王琳、趙⌊臣誼、臣直者，各各布施地土，及捨寺窠壹所，於是發□□□九年開基，命工刱建正殿，於中⌊繪塑釋迦如來，綵畫大觀世音，門及左右列諸善神□師祖滅亡，及門徒善勝□□⌊諸弟（二），燈燈相傳。繼乎曾孫神諄，性秉温柔，質直好善，□乎佛□，冠討竺墳，顯密互習，精通佛⌊典妙道者也。恒念本寺正殿、三門歲久缺陋，齋堂、□□未及完補，於至順三年諄約衆僧⌊共議，命匠重修大殿，再葺廊廡、神□，□檐結迓，三□棟□宇，輪奂鼎新，迺至于今。歲⌊在己丑夏六月，有住持諄□穎悟，心地朗然，復□鈔兩千貫，香爐、地土⌊應供什物，盡施常住，以備用度。其同滌師弟神祐、霑、珣、訓□裕等倣而效之，亦施，⌊已有碑陰具載。繇是諄與師徒國衣、衆寸，常於朔望，每於佛□香，皈依三寶，敬禮千⌊佛號，諷誦陀羅尼，以此功德端爲祝延⌊聖壽萬歲無疆之福，次願祈國泰民安，時稔歲豐，法輪常轉，佛日□作是銘。曰：⌊

真空妙理，不變隨緣。薄伽聖殿，修訂最先。著明日月，開闢坤乾。靈通匪測，⌊道德淵玄。教流東土，源自西天。法門浩渺，□□□傳（三）。將輝佛日，欲豎□□（四）。⌊全憑有力，緇素固圓。錢財地土，喜捨固堅。勒銘翠琰，千古名傳。⌊

維大元己丑至正九年八月日，住持廣惠雄辯大師諄□□洎合院等立石。⌊寶塔寺弘法辯□大師普□書丹并篆額。西谷櫟叟孫允政述識。⌊昭毅大將軍、鞏昌等處都總帥兼鞏昌府尹汪□，奉政大夫、鞏昌府同知阿兒思南卜施。⌊嘉議大夫、侍□□□侍儀使汪□□。采石□鞏昌石匠何思賢，□工匠段□□□石。⌊

碑陰

今具善信所捨土地：功德□興國寺□道公信∟前河州定羌城土地□初□水□溝□地界∟地畔，西至大口，南至□，北至□□刊□地壹段□璋地□∟北至李□南□之□郛惟寶，南至中渠，西至□渠，北至官道。存届水渠内柳樹，∟西至趙世□子貳付種子一十釧一□訓∟三拾□又鈔貳拾定□兒伍對□子壹拴枝一張□三張□一張□貳付□子一付□鈔壹拾定叁拾兩，源鈔壹拾壹∟定又拾兩，惠尊宿鈔兩定，祐施牛壹只，靈施牛壹只，珣辨施鈔壹拾貳，神證施鈔伍定。∟至正十四年，興國寺住持諄神□至功德主趙琳寺韋南田地壹段，計貳拾畝□餘地土爲主耕種，其地東至自存力田地，∟南至官道，西到功德主白武□，北至□□計契□三張，常住爲□業□□住持訓源證寸選□功德主□□地狗官道東地土壹段，計玖拾伍畝，其地∟東至趙□，南至功德主王□□，西至劉禄存力田地畔，北至溝道，計契一張。∟

神讓　神福　恭遵　阿力哥　羅君裕　羅君禮　羅君玉　羅君智　羅君義　羅君瑞　羅君禔　∟神靈　神辨　恭邁　恭逢　修潭
羅禄　苟仲禄　馬沙的　馬扎馬丁　□的　□□□　馬進　蘭福　曲友昌　崔大　馮保　蘭彦明　苟覓倜　□□　∟神珣　神證　恭隆　恭□
恭智蒙古軍官達魯火赤吾麻火者　□□□大□　馬衣每八　王伯　□祥　苟祥　苟通　苟定　線□　九□　王兒　∟神祐　神源　恭選　神
□　斌講主　六南谷　李選　李政迷　楊子祥　楊順　趙世□　李懷忠　劉禎　蘇納　馬母　彭蓋　趙黑驢　納都　馬哈麻　李汝遠　張□
∟興國寺住持廣惠雄辨大師神諄　趙淋　李琪　周世□　楊志用　楊孝　趙世英　黎□全　何敦　苟仲能　周珙□　平安　孫福　李文信
周再讓　張恭　∟興國寺尊宿弘教廣惠大師普慧　李□　李鈺　□世明　□□德　楊□　周世琪　李德義　杜智　苟□安　□□　劉世顯　劉
文　李文才　温安仁　梁瑄　∟華嚴殿□吉當□　倚講主　□講主　□講主　李汝舟　李□□　元里正　□□□　楊□　□世鈞　李懷德　劉
珪　梁□成　馮瑜　劉世才　楊□　李思□　劉伯玉　梁琪　∟妙華寺瑛禪師　湘講主　時講主　王仲禮　趙世才　李玉　吴仲□　□伯通
楊□　葉崇和　□世□　□□□　周懷□　馮瑞　劉世温　衛斌　劉伯才　牛世良　梁鎰　∟皇聖寺嵩講主　修講主　□講主　禄世才　薛
仲義　挂都　何永福　吴仲□　□□　葉崇秀　趙□□　□宗　周懷禮　馮瑢　趙世字　衛福　劉伯行　牛世林　安琪　∟廣福寺弘教普惠大
師勤吉祥　楊□先　徐福義　王倚　何永才　周文寶　楊□　李□欽　劉伯□　馬泉　趙才富　李珪　趙文義　衛永　劉伯□　□文貴　高
福　∟楞嚴寺□講主　孫□　楊仲□　李從義　孫堅　杜伯福　李□和　趙□　李□政　劉伯□　馬五　高以撒　李安　張文□　梁琪　劉伯
逵　郭文玉　脆木　∟太清觀□□師　趙守福　孫禄　楊仲□　何天祥　孫珪　趙文□　李思英　趙芳　李汝林　李□仙　馬七　潘才禮　李

宗 劉□海 段欽 毛榮華 納立結 孩答 ∟太清宮陳講師 劉伯仁 ▭ 何伯□ 安章 孫德讓 李思堅 趙□ 李汝達 □世裕
馬六 趙正祐 □□ 周懷玉 □歹 張文義 童惠明 鄭欽 ∟臨洮府狄道縣 禮縣張□ 杜▭伯仁 □□ 孫德貞 李思賢 趙□ 李
□□ □文傑 馬祚 劉伯通 □珪 納□歹 斡十 李興福 張從社 雷欽 ∟土蕃等處宣慰司十八族▭劉禄 趙□ 孫德□ 李思恭
趙廣 李□□ 楊仲禄 馬▭ 楊□忠 □丁 ∟□□會首楊□正 李▭ 李□□ 杜伯祐 張▭何□ 王順 謝□ 王保丑 □教
□ ∟衆信會首：苟□□ 史中信 □世祐 李伯□ 李伯▭ 李□□ □仲仁 □伯□ 孫□ 孫汝 牛□□ □提點 □提點 □□
□祥 ∟功德主：階州水銀翼總管府同知▭延安路神木縣主簿馬良弼 臨洮府尹祁□麻▭石匠□□□∟

碑右側

王淑祥 何□華 漆▭興 漆義 □安□ 郭文成 劉敬 高楷 王伯善 ∟漆堅德 白德義 ▭ 馮納拘 □□興 楊志全 劉君
邁 張□ □楚義 白順義 ∟漆元哥 趙毅納明 □□□ □靈 安思結 □□善 楊志忠 劉君惠 徐□ □高遠 吕仲禮 ∟傅世遠
武文寶 喬進 李銖 王□狗 薛阿多 殊才禄 駱解愁 □明 □仁惠 吕安明 ∟剡伯和 高惟良 何欽 康用 王捨奴 薛阿思爾 殊
才遠 高長牟結 劉玉 周恕 苟打石 ∟趙保保 羅文信 劉祥 吴義 王仕奇 王思□ 郭建安 李思定 殊福 李福 孫燮元 ∟楊三
寶 黄文玉 蒲珍 沈義 王安波 藩□□ □文□ 李思道 魏成 賈福 張玉□∟

碑左側

▭ 周□義 高思▭鄭□ 鄭▭ ∟苟子和 李思惠 孫文義 孫文□ 孫順玉 孫君玉 撒的 李從孝 張文義 苟榮□ 楊安
□ 苟教□ 苟教□ ∟劉恭 劉仲福 劉邦文 高思惠 高思忠 童行 佛住 鎖住 鎖壽 張兒 □家奴 唐才王 ∟周惟顯 劉仲信
趙世□ 郭珍 郭林 强珪 周阿卜 孫□ 高玉 强□ 李智 李□ 李□ □□ □德福 ∟元友慶 劉仲智 馬義福 郭銀□ 郭銀福
張□□ 任丑四 丑八 丑□ 趙文 杜伯通 □□律 □□明 ∟周惟福 郭文義 楊義元 楊鋭 王綽 計宛□ 張文□ 張文信 趙
藏□ 趙藏□ 楊興□ 楊興教 楊世□ ∟楊世明 李思問 趙世賢 王信 福昌 李万奴 孫□童 楊琨 楊珍 楊黑 楊煙 楊宗 楊
□ 楊□ □伯年 ∟劉惠□ 魏珪 趙興 趙喜 張世禄 李荅兒 王義鼎 ▭ 何丑八 何丑六 王□□ 福丑四 海童 何信 ∟童

□□　劉惟義　謝子明　任□　魏覺堅　陳□　張□周□　何□　王順□　保丑七　保丑八　呂教七」

校勘記

〔一〕□乘正教　「乘」前殘一字，《隴西金石録》作「小」。

〔二〕及門徒善勝□□諸弟　「勝」後殘二字，《隴西金石録》作「普恩」。

〔三〕□□□傳　「傳」前殘三字，《隴西金石録》作「口心相」。

〔四〕欲豎□□　「豎」後殘二字，《隴西金石録》作「僧田」。

八三 重修文廟之碑 至正九年

《重修文廟之碑》，至正九年（一三四九）九月立。現存甘肅省天水市秦安縣文廟。碑漢白玉質，首身相連，圓首，碑身長方形。下端出榫頭，座已佚，邊緣略有殘缺。殘高一八〇釐米，寬七五釐米，厚一八釐米，榫頭長一八釐米。碑額刻陰綫雙龍紋，邊欄飾卷草紋。額題篆書「重修文廟之碑」二行六字。碑文行書，二六行，滿行四七字。何鶚撰文，阿剌忒納失里篆額，公合納謨書丹。《（宣統）甘肅新通志》、張維《隴右金石録》（蘭州古籍書店，一九九〇年）、《天水碑文選》（《天水文史資料》第九輯，二〇〇二年）、劉雁翔《天水金石文獻輯録校注》（三秦出版社，二〇一七年）等有録文。

碑文記載至正九年秦安縣尹王思聰主持重修該文廟及隴城文廟事迹。

重修文廟之碑（至正九年）碑體照片

重修文廟之碑（至正九年）碑文拓片

重修文└廟之碑（額）└

重□□廟之碑（一）

秦州李維正等刊。└

將仕佐郎、廣元路南部縣主簿、進士何鶚撰文。└

脩武校尉、秦州成紀縣達魯花赤兼管本縣諸軍奧魯勸農事阿剌忒納失里篆額。└

秦亭後進公合納謨書丹。└

粤天地以位矣，玉燭調而品彙亨；水土既平矣，洛書出而彝倫敍。夫性情之乖戾，由正教以明與，正道之昭彰，匪其文則□└與（二）。故天之生聖，作師垂訓，標準先民，儀刑億代。凡有國者尊之爲先師，令建廟郡邑，設校鄉遂，時而祀之，示不忘本□（三）。└蓋敬莫大于致奠，教莫善於崇儒。政教脩，人材輩出，風化行，禮義俗興，曷□盜跡弗弭（四）、獄訟弗簡者乎？矧我└天朝敷文治及遐荒，求守令從庶職，立祀尊教，建學育材，海寓潤之英華，黔黎賴之於變矣。按秦州部隷三縣，秦安處其一焉。└地僻人踈，毆之率教。谷深山密，鮮洽文化。至正丁亥春，王公□仕來尹是邑（五），下車之旦，首以學校爲務，謁諸文廟，考兹故□（六）。└本縣自大德年迄今五十餘載，雨朽風摧，靡堪奉祭。隴城亡金大安年竪，惟存塑像，日星弗蔽。公盡然，顧謂同列曰：「方今□└平之世（七），學校爲政之先。若夫是廟勿理，概知邑政未脩，時教弗舉者邪！隴城雖非官守，然存舊址，坐視殘弊，宜乎？」僉曰唯唯。└於是輸資募匠，羣集棐□（八），宲窔黝堊，期爾落成。時戊子秋，縣迺治其是殿，創之兩廡、庖與正門，□維其從像（九）。隴亦整復斯宇，└增起前閎，捄之以成墉，蓺之以多樹。爾又會計，置其學田，永贍時用。幸廟貌復新，文府再造，柳濃迎春之色，松茂傲寒□□（一〇）。└甍闥交輝而煒一觀，殿宇峭拔，景乎一涯，遊校士永暢所依，樂□之眂擴所覩然，有補於斯文，庶幾炳乎化日。嗚呼！昔之爲└教也，教其所弗能，表立法於萬世；後之爲學也，學其所有知，著芳業於一時。顒其所教，希以是學，孜孜用力於斯，欲俾□□└興而教化明（一一），人民治而風俗厚，樂泮采芹，詎徒炫覿哉。□□從仕（一二），諱思聰，字明夫，清水人氏。由儒業吏，廉介有爲。政治之□（一三），└非獨於此，其└三皇廟洎公廨，葺以輪奐，咸若。郡士王浹、王庭柏懇懇求文，固辭不允，

敬爲之銘。曰：⌋

斯文不墜，木鐸徇行。萬邦垂憲，千古道鳴。天開景運，福被蒼生。塵清車軌，作廟列城。歷年□□〔一四〕，⌋隤朽還驚。匪材□德〔一五〕，疇復克成。韙哉秦邑，時際光亨。爲政者慮，會卜以營。弗勞民役，棟宇□□〔一六〕。⌋厥功云卒，格饗惟誠。日新式廓，宣化益明。勒之翠琰，淬礪羣英。⌋

旹至正九年歲次己丑重陽日立石。⌋

秦州秦安縣□史魏思誠　□□張嗣昌　王廷煥　章子□　⌋縣吏安天祐　趙友諒　楊□　⌋楊釗　縣政文　陳□　⌋乾州醴泉縣尉趙文寶⌋將仕郎、秦州秦安縣主簿劉□霄　鞏昌府吏□令弼　□　⌋從仕郎、秦州秦安縣尹兼管本縣諸軍奧魯勸農事王思聰　秦州秦安縣儒學教諭李□⌋

校勘記

〔一〕重□□廟之碑　「重」後殘二字，《隴右金石録》作「修文」。

〔二〕匪其文則□與　「則」後殘一字，《隴右金石録》作「野」。

〔三〕示不忘本□　「本」後殘一字，《隴右金石録》作「焉」。

〔四〕曷□盜跡弗弭　「曷」後殘一字，《隴右金石録》作「慮」。

〔五〕王公□仕來尹是邑　「公」後殘一字，《隴右金石録》作「從」。

〔六〕考兹故□　「故」後殘一字，《隴右金石録》作「蹟」。

〔七〕方今□平之世　「今」後殘一字，《隴右金石録》作「承」。

〔八〕羣集棐□　「棐」後殘一字，《隴右金石録》作「忱」。

〔九〕□維其從像　「維」前殘一字，《隴右金石録》作「暨」。

〔一〇〕松茂傲寒□□　「寒」後殘二字，《隴右金石録》作「之枝」。

〔一一〕欲俾□□興而教化明　「俾」後殘二字，《隴右金石録》作「庠序」。

〔一二〕□□從仕　「從」前殘二字，《隴右金石録》作「王公」。
〔一三〕政治之□　「之」後殘一字，《隴右金石録》作「嘉」。
〔一四〕歷年□□　「年」後殘二字，《隴右金石録》作「攸遠」。
〔一五〕匪材□德　「材」後殘一字，《隴右金石録》作「匪」。
〔一六〕棟宇□□　「宇」後殘二字，《隴右金石録》作「雲興」。

八四　湫山觀音聖境之碑　至正九年

《湫山觀音聖境之碑》，至正九年（一三四九）立。現存甘肅省隴南市禮縣湫山鄉上坪村湫廟。碑由四螭首、長方體碑身、雕四足方牀座三部分組成。碑通高二六〇釐米，首高四〇釐米，身高一八五釐米，座高三五釐米。碑身寬七〇點五釐米、厚一五點五釐米，座寬一〇五釐米、厚六六釐米。碑陽額題篆書「湫山觀音聖境之碑」二行八字，碑文楷書，二二行，滿行四一字。牟守中撰，野峻台書丹并篆額。碑陰圭額高浮雕水月觀音圖，碑文楷書，二六行，行字不等。《禮縣金石集錦》（禮縣博物館，二〇〇〇年）、趙逵夫主編《隴南金石校録》（社會科學文獻出版社，二〇一八年）、蔡副全《隴南金石題壁萃編》（中華書局，二〇二一年）等著録。

碑文記載禮店湫山觀音聖境通濟善惠王廟因元初秦國忠宣公按竺邇遇旱請雨靈應，奎章閣大學士趙世延奉敕加增神號，以及至正初重修廟宇等事。

湫山觀音聖境之碑（至正九年）碑體照片

湫山觀音聖境之碑（至正九年）碑陽額題拓片

湫山觀音聖境之碑（至正九年）碑陽拓片

湫山觀音聖境之碑（至正九年）碑陰拓片

録文

碑陽

湫山觀音∟聖境之碑（額）∟

▯湫山觀音聖境通濟善惠王碑記∟

特□希玄敦教大師、鞏昌等處玄門□閑真人牟守中撰。∟

大中大夫、黄州路總管兼當路勸農事野峻台書丹并篆額。∟

□運精，地應靈，萬物資生而資始。离爲火，坎爲水，四時或雨而或暘。□風□震□之威，而山澤▯∟□其故，□究其▯之良能□有▯∟□之□□。今禮店軍民元帥府封□之内，有湫山者危峰巍峨，□石空谷，□乎風霆▯∟□張於湫山，古柏蒼松□□□，珍禽奇獸以喧林，中峰之間，山明水秀。天然玉井，俗稱龍池▯∟觀音聖水，黑龍□□昔∟唐宋封爲通濟正祐福安王，歷五代，更宋金兩朝，約□五百餘載▯然常在。及□□∟聖元御極，四海一統。王官□□秦國忠宣公按竺邇□遇旱災，親率同僚、父老詣山，祈請甘澍，無▯∟命奎章閣大學士、翰林學士承旨、銀青榮禄大夫、知制誥、兼修國史、中書平章政事魯國公▯∟□宗贈封善惠王，□號如舊。陝西路府州縣，□山□水，□□□□色□不足，深山之中有杜公□□□者□∟□□□有土居人氏於中統□間，率化官民，興修廟宇，塑繪聖像，時納香火。後爲風雨剥摧，殿堂▯∟▯杜文昌、郭□等飜營完整，祈請如故。自□□孫杜□□□□□父祖之功，慮後淪没，故就山之平▯∟▯永翰刊瓊，以傳不朽，上以明∟觀音之神化，敍通濟之神功，發□□□克養神人□□父祖□溯□□本，既□其實，仍□以銘：∟

皇道含元化育同，觀音□□現神通。幽靈鸞母出玄宫，善惠龍騰佐昊穹。禮店湫山□□□，∟□□□□碧霄□。□□緑野□時□，□□紅□□□凶。□□清朝天水公，□風□雨□□□。∟明□尚化□□□，□路□□德望崇。□□□□□□□，□天昭□福日豐。翰□□□□□□，∟□□□□□□□。□□□□□□□，□□□□□□□。∟

□□□□己丑至正九年□月□□□日刻石。∟湫山□□□僧□吉祥□□□□□□□□男□□□□□□□∟□□司大夫趙國璋，男□□□杜如□孫趙□□。∟

碑陰

上欄

亞中大夫、甘肅等處行中書省郎中和尚 ∟禮店文州蒙古漢軍西番軍民元帥府達魯花赤□□納石 ∟懷遠大將軍、禮店文州蒙古漢軍西番
軍民元帥府元帥翔鴞石麟 ∟前元帥府經歷張國用　令史杜鎰 ∟昭信校尉、禮店文州蒙古漢軍西番軍民千户所千户壽延奴 ∟脱思麻鞏昌成都
漢陽等處民匠達魯花赤長官所長官万家奴 ∟長官所同知楊元卿　前同知杜國琥 ∟吏目王思聰　司簿李君祐 ∟蒙古奧魯官哈三　吏目王仲
源　司吏成世安 ∟鎮撫所鎮撫張林 ∟潞州府醫學提領杜國賢 ∟□杜敏安□　杜景福　白友慶 ∟□文福　楊□卿　楊思欽 ∟禮店□乾
□張榮祖　李順　馬天德 ∟□天禄□杜文吉　張時智　彦才　彦道 ∟李□□　□□□　張□卿　維德仁　□　石仲顯 ∟孔仲榮
張□義　馮天□　□□通　□□剛　朱應祖 ∟本鄉善交：杜志文　杜惟能　惟□　羅桃光 ∟杜天繼　杜忠能　僧住　僧□　郭仲□
貞潔忠孝： ∟楊再榮　男楊□□　孫男□楊喜　重孫楊□壽　楊福才 ∟杜□　杜永□　真□　永和　永順　永福　善哥 ∟張文進　張世
榮　□□奴　李受兒　楊福興　福慶　阿長 ∟朱成□　朱成□　朱秀　朵煙　任安奴　□安□　孫德□ ∟□子和　茹德壽　鞏□俊　馬德
章　張德順　梁□顯　□□ ∟中条山馬思忠　思安　思義　杜寧義　才德 ∟煎茶觀音院法興　妙喜　劉真　孫塔栢朵　何文顯 ∟

中欄

□□□□□□□□□□□，東至杜友文地，南至□渠堎，西至殿子溝，北至郭仲山地，四至分明。∟
祖郭庭寶　郭庭貴 ∟父郭文□　郭文信　郭文友　郭文昌　郭文仲 ∟男郭仲欽　郭仲申　郭仲山　郭仲午　郭仲明　郭仲然 ∟郭仲德
郭廷壽　郭仲進　郭天壽　郭仲祥　郭仲均 ∟郭朵歹　郭怯歹　郭仲嚴　郭全壽　郭仲林 ∟姪郭六斤　郭思慶　郭思安　郭思興　郭思
定　思才 ∟郭□遠　郭王奴　郭永琪　郭惟福　郭思賢　郭佛奴 ∟郭思義　郭思壽　郭惟欽　郭惟才　郭遠南　□趙解愁 ∟周德仁　何雙
雙　劉忠孝　宅周氏　陳鐵狗　郭信 ∟張□施主郭光師　明市　郭仲□　郭仲身　郭朵歹　卜合 ∟郭塔石　郭佛奴　郭也□　郭德德
元元　佛奴　鐵卜 ∟伯杜文彬　兄杜國寶　姪杜世賢　杜世通 ∟文□　國忠　世敬　先牟 ∟文義　弟國才　世禄　朮木郎 ∟福來　國良
世福 ∟文昌　五哥 ∟□禮　杜延壽 ∟黑松頭□李怯明　李德□ ∟水秋林□賈秀　賈閏寶　賈真奴　賈文貴 ∟禮店待詔□賈
文壽　賈文福　張山住　山驢 ∟黑□賈□□　張□□　張□□赤　六六 ∟禮□張叶□　王文甫　□向奴 ∟□□□包阿旦　□□六
塔　嚴六舍 ∟□林　杜惟興　張從道 ∟□住持沙門：覺瑞　覺應 ∟

下欄

繖蓋殿堂會首：楊惟能 ㇄郭仲景 郭仲祥 ▯ ㇄提點杜國才 郭仲嚴 郭▯ ㇄張德順 朱義立 郭▯ ㇄李德順 郭思定

賈▯ ㇄杜惟賢 杜永福 鞏▯ ㇄郭思賢 張世榮 楊▯ ㇄寧遠報恩寺住持 ㇄圓融普照大師圓吉祥 ㇄馬務施主荀珍 男荀丑兒

㇄荀宣 程信㇄

本院住持悟吉祥書，㇄□□路□□縣万年坊石匠㇄趙信卿刊，小師刑漢狗、王德哥、㇄□丑哥、㇄本處張金剛奴、㇄劉和尚。㇄

八五　元故奉訓大夫汪公（源昌）之墓

至正十年

《元故奉訓大夫汪公（源昌）之墓》，至正十年（一三五〇）三月立。一九七二至一九七九年間出土於甘肅省漳縣汪家墳元墓羣，現存漳縣博物館。誌一合，青石質，方形。邊長六四點五釐米，誌蓋厚一二點五釐米，誌石厚一〇釐米。誌蓋盝頂式，四披陰刻纏枝花卉紋，蓋題雙鈎隸書「元故奉訓大夫汪公之墓」三行一〇字。誌文楷書，二四行，滿行二三字。陳世榮撰。甘肅省博物館、漳縣文化館《甘肅漳縣元代汪世顯家族墓葬》（《文物》一九八二年第二期）、吴景山《元代汪世顯家族碑誌資料輯録》（《西北民族研究》一九九九年第一期）、《漳縣金石録》（漳縣文史資料委員會，二〇一〇年）、汪楷主編《隴西金石録》（甘肅人民出版社，二〇一一年）等有録文。

誌文記載汪源昌生平及家族世系。

元故奉訓大夫汪公（源昌）之墓（至正十年）誌蓋、誌石照片

元故奉訓大夫汪公（源昌）之墓（至正十年）誌文拓片

元故奉訓∟大夫汪∟公之墓（誌蓋）∟

有元故奉訓大夫臨洮府達魯花赤汪公墓誌銘∟

公諱源昌，鞏昌府隴西縣人也。考諱惟勤，贈推德宣∟恩定遠功臣、光禄大夫、大司徒、柱國，追封梁國忠宣公。妣，∟夫人陳氏。公以乙未年五月初三日生，乃贈推忠協∟力佐運功臣、太師、開府儀同三司、上柱國、義武隴右王之曾∟孫，贈推誠保德宣力功臣、儀同三司、陝西等處行中書∟省平章政事、柱國、追封梁國忠惠公之孫也。幼而聰慧，異於∟凡兒。及長就學，記誦超羣。泰定四季，欽受∟宣命，授以奉訓大夫、臨洮府達魯花赤兼管本府諸軍奥魯勸農∟事。居官任職，以廉能稱。其後秩滿還家。至正十季二月十四∟日不幸疾終，享季五十六。以是季三月十八日歸葬于本府∟漳縣鹽川之祖塋，禮也。初娶李氏，甘肅管軍鎮撫李公之∟女也。子三人：長曰有善，娶興元路南城縣主簿楊才遠之女；∟次曰有嚴，娶張氏；次曰有貴，未授室。女一人，適本府李元帥∟之子李克勤。孫男一人，尚幼。公之在生也，孝親悌長，忠於∟國，□於友〔一〕，謙以處己，慈以接下。及其歿也，長幼悲嗟。葬有日，其∟子有善泣以丐誌，□傳不朽〔二〕。予雖學術淺陋，不忍固辭，謹誌∟其大略，仍係之以銘曰：

公之傳派，自∟隴右王。積功積□〔三〕，餘慶延長。子承孫繼，∟赫有烈光。逮公四世，肯播肯堂。∟謂玆吉人，宜享壽康。不幸疾終，罔不悲傷。∟歸葬漳川，祖塋之傍。子紹家聲，孝思不忘。∟刻誌堅珉，永久流芳。∟

至正十季三月吉日誌。前鄉貢進士後學陳世榮撰。∟

校勘記

〔一〕□於友　「於」前殘一字，《隴西金石録》作「篤」。

〔二〕□傳不朽　「傳」前殘一字，《隴西金石録》作「用」，《漳縣金石録》作「以之」。

〔三〕積功積□　「積」後殘一字，《漳縣金石録》、《隴西金石録》作「德」。

八六　重修皇慶寺記　至正十一年

《重修皇慶寺記》，至正十一年（一三五一）八月立。原存敦煌莫高窟文殊洞（即第六一窟）前，現存敦煌研究院。碑首身一體，碑首略圓，碑身長方形。高九四釐米，寬五〇釐米。碑陽額部陰刻雙龍圖案，碑文兩側飾卷草紋。碑文楷書，一六行，滿行二五字。劉奇撰并書丹，守朗立石。碑陰楷書，一六行。《甘肅新通志稿》、張維《隴右金石録》（蘭州古籍書店，一九九〇年）、蘇瑩輝《敦煌石刻考》（手抄本，現存敦煌研究院）、李永寧《敦煌莫高窟碑文録及有關問題（二）》（《敦煌研究》一九八二年第二期）有著録與考釋。

碑陽記載速來蠻西寧王重修皇慶寺之事迹。碑陰列沙州施主桑哥同知等、肅州施主智寶法師等、晉寧路施主殷君祥等、沙州路河渠司提領丁虎哥赤等一百餘人題名。

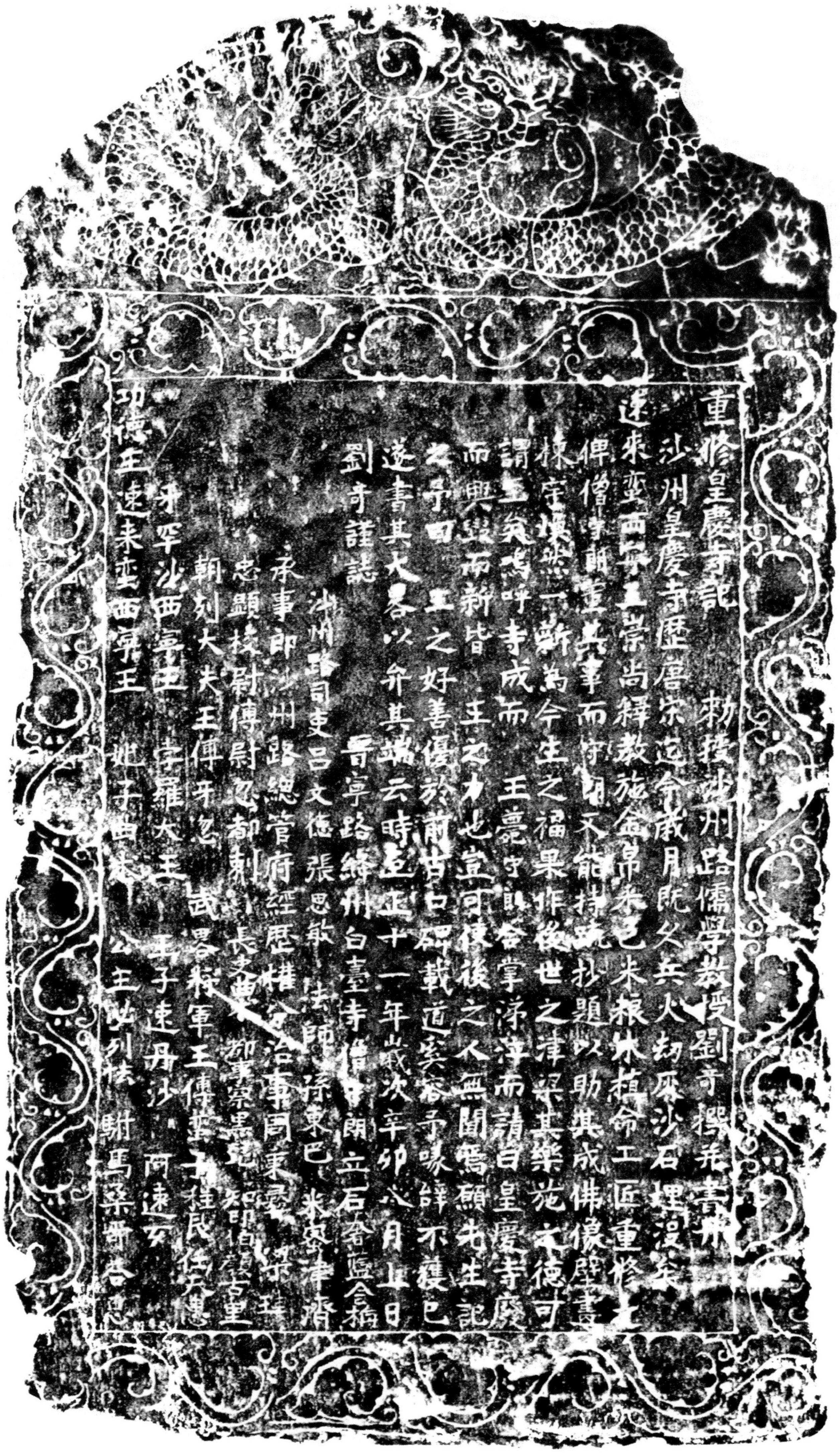

重修皇慶寺記（至正十一年）碑陽拓片

重修皇慶寺記（至正十一年）碑陰拓片

碑陽

重修皇慶寺記

敕授沙州路儒學教授劉奇撰并書丹。⌊

沙州皇慶寺，歷唐宋迄今，歲月既久，兵火劫灰，沙石埋没矣。⌊速來蠻西寧王崇尚釋教，施金帛、采邑、米粮、木植，命工匠重修之。⌊俾僧守朗董其事。而守朗又能持疏抄題，以助其成，佛像、壁畫、⌊棟宇焕然一新。爲今生之福果，作後世之津梁，其樂施之德，可⌊謂至矣。嗚呼！寺成而王薨。守朗合掌涕泣而請曰：「皇慶寺廢⌊而興，毁而新，皆王之力也，豈可使後之人無聞焉！願先生記⌊之。」予曰：「王之好善，優於前古，口碑載道，奚容予喙？」辭不獲已，⌊遂書其大略，以弁其端云。時至正十一年歲次辛卯八月上日，⌊劉奇謹誌。晉寧路絳州白臺寺僧守朗立石。奢藍令栴（一）。⌊

沙州路司吏吕文德　張思敏　法師孫東巴　米密津濟　⌊承事郎、沙州路總管府經歷權分治事周秉彝　梁珪　⌊忠顯校尉、傅尉忽都剌長史曲术　都事察黑兒　知印伯顔古里　⌊朝列大夫、王傅牙忽　武略將軍、王傅蠻子　程艮　任天惠　⌊牙罕沙西寧王　孛羅大王　王子速丹沙　阿速歹　⌊功德主速來蠻西寧王　妃子曲术　公主必列怯　駙馬桑哥荅思⌊

碑陰

沙州施主：桑哥同知　威羅沙提領　令只沙　乙留吉大德　乙留得　小云者卜花　乙立嵬　⌊忍東大使　興都大使　若者　梁朵音　刺吉忍布百户　柳王大使　文殊奴　也先怗木　⌊宜吉百户　各立嵬付使　隴布付使　依立嵬　都的哥　拘之立嵬　三寶　文殊奴　⌊延只卜花買驢　納麻合巴　教化　太黑奴　觀音奴　叜兒立嵬　若者　⌊拜卜花　右魯卜花　亦魯失海牙　華嚴奴　納林　哈剌陽　卜延叉　古剌　⌊長老　桑哥失里　耳兒　叉束　院主忍布　院主耳革　耳立嵬　掠兀沙　叜兒于　⌊叜有　耳赤　何□即　朵只巴　律竜布　耳立各尼　教花昌布　⌊忍勿　仄令布　汝足沙　乙屈　叜南合巴　教花　汝有立吉　忍即　⌊瓦有　朵立只　加屈朮巴　合巴　屈迷勺　乙留的　忍即

亦麻　滿束有　各只ㄥ

肅州施主：智寶法師　任炗南巴　楊才義　女善人陳氏買的姐　李氏二姐　韓娘娘　安樂姐　ㄥ朵倫　黑歹□□　外家狗　楊六十八　袁

大使　万付使　馬提領　蹇侍中　張知事ㄥ

晉寧路施主：殷君祥　米克諒　安和甫　費教士　李觀音奴　徐子周　蘇貴　李文殊奴　ㄥ礬通甫　鄧爺爺　梁受卿　侯國瑞　閻仲方

魏孔益　鄧長受　喬小廣　衛清甫　ㄥ王和甫　孫敬甫　解直甫　祁文焕　何行簡　王孝謙　趙克忠　李侍中　侯德卿　楊五ㄥ

沙州路河渠司：提領丁虎哥赤　大使李伯昌　付使太平奴　劉才美　待詔李世榮　李世禄　聖應奴　ㄥ務提領□寒食狗　大使胡也先卜花

付使徐福壽　王士良　石匠鄧成刻　張拜怗木ㄥ

校勘記

〔一〕奢藍令栴　人名，應屬下一行所列之法師，與孫東巴、米密津濟并列。

八七 重修通安站記 至正十一年

《重修通安站記》，至正十一年（一三五一）八月立。二十世紀七十年代出土於甘肅省隴西縣東城巷附近北城墻根。現存隴西縣博物館。碑大理石質，寬四八釐米，高七〇釐米，厚一〇釐米。首身相連，首兩角斜殺，頂平齊，碑身長方形。碑陽額部陰綫刻雙鳳圖案，碑文兩側飾陰刻纏枝花卉紋。碑文楷書，一九行，行字不等。吴友文撰。汪楷主編《隴西金石録》（甘肅人民出版社，二〇一一年）有録文。

碑文記載鞏昌府達魯花赤伯顔等主持重修隴西通安驛站情況。

重修通安站記（至正十一年）碑體照片

重修通安站記（至正十一年）碑文拓片

重修通安站記∟

我朝建邦設都，周海外一視同仁，是以宣布政教，邊報差除，莫先於置∟郵。鞏昌，古爲襄武，實當東西衝要重地，馹騎絡繹，歲無虚日。通安站∟在城東隅，故廄板屋，其址湫隘。迨乎歲月不居，欄櫪垣墉俱致傾∟頽。伯顔中議等臨□徹而更新，迺捐俸金六千緡，度∟宜措材，督視工役，□於七月之朔，而民不擾。∟爲堂者三楹，爲□者□壁瓦户牖〔一〕，寔堅寔樸，不雕∟不斫，誠永久之計也。□其華歟，而後之任斯職者∟未尸其位，□而增飾焉。□顔中議等之用心也。侯備∟□儒官，請□其實〔二〕，辭不□〔三〕。至正十一年八月，教授吴友文謹記。∟

推官□提領任誠，攢典曲惟慶，王明，∟提□高祥，∟將仕佐□知事白仲謙〔四〕，∟承直郎□推官王□，∟忠顯校尉、鞏昌府判官荅失蠻，∟奉議大夫、同知鞏昌府事朱□，∟奉□大夫、同知鞏昌府事阿兒思□〔五〕，∟昭毅大將軍、鞏昌等處都總帥兼府尹汪□，∟中議□□、鞏昌府達魯花赤兼管本府諸軍奥魯勸農事伯顔〔六〕。∟

校勘記

〔一〕爲□者□壁瓦户牖　「爲□者」，《隴西金石録》作「爲廄者」。

〔二〕侯備□儒官請□其實　《隴西金石録》作「侯備貞儒官，請紀其實」。

〔三〕辭不□　《隴西金石録》作「辭不獲已，□□□□」。

〔四〕將仕佐□知事白仲謙　《隴西金石録》作「將仕郎、鞏昌府同知事白仲謙」。

〔五〕奉□大夫同知鞏昌府事阿兒思□　《隴西金石録》作「奉議大夫、同知鞏昌府事阿兒思蘭」。

〔六〕中議□□鞏昌府達魯花赤兼管本府諸軍奥魯勸農事伯顔　「中議□□」，《隴西金石録》作「中議大夫」。

八八　汪公（舜昌）墓誌　至正十一年

《汪公（舜昌）墓誌》，至正十一年（一三五一）立。一九七二至一九七九年間出土於甘肅省漳縣汪家墳元墓羣，現存漳縣博物館。誌一合，青石質，方形，邊長六五釐米，蓋與石各厚八釐米。蓋盝頂式，蓋題雙鈎楷書「汪公墓誌」二行四字，四披綫刻折枝牡丹或番蓮紋。誌文楷書，二七行，滿行二三字。陳世榮撰文。吴景山《元代汪世顯家族碑誌資料輯録》（《西北民族研究》一九九九年第一期）、《漳縣金石録》（漳縣文史資料委員會，二〇一〇年）、汪楷主編《隴西金石録》（甘肅人民出版社，二〇一一年）等有録文。

誌文記載汪舜昌生平及家族世系。

汪公（舜昌）墓誌（至正十一年）誌蓋、誌石照片

汪公（舜昌）墓誌（至正十一年）誌文拓片

汪公（舜昌）墓誌（至正十一年）誌蓋拓片

録文

汪公∟墓誌（誌蓋）∟

大元故武節將軍土番等處宣慰使司副使□□帥汪公墓誌〔一〕∟

公諱舜昌，鞏昌隴西縣人也。父安遠大將軍、鞏昌等處便∟宜都總帥府權便宜都總帥汪惟純，母夫人王氏、陳氏。∟公壬辰季三月二十一日生。乃推忠協力佐運功臣、太師、∟開府儀同三司、上柱國、義武隴右王之曾孫，推忠翊運宏∟略功臣、太師、開府儀同三司、上柱國、忠烈隴右王之孫，權∟便宜都總帥之次四子也。天性敏悟，器局宏深，幼居庠序，如∟老成人。及長，通經史，精騎射，綽有大將之風焉。泰定三季，赴∟京，光荷∟綸音，授武略將軍、土番巡邊都元帥，邊寇屏跡。遷土番等處宣慰∟使司副使都元帥，政績昭著。至正七季，陞武節將軍、土番等∟處宣慰使司副使都元帥，安邊境，恤軍民，僚吏悦服。至正十∟季，秩滿還家。方將勇退急流，以爲終老之計，不幸罹疾。至正∟十一季五月初一日，歿于鞏昌丁中川之故宅，享季六十歲。∟娶王氏，中順大夫、永昌路治中王公之女，賢明貞淑，克勤∟内助。子三人：孟曰秃堅怙木兒，承德郎、翰林國史院都事，娶∟王氏，奉訓大夫、南臺御史王貞之女；仲曰文殊奴，承直郎、集∟賢院經歷，娶畏兀氏，朝列大夫、雲南廉訪司簽事之女；季曰∟智嚴訥。以是季八月初八日葬于本府漳縣鹽川之祖塋，∟禮也。惟公生將相之門，無驕矜之態，内則孝親弟長，睦族∟慈幼，外則忠於∟國，勤於公。愛民好士，敬老憐貧，義方教子，無忝祖宗，可謂俯∟仰無愧者矣！故能光紹先烈，遺裕後人。嗚呼！善積者慶必衍，∟本茂者末必繁，有由然哉！葬有期，都事昆仲等囑僕爲誌，∟固辭不獲，遂不避淺陋，粗述公之梗概，以傳不朽云。∟

至正十一季　月　日，鄉人陳世榮撰。∟鞏昌府漳縣儒學教諭彰僧書。胡文玉刻。∟

校勘記

〔一〕大元故武節將軍土番等處宣慰使司副使□□帥汪公墓誌　《漳縣金石録》、《隴西金石録》作「大元故武節將軍吐蕃等處宣慰使司副使都元帥汪公墓誌」。

八九　史瑄墓券　至正十三年

《史瑄墓券》，至正十三年（一三五三）正月立。二十世紀八十年代出土於甘肅省定西地區畜牧養殖中心基建工地元代史瑄家族墓地，現存定西市博物館。墓券泥質灰陶，長方形，長三一釐米，寬三〇釐米。券文楷書，一六行，滿行一六字，朱砂書寫。張克仁等《安定部分石（磚）刻考》（定西市安定區博物館編《安定區博物館論文集》，甘出準［二〇〇八］〇〇八號）著録。

券主史瑄，定西州西街人，卒於至正十二年十二月十一日。其家爲附籍皮匠户，兼習儒業、陰陽學。

史瑄墓券（至正十三年）照片

録文

維大元至正十三年，歲次癸巳，正月己巳⌙朔，初四日癸酉，定西州西街居孝男史孝⌙恭等，有父母史瑄於壬辰歲十二月十一⌙殁故，龜筮從，相地吉，宜於本州庚山巉坡⌙下離山丙穴之原堪爲宅兆，謹用錢九万⌙九千九百九十貫文兼五綵信幣買地一⌙段，四方各一十七步，東止青龍，西止白虎，⌙南止朱雀，北止玄武，内方勾陳，分掌四域，⌙丘承墓伯封步界畔，道路將軍齊整阡陌。⌙千秋万歲永無殃咎。若輒干犯訶禁，將軍⌙亭長收付河伯。今以牲牢酒飯、百味香新⌙信契，財地交相，分付功匠修營安厝，已後⌙永保休吉。見人：歲月主。保人：今日直符。故⌙氣邪精不得干犯，先有居者永避万里。若⌙違若煞，地府主吏自當其禍，主人内外存⌙亡悉皆安吉。急急如五帝主者女青律令。⌙

九〇　史瑄家族墓地題記磚　至正十三年

史瑄家族墓地題記磚，至正十三年（一三五三）正月造。二十世紀八十年代出土於甘肅省定西地區畜牧養殖中心基建工地元代史瑄家族墓地，現存定西市博物館。磚爲泥質灰陶，長方形，長三一點五釐米，寬三〇釐米。磚文楷書，一二行，滿行一二字，朱砂書寫。張克仁等《安定部分石（磚）刻考》（定西市安定區博物館編《安定區博物館論文集》，甘出準［二〇〇八］〇〇八號）有録文。

題記磚記載元代定西州西街史瑄六子史孝恭、孝謙、孝良、孝禮、孝文、孝英及一女爲其家族墓地設磚，以防迷失之事。

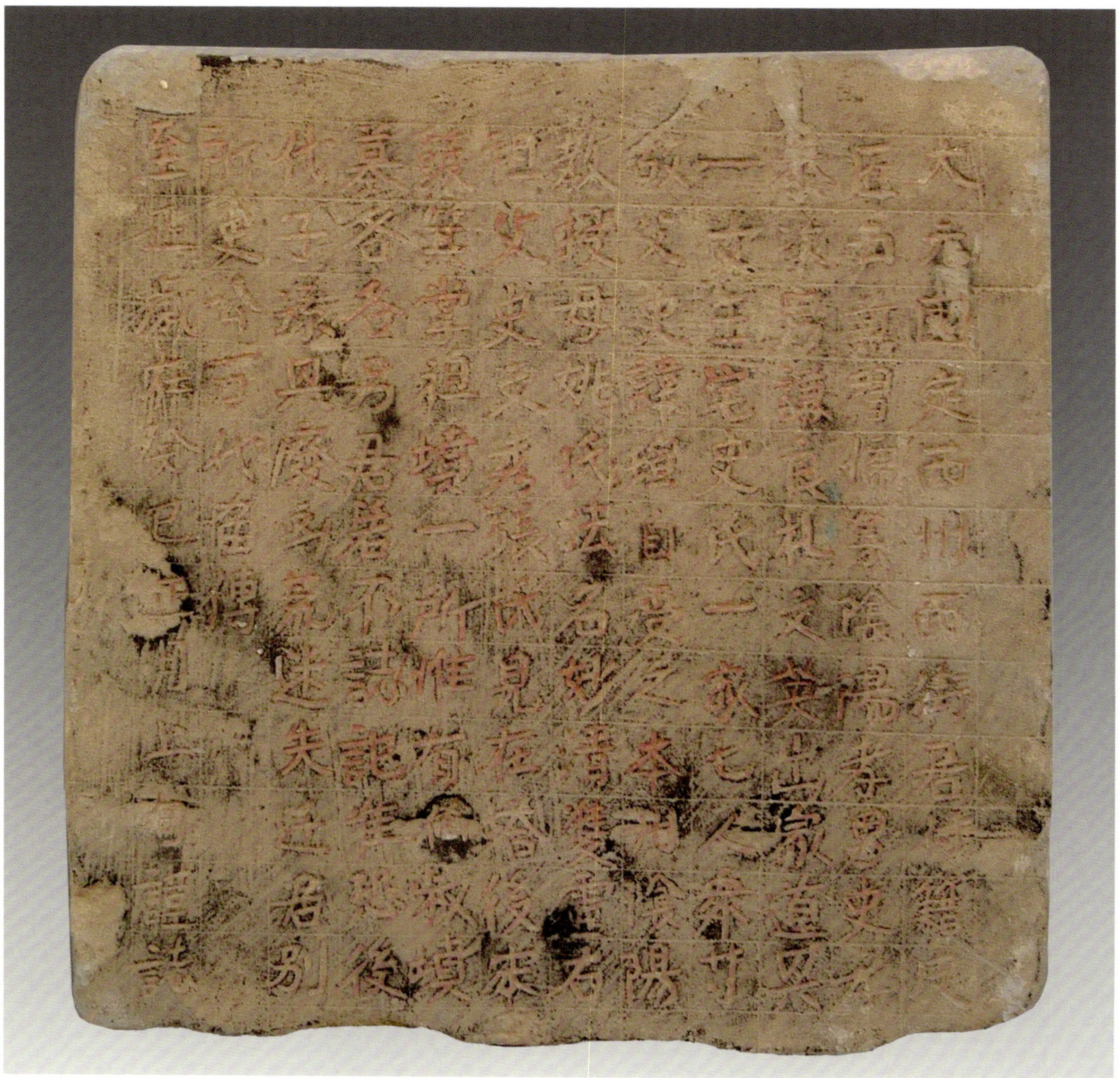

史瑄家族墓地題記磚（至正十三年）照片

録　文

大元國定西州西街居付籍皮乚匠户，兼習儒業、陰陽，孝男史孝乚恭，次男謙、良、禮、文、英（出家，道興），乚一女在宅，史氏一家七人衆等。乚故父史諱瑄，自受之本州陰陽乚教授。母姚氏，法名妙清。雙靈右乚祖父史文秀、張氏。見在塔後宋乚簸箕掌祖墳一所，惟有伯、叔墳乚墓各各另居。若不誌記，唯恐後乚代子孫興廢，凶荒迷失，遷居别乚所。史公万代留傳。乚

至正歲在癸巳正月上旬謹誌。乚

九一　師德順墓買地券　至正十五年

《師德順墓買地券》，至正十五年（一三五五）七月立。二十世紀八十年代出土於甘肅省通渭縣陳家山元墓，現存通渭縣博物館。墓券泥質灰陶，長方形，長三〇釐米，寬二七釐米，厚五釐米。券文朱砂書寫，行書，券陽一二行，券陰八行，行字不等。

師德順墓買地券（至正十五年）券陽照片

師德順墓買地券（至正十五年）券陰照片

録文

券陽

買▭∟

惟太歲乙未七月甲申朔十七日庚子定西，大元國陝∟西鞏昌等處秦州秦安縣神坡指揮在散毛福∟□主奄逝。合爲師德順，丁酉相，五月十七日生，享壽年∟五十九歲。未卜營墳，夙夜憂思，不遑度日。遂令日者此∟高原來去朝迎地，禹占龍文，於皇天后土、社稷神∟邊▭西北□庚穴之原，堪爲宅兆。梯己出備∟錢財，買到西下山庚穴一所。東西長一十二步，南北闊一十∟三步。東至青龍，西至白虎，南至朱雀，北至玄武，上至天蒼，下∟至黄泉。四至界畔，周流一傾。阡陌〔一〕。致使千年百載，永无殃咎。∟天地神明了託，若干犯，並將軍亭長縛付河伯。今備牲牢醴∟酒以及香薪，共爲信契。地財交相，各分付工匠▭∟

券陰

知見人：歲月主。代保人：今日值符。故氣∟邪精不得干犯，先有居者永避万∟里。若違此約，地府主吏自當其禍。∟助葬主□内外存亡悉皆安吉。急急∟如律，五帝使者女青律令。∟

▭此券給付墓中∟亡人師德順收執一□永以照用。∟▭∟

校勘記

〔一〕阡陌　此處疑有脱文。

九二　八思巴文屯田百户印　至正十五年

八思巴文屯田百户印，至正十五年（一三五五）造。現存慶城縣博物館。印銅質，正方形，板狀橛鈕。通高六點二釐米，印面邊長六點三釐米，印臺高一點二釐米。印文陽刻八思巴文二行。印背鈕右側鏨刻漢文一行五字，鈕左側鏨刻漢文二行一三字，均爲楷書。

八思巴文屯田百户印（至正十五年）印文照片

八思巴文屯田百户印（至正十五年）印背照片

録文

印文

（八思巴文）

1 tun ten

2 bay γu yin

印背

屯田百户印∟

中書禮部造。∟

至正十五年□月日。∟

九三　八思巴文新野等處軍民百户印　至正十五年

八思巴文新野等處軍民百户印，至正十五年（一三五五）造。現存環縣博物館。印銅質，方形，背部微鼓，板狀橛鈕。通高七點二釐米，印面邊長六點三至六點九釐米，印臺高一點一至一點三釐米。印文陽刻八思巴文四行。印背鈕右側鏨刻漢文一行九字，鈕左側鏨刻漢文二行一三字，均爲楷書。

八思巴文新野等處軍民百户印（至正十五年）印文照片

八思巴文新野等處軍民百户印（至正十五年）印背照片

録文

印文

（八思巴文）

1 sin ye

2 dhiŋ tšʻu

3 geun min

4 pay γu yin

印背

新野等處軍民百户印」

中書禮部造。」

至正十五年□月日。」

九四　八思巴文乾州分千户所印　至正十六年

八思巴文乾州分千户所印，至正十六年（一三五六）二月造。一九八一年出土於甘肅省隴西縣昌谷鄉園閣村，後被隴西縣文化館徵集，現存隴西縣博物館。印銅質，方形，板狀橛鈕。通高九點五釐米，印面邊長七釐米，重零點九九千克。印文陽刻八思巴文三行。印背鈕右側陰刻漢文楷書一行，鈕左側陰刻漢文楷書二行。汪楷主編《隴西金石録》（甘肅人民出版社，二〇一一年）著録。

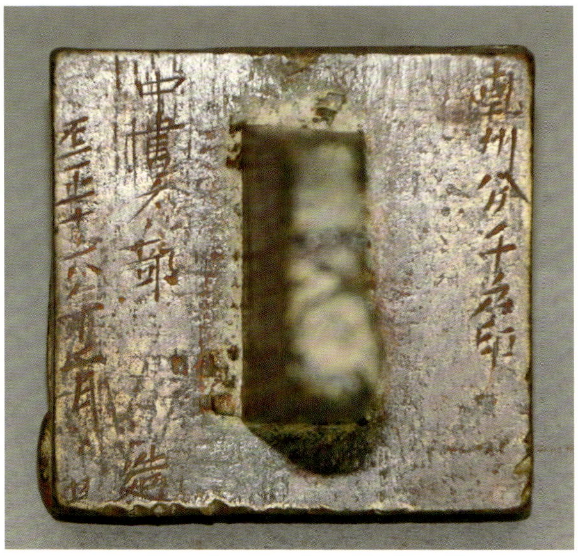

八思巴文乾州分千户所印（至正十六年）印背照片

八思巴文乾州分千户所印（至正十六年）印體照片

八思巴文乾州分千户所印（至正十六年）印文照片

録文

印文

（八思巴文）

1 ken dǏiw

2 hǔ̯un tsʻen

3 ɣu šu yin

（漢譯）

乾州分千户所印

印背

乾州分千户印」

中書禮部造。」

至正十六年二月　日。」

九五　齊天顯聖崇寧廣福乾元宣烈蓋國大天帝本末之記　至正十六年

《齊天顯聖崇寧廣福乾元宣烈蓋國大天帝本末之記》，至正十六年（一三五六）十月立。現存甘肅省隴南市西和縣蘇合鎮太華山東岳廟舊址。碑殘損嚴重，碑首、碑座已佚，僅存碑身。碑身長方形，上下兩端出榫頭。碑殘長一七〇釐米，寬八一釐米，厚二一釐米。碑陽楷書，三〇行。碑陰楷書，二四行，分爲三欄，行字不等。王仲源書丹。趙逵夫主編《隴南金石校録》（社會科學文獻出版社，二〇一八年）、蔡副全《隴南金石題壁萃編》（中華書局，二〇二一年）著録。

碑陽記載蓋國大帝傳説及作廟之由、建祠過程。

碑陰刻功德主題名。

齊天顯聖崇寧廣福乾元宣烈蓋國大天帝本末之記（至正十六年）碑陽照片

齊天顯聖崇寧廣福乾元宣烈蓋國大天帝本末之記（至正十六年）碑陰照片

録文

碑陽

⊔福乾元宣烈蓋□大天帝本末之記（一）

西和州路石匠張有有刊。⌞

⊔白石鎮爲州治，改曰西和。逮我⌞⊔南四十里有山曰雷王，池曰天聖⌞⊔定改元甲子正月有三日，羽衣龐復泰夜夢白衣神□⌞⊔仙骨歷千余載，全無朽腐之狀，焕然有金光之色⌞⊔地方知乃山名曰太華，峰曰乾明，祠曰玉□⌞⊔復瘞故地壊像於上以爲洞宫□□羽衣早逝歷⌞⊔文才洎廟主龐國用等捧其江陵府所得官誥⌞矣⊔。時代遞更，未嘗顯著於今⌞⊔太華峰即爲羣山之祖，万峰之宗，誠神靈之王地也。乃雷君⌞⊔區管嶽瀆之靈祠，統乾坤之主宰，伴天下之衆邦，誕聰明之子嗣，名標青史，德被⌞⊔聞□之拔□□□之異靈，扶山川之秀麗，不亦可乎。予⌞⊔其万一焉。勑誥朗然具載匣囊自⌞⊔捧大天帝之□□□旂幡先牌隨陣流落至江陵府小□後⌞⊔大天帝係上界開皇應號鎮國天王之子，於晉⌞⊔五月十一日卯時，誕於中庭祥雲覆州，異香馥⌞⊔文武兼通□□□元年受□□州刺史，以忠德惠民，肅廉正直，感⌞⊔尚□□僕射、開府儀同三司、金紫光禄大夫，授万年相⌞隱居□□不□□□之食化地爲泉，涌金漿玉液，日飲三盃，無飢渴惱至⌞⊔玉龍篆文云上皇勑命賜汝爲萬天左卿，主鎮江⌞⊔判風雷雨澤事，今汝始鎮金仙，授元皇顯濟真人之位⌞⊔四合，風雨晦暝，雷電相擊，遍册奔吼，曉則溲湫於峰現白牛⌞⊔剿馘□□其異怪者不可勝□□朝代間，遇旱禱則獲霖，澇則⌞⊔輔。⌞

⊔吉日廟主龐國用□□等立石。⌞⊔石麟禮店千户所都督王仲源書丹。⌞⊔鞏昌路漢陽禮店等處長官汪萬家奴。⌞⊔敦武校尉、陝西等處提舉蒲君美。⌞⊔承務郎、同禮店文州蒙古漢軍西番軍民元帥府事□巴。⌞⊔篆額。勑授禮店文州蒙古軍總把普延帖木。⌞

碑陰

上欄

勑受禮店元帥府經歷阿都赤ㄴ將仕郎、元帥府知事傅仲義ㄴ提控案牘王國富　前照磨楊彥璋ㄴ令史：薛惟德　成世安　高知事ㄴ范世安　龍才祥ㄴ禮店千户所付千户同壽　都目趙榮ㄴ蒙古奧魯所相付官黑迪里　楊世富ㄴ敦武校尉、陝西提舉王景曾ㄴ勑受蒙古軍總把蒙京花ㄴ奉訓大夫、西和州達魯花赤山童ㄴ承事郎、同知西和州事普顏怗木兒ㄴ將仕郎、西和州判官黑閭ㄴ省除吏目李詢　吏：陳才富　趙顒　吳國贊　彭禄ㄴ從仕郎、前蒲城縣尹杜瑛ㄴ漢陽軍民元帥府達魯花赤徹立怗木ㄴ元帥卜花　同知韓國卿ㄴ付元帥四家奴　提控案牘吕欽　杜元杰ㄴ經歷利吉　府吏張懷智　宋世興ㄴ敦武校尉、西和蒙古千户桑哥荅思ㄴ付千户畢文志　裴百户　趙忠良　譚丑狗ㄴ羅黑台ㄴ

中欄

西和凝禧院湧法王羽士　張妙玄ㄴ西谷觀音院德和尚他石怗木ㄴ蔡谷觀音院顏講主德微ㄴ昌講師　龐可明　何真師ㄴ禮店施主：文勝　楊義通　潘鐸ㄴ蒙古百户杜才志ㄴ官民提領楊英　劉世昌　岑志福ㄴ蔡谷施主：王世顯　牟黑黑ㄴ李文富　李文貴　王文貴　劉世德ㄴ黄阿先荅　孫伯禄　王銑　□世信ㄴ賈孝文　李丑兒　王買奴　□捨住ㄴ賈友才　宋和甫　趙德甫　賈佛保ㄴ陳紹元　宋克讓　趙怗木　姚保保ㄴ蒲普其　宋德福　趙翠峰保　彭丑台ㄴ張文德　文光師　高社長　畢三ㄴ張文富　魯拜延　潘孝真　羅竹ㄴ張文進　老杜四　杜思義　杜火者ㄴ崔百户兄弟世干　杜住世　冉罨父富　張狗兒ㄴ史黑台　雷世明　王德卿　宋德貴　宋禄ㄴ宋延□　朱文佑　陳永福ㄴ漢陽吳家泉付總把　龐敏□　龐永安ㄴ龐世祥　張仁友　龐永義　龐□□ㄴ

下欄

西谷信士：蒲五十　蒲保奴　蒲奉民　蒲卜□　蒲卜□　蒲阿都　蒲八兒　李國英　李國珍　蒲居受　□文貴　吳□脚　竇才富　竇國用　景拜文　楊土歹　趙也里　付千户　張馬兒　景安奴　龐永才ㄴ

黄可安　景德龍　景德昌　景良同　張君寶　岑隆□　岑永年　岑閏奴　袁保兒　李保兒　强大元　箔銀　賈鑾兒　賈天狗　劉安才　劉安富　劉安貴　朱社長　朱六　楊世□　黄也先歹　喚師ㄴ

許千羅　王德勝　畢四住　趙世華　趙世富　朱文義　朱文玉　李顛哥　羅日驢　羅起　合歹　杜才選　劉友福ㄴ

杜才文　唐丑狗　唐世禄　世珍兄弟　劉外家奴　劉觀音保　姚汝同　韓三舍　蒲牛兒　羅君師　羅五十ㄴ

左部
□□貲糧趙思敬　李懷男└
幹元信士宋文明　宋文才└
運工人：龐國義　龐狗兒　龐伽藍保　└李也先都　龐□才　彭子忠└
同緣楊安　安廚楊都　任阿卜└

校勘記

〔一〕按，此碑碑陽漫漶嚴重，中上部文字基本不清。現將禮縣雷王鄉雷王廟民國時期所刻碑石文字抄録於下：

齊天顯聖崇寧廣福乾元宣烈蓋國大天帝本末之記

古岷本羌地，《禹貢》雍州之域，沿革廢置不同。宋南渡後，爲金人割據，是爲極邊，已而講和，宋以白石鎮爲州治，改曰西和。逮我元朝，命昔寧夏王洎秦國武宣公，來鎮西陲，塞其要衝，控禦三邊，馳駐禮店天嘉，以建帥府。南四十里有山，曰雷王池，曰天聖廟，曰乾德祠，南嶺具存。而大帝之徽號功用，審見前代典誥，兹不復贅。泰定改元甲子至正月有三日，羽衣龐復泰夜夢白衣神人，示以西秦兩鎮之間，卜最高峰，俾見宫祠。既覺，一依所命，闢地宫基，偶得大帝之仙骨，歷千餘載，全無朽腐之狀，焕然有金光之色，及石碑一、石券三，皆書神之父子出處本末、修煉昇化之要點、山川墳像之奇異，歷歷有地，方知乃山名曰太華峰，曰乾明祠，曰玉液天宫泉，曰聖應，於是羽人勸率鄉邦創建祠陛，俾奉香火。已將仙骨並原獲石券，復瘞故地，塑像於上，以爲洞宫。不幸羽衣早逝，歷有其年。至正丙申季秋，一日，禮店長官所長官及家奴，同廟側耆老趙甲敬、宋文明、文才洎廟主龐國用等，捧其江陵府所得官誥示予，來請代草書，其芳猷曰：「雷王帝君，福國澤民，自晉迄今，殆一千餘載矣。時代遞更，未嘗顯著。當今聖明禦運，道泰時亨。神以時彰靈，境因人顯勝。千載而下，未知若何。覽太華峰即爲羣山之祖、萬峰之宗，誠神靈之王地也，乃雷君煉丹之所，荐骨之處。設神位居天府，德播寰區，管岳瀆之靈祠，統乾坤之主宰，豐天下之衆邦，誕聰明之子嗣，名標青史，德被遐荒。君何爲我書其一二，刻諸堅珉，藏之幽堂，使後之行此亦猶今之獲古。聞神之拔萃，挺奕之異靈。扶山川之秀麗，不亦可乎？」予辭未已，勉應曰：「諾！」惟神之父子出處本末，晉人已書其實，略以今之見聞者，撮取梗概，聊具其萬一焉。敕誥朗然具載。曩自紹定四年，值兵燹，更有本州太守馬安甫與廟主張立，同閭里人，賫捧大天帝之官誥神主旂幡先牌，隨陣流落至江陵府，豈收其年代幾千載矣，幸神之靈保，乃敕黃綾誥，洎宋之圖本尚存，於後得之，乃知大天帝係上界開皇應昊鎮國天王之子，於晉朝托胎於秦州城東雷仲華家，其室高氏夢吞金像，覺而有娠，至晉元帝永興元年五月十一日卯時誕於中庭，祥雲覆州，異香馥郁，神彩秀美。鍾岳降王，自幼而敏慧，長而忠孝。甫十歲，悟，行藥拯疾，文武兼通。咸康元年，受爵耀州刺史，以忠德惠民，肅廉正直，感天賜符牒，晝理陽間，夜整陰司，兼管水族之類，眷則仙趣，迤邐轉陞，品級至尚書左僕射、開府儀同三司、金紫光禄大夫，授一年相，辭朝而歸，遊玩擇可像之地。遂至古岷白石鎮岩洞之中，隱居修道，不噉煙火之食，化地爲泉，涌金漿玉液，日飲三盃，無飢渴惱。至元興三年三月八日夜，果滿功成，遇上天真持使者，手執金盤，捧天府牒，皆玉龍篆，文云：「上皇敕命，賜汝爲萬天左卿主，鎮江河淮濟海瀆川源，提調名山洞府、社稷靈祇，都統天上天地三界陰兵，判風雷雨澤事，今汝始鎮金仙，授元皇顯濟真人之位，漸漬妥靈於此。」前隋文帝開皇八年三月初八日夜，於山頂上，陰雲四合，風雨晦冥，雷電相擊，遍册奔吼，曉則以洩湫，於峰現白牛白馬之像，自兹以往，靈感愈彰，又現神兵而蕩南蠻，顯真靈而扶帝祚，剿臧蛟蜃，其異怪者不可勝數。凡朝代間，遇旱禱則獲霖，澇則張暘晴霽。歷古至今，荐加恩寵徽號，褒一十四字之封，若非斯神極靈至聖，輔國庇民，全於忠孝者，其儔若是乎？

時大元至正十六年歲在丙申十月孟冬十八日甲子天赦上吉日，廟主龐國用一家等立石。定邊大將軍、西番達魯花赤、禮店文州蒙古漢軍軍民元帥翔鶻石麟，禮店千户所都督王仲源書丹。明威將軍、禮店文州蒙古漢軍西番軍民元帥府達魯花赤普顔塔石脱思麻，成都鞏昌路漢陽禮店等處長官萬家奴，昭勇大將軍、鞏昌等處都總帥府副達魯花赤細璘，敦武校尉、陝西等處提舉蒲君美撰文。朝議大夫、鞏昌等處都統帥府事帖木里卜花，承務郎、同禮店文州蒙古漢軍西番軍民元帥府事納麻巴，嘉議大夫、陝西等處侍尚書省理問司□□□□篆額。敕授禮店文州蒙古軍總把普延帖木。

九六　有元秦州天靖山修建佑文開化之祠碑銘　至正十六年

《有元秦州天靖山修建佑文開化之祠碑銘》，至正十六年（一三五六）立。現存甘肅省天水市秦州區玉泉觀碑廊内。額題篆書「大元封全真祖宗詔書碑」二行一〇字，與碑文内容不符，係誤置。碑高一三三釐米，寬七六釐米。碑文楷書，三二行，滿行五四字。何希玄撰文，刁斗微書丹并篆額。陳垣《道家金石略》（文物出版社，一九八八年）有録文，題作「重建玉泉觀記」。趙昌榮《玉泉觀志》（甘肅文化出版社，二〇〇二年）著録。

碑文記載地方官李銘創建秦州佑文開化祠（即文昌帝君廟）經過。

有元秦州天靖山修建佑文開化之祠碑銘（至正十六年）碑體照片

有元秦州天靖山修建佑文開化之祠碑銘補序〔一〕㇄

賜金襴紫服虛白□真大師刁斗微書丹并篆額。㇄

聖人以神道設教，神道以福善禍淫。人因□□而起敬心〔二〕，神藉□□而彰靈異〔三〕。□陰陽不測之謂神，□□無方之謂道〔四〕。故曰「人能弘道，非道㇄弘人」。陝西秦州西二里〔五〕，其山曰天靖。山之間有觀曰玉泉，乃全真師梁公之肇始也。山明水秀，土沃泉甘，草樹風煙，□□朝暮。其境幽絶，亦㇄天壤間一嘉處也。至正龍集甲午，吾州倅李公□□斯郡〔六〕，下車首謁羣望。一日，與同僚解鞍林野，散步巖阿，□□山者相謂而言，曰：「粵昔□公㇄莅□□□，許願建祠，未遑□□。宦遊斯境，慨然有營葺之心，弗克自已。公可爲我成之乎？」公曰諾。遂於玉泉東北有隙地廣半畝餘，倚□□㇄□，□□幽，檜柏森然，景物如畫。祝釐之址，孰□於斯歟？由是剪榛棘，礱柱礎，陶瓦甓，□□□，□□既從，官民同辦。公率僚吏□□捐金以㇄□之，□□□公之□喜而助成之，□□汲汲，爲□□焉。□無倦色，親董其事。再逾期年，翕然告就。署正殿三楹，像帝君於其中，掌桂、禄二㇄籍仙官翼侍之，雷霆四帥列於□□□儀衛之。兩壁□緝□□，□□□天，神君警□，龍駕羽衛之卒□□□□爲之□□□□□□□㇄□飛□□□□□□□觀望如□乎，小有洞中之一天也。落成之日，盛修醮祀，鳩集羣英，□潔香□，□□□贊，□□資幣一千二百㇄餘緡，盡輸常住，以備歲時香燈之費。於戲！鈎金鰲於東海者不爲鷄鰌，以□鈎□□抱於□林者豈爲得□？而□□□□□□□務不□㇄也。今觀李公克己奉公，□儒重□，□能崇尚□□。其輕財好施，敏於樹福，能有幾人者□？□公狀，其營造之□□，以主山曹志□、趙□□懇㇄予爲之文，以記於石。予方衰病久矣，潦倒無能，拙於筆硯，辭不獲允，□即其狀而以誌之。按於《禮記》，聖人之制祭祀，法施於民，以勞定國，以㇄死勤事，能於大灾捍禦大患則祀之，□山林、川谷、丘陵民所取資，以能興雲氣、爲風雨、見怪物則祀之。且神有所職，足以垂詢者，孰可闕□？文昌㇄帝君，本□所降神〔七〕，分瑞於吴，廟於蜀，祀於□□□天、地、水府，權衡桂、禄二籍，掌貢舉科名，品藻文章，登崇□□九□□□〔八〕，不暇詳而□。□□□㇄林，量功□行，豈可以一毫□□盡之□，概而□□已矣歟！惟我㇄皇元吞并六合，統一華夷，東服三韓，西征五□，辮髮文身之地，卉裳椎髻之俗，罔不遵從聲教，咸歸王化。歲舍丙辰延祐三年七月，㇄聖天子崇禋祀之禮，懷柔百神，累降璽書，易梓潼靈應廟爲佑文開化之祠，册封□輔元開化文昌司禄宏仁帝君之嘉號，宜明神□，大振儒風，」可謂淳且篤矣。凡有國有家者，皆知其崇□□祀焉。然而世俗以爲其神能司人死生□命，福善禍淫，慘舒亨育，靡不由之，往往以祠祀徼福於」神。猶龍有言「神得一以靈」，《書》曰「神無常享，享於克誠」，豈其然歟？然鬼神之跡，蓋一氣之變化，所以發爲昭明，□篙淒愴，洋洋乎如在其上者也。《詩》」云「神之格思〔九〕，不可度思」，使民齊明盛服以承祭祀，焉可誣哉？公諱銘，字又新，其先長安槐里人也〔一〇〕。以儒吏奮身，清白自修，威行□立，勤於□職，廉」以自持，謹以自□，訟簡獄空，幾致刑措。吏效廉干，民無遊逸之怠。雨暘以時，穀熟人育。老稚□□，□□寧謐。關輔之郡，惟秦爲最，皆□□□□□」也。今公能於政事之暇，崇建祠宇，嚴飾像設，使民瞻之仰之，悚然興敬，有從感發其向善之心，知夫聖人所以神道設教，□□□□□□□□」國家斂福錫民之意也。其如此用心，可謂仁矣！瓜代既至，邦之老□歌騰里巷，悼公來之暮、奪之速，願借冠而弗獲也。噫嘻！福善禍淫，□□□□」哉！上天不虛其報，然則善之達於□□□」聖朝者，其容隱乎？將見白麻飛下，黄榜□登，□鼎彝之績，列雲母之屏，若夫燕山丹桂，芬芳□□，□彬萃於公之門者，未爲晚矣。故摭其實而書」之，以爲記，仍繫之以銘。其辭曰：

于□文昌，衮衣黼裳。維持桂籍，品藻文章。佐我」皇元，萬年之祉。籍□科名，□造多士。文興奎□，武戢泰階。車書同軌，禮樂和諧。九十七化，千百億身。廟祀蜀土，」化彼秦民。猗歟州倅，□俸捐金。大修祠宇，擢古騰今。丹堊藻繪，奂然一新。厥功既就，勒諸貞珉。廟貌創更，」□相神祐。大振儒風，流芳不朽。」

皇元至正龍集柔兆涒灘□月□□日，特賜體道普濟□□真人教門高士天倪子何希玄述文。李定、李□□刻石。」

修殿功德主：□仕郎、秦州判官李銘，本觀住持提點□□□道衆等。」

校勘記

〔一〕有元秦州天靖山修建佑文開化之祠碑銘補序　此行據《玉泉觀志》録文。

〔二〕人因□□而起敬心　「因」後殘二字，疑爲「神異」。

〔三〕神藉□□而彰靈異　「藉」後殘二字，疑爲「人心」。

〔四〕□陰陽不測之謂神□□無方之謂道　《素問·天元紀大論》載「陰陽不測謂之神，神用無方謂之聖」。

〔五〕陝西秦州西二里　《玉泉觀志》録作「陝西秦州西北里」，不確。今天水玉泉觀《創建玉泉觀記》碑載「秦州玉泉觀在州西二里北山崗林間」。

〔六〕吾州倅李公□□斯郡 「公」後殘二字，《玉泉觀志》作「提判」。
〔七〕本□所降神 「本」後殘一字，《史記·天官書》載「斗魁戴匡六星，曰文昌宫」，疑此字當爲「魁」。
〔八〕登崇□□九□□□ 據文中「九十七化」一語，疑此處「九」後殘「十七化」三字。
〔九〕神之格思 《道家金石略》作「神之於思」，《玉泉觀志》作「神之於恩」。《詩·大雅·抑》載「神之格思，不可度思」。
〔一〇〕其先長安槐里人也 「槐里」，《道家金石略》、《玉泉觀志》作「瑰里」。

九七　創修仁壽山普光禪院功德碑　至正十七年

《創修仁壽山普光禪院功德碑》，至正十七年（一三五七）正月立。原存甘肅省隴西縣城西城門附近，一九九九年譚文孝捐獻後保存於威遠樓，二〇〇九年轉存仁壽山公園。碑首、碑座已佚，僅存碑身。碑身長方形，青石質，高一〇九釐米，寬六九釐米，厚一九釐米。碑陽兩側飾卷草紋，碑文楷書，現存二五行，滿行四四字。碑陰共分四欄，刊列功德官員、僧衆、會首等。汪楷主編《隴西金石録》（甘肅人民出版社，二〇一一年）有録文。

碑文記載仁壽山普光禪院數次重修狀況以及捐資功德人三百餘人。

創修仁壽山普光禪院功德碑（至正十七年）碑陽拓片

創修仁壽山普光禪院功德碑（至正十七年）碑陰拓片

碑陽

前闕∟仁之開基也。一日，鈿公與□∟謂曰：「貧僧須向此山修建∟觀音聖殿，意令城郭信士、遐邇檀那翫境清心，焚香請福，作一方之勝地，爲万代之真跡，可乎？」公曰：「擇善可從，的願∟施址。」於是，鈿公僦工陶土，掄址築陛。將以糾募經營，其師遽然蟬蛻。至泰定丙寅年，其徒法珍、法珉，本關會首∟楊世福等恭承師志，恪守前規，拈香禱祝於聖神，起誓克成於勝事，躂以勸激善信，躬執程勞。構造之間，得蒙∟雲水助緣僧人，口念十方佛號，身拜諸上善人，化膳抄緡，輦木運匠，落成三楹紺寓，兩滴朱甍，塑∟觀音而主中央，繢化身而列左右，粉飾丹雘，燦若天宮，□□□因號十方佛殿（一）。後得西林鉷公和尚議其下寺額∟曰：「普門，乃觀音迹履，下因應現之謂也。今之山寺，可額普光，□□大士道圓上果（二），是普光功德山王如來也。」舉∟衆聞之，牓題絶勝，而正其名者，師之力也。既而同年□□□□首劉國瑛、苟文進睹斯前賢之績（三），□興蓋造∟之心（四），一力營修玉泉長老之殿。至丁卯年，本關會首李念□、王□懷光□意，見境興心，修建伽藍靈祠、∟文殊寶殿。厥後二師續修□□膳房□□（五）。□□至元己卯，有烽火原□□信士孫文祐嘅嘆而曰：「有智無行，□∟爲獨哉！」遂修普賢紺殿，前□□造塑□飾容，皆二師□公之力也。以觀□覽者瞻禮，豈不然哉？厥有本府廣嚴禪∟寺道源禪師，儁喆禪解，器局□深，□密□□□□（六），大小之乘朗悟，啓□□之喧鬧，善山寺之寂□（七），一□雲春，□庵□∟道（八），是以接足拜聖，呪非凡之儀，□禩□□（九）；居非凡之地，專心奉戒；頌非□□□，傳施齊民（一〇）。□□□□□也。於至正∟丙申年，傾輪囊鉢，徵石□青，分綷五十□□金飾普賢□□（一一），意□□離焉。□□□□□清涼無待□□（一二），便陟補陁∟華藏。是山也，形勢塽塏，景物清幽，真聖賢之所居也。一日，珍、珉二師，羅伯禄等狀其□業，求文□□（一三），勒諸貞∟珉，用傳久永。余再三固辭，□□容卻，遂爲揮毫，直書始末，以塞來命，將使西□□□永□□於東夏（一四），∟北闕之壽恒峙秀於南山，即其意也。若述而不備者，後之君子覽斯文者，丐請加焉。

銘曰：∟

偉哉慈覺，説法化氓。永平之世，教流漢□。徧一切處，皆僧伽藍。蔓延苾□，像設瞿曇。∟鞏城之西，山曰仁壽。景物清幽，形勢挺秀。鈿老東公，友不分袂。立基開山，示疾蟬蛻。∟其資珍珉，釋門英彦。接跡經□（一五），厥志無倦。募緣逾力，將木□工。

廟貌落成，大扇祖風。∟宿師道源，功□捺延（一六）。勒石騰芳，昭垂萬年。∟

旹□至正强圉作噩正月□日（一七），本山住持法珍暨合寮法乳等立石。∟都功德主中奉大夫、鞏昌等□□□帥兼鞏昌府尹汪（一八），王琪刊。∟

碑陰

第一欄

紫霄觀：楊法師　紫極觀：何講師　∟東嶽廟：慶提點　應講師　趙講師　∟金剛忍上師修蓋禪院一所於内焉。宗舍三間全。瑛禪師修蓋禪院一所全。∟圓明寺：超吉祥　廣講主　運講主　∟淨土寺：撒立結己石　滿講主　演上座　∟天竺寺：灧吉祥　喜講主　德講主　∟萬壽寺：懃住持　倕講主　□提點　∟廣嚴寺：憫吉祥　祥講主　詔講主　□常　∟護講主　註講主　恕思　∟地藏寺：海達　演從　演忠　演恕　∟護國寺：華吉祥　海惠　海諫　□□（一九）　演宗　∟海譜　海訓　海誠　演圓　∟官壇宗主：佛惠淳吉祥　妙華憐吉祥　天竺灝吉祥

∟都功德主：武略將軍、開成路總管汪　∟政議大夫、中書禮部尚書完顔　∟武節將軍、同知興元路事舍那官卓　∟奉訓大夫、延安路推官張

∟鞏昌管□都萬户汪（二〇）　∟奉訓大夫、同知鞏昌府事明□　∟忠翊校尉、渭源管軍千户騫　∟忠翊校尉、鞏昌管軍千户董　∟承務郎、鞏昌府推官頡　∟勑授寧遠縣主簿□□□（二一）　∟□省注□泉□　∟□東良□　∟後闕

第二欄

本院僧：法□　□德（二二）　海□　海祐　∟道諒　海福　玄藏王圓通　∟劉世安　∟趙文貴　馮讓　宋伯安　牟文富　王和　∟郭信　孫謙

梁福　汪官官　李祥　∟張爲仁　孫敬　郭昌　賀琛　張善慶　∟張世義　孫恭　米琳　牟衍　陳英　∟董價　楊仲仁　李安　周禄　柴信　∟

楊永寧　楊仲信　劉提舉　李文貴　牟信　∟孫文瑞　文天禄　柴同知　文思禮　尹天禄　∟王德安　李昌　牟天福　茹玉　∟梁仲仁　闊順

德　楊世禄　張著　∟李德達　趙仲仁　楊仲通　李珪　∟陳惠明　胡珍　許昌宗　羅文義　∟會首：正性福嚴居士　李德昌　∟王思信　賀德

貴　張□□　周□才（二三）　∟魏文秀　李文義　杜志祥　張惟信　∟張府判　趙仲信　羅瑄　米秀　∟□□温　李文德　杜珪　馬珪　∟王福

趙文義　楊世忠　王榮道　∟胡玉　杜孝信　賀德仁　楊璘　∟劉仲温　杜孝林　張世英　章思德　∟王□寶　杜孝□　張世禄　淳福　∟□

周庭玉　∟後闕

第三欄

助緣會首：王□禎 □ 李文富（二四） ∟李文寶 李文昌 □□榮（二五） 杜文義 ∟何□益 何□ 楊德義 他石鑾 ∟范文義 張□
□仲寶 王仲義 ∟趙文信 杜玉 吕恭信 楊智 ∟李瑜 王珪 陳□義（二六） 楊仲和 ∟李鈞 魏安卿 謝昌 劉進 ∟苟世福 劉鎔 王
瑛 付祥 ∟張德進 王才義 納蘭智 李信 ∟賀永志 姚永章 王祐 董威 ∟劉鑑 姜孝惠 許信 董秀 ∟王德明 何德昌 何仲仁
楊敬 ∟陳瑄 李文鼎 孫仲□ 王瑄 ∟李珍 李義 □懷玉 王温 ∟李思宗 李思温 張琳 張珪 ∟張瑞 王玉 何瑞 何欽 ∟何明
何敬 何德茂 李瑞 ∟李仁 何德□ 張文□（二七） 何壽 ∟武鎮 李思德 □□臣（二八） 武鑌 ∟李才 肖德福 李思昌 碩文福 ∟楊仲
義 武能諫 張欽 張文秀 ∟李□ □□ 宋謙 蘇世祥 ∟後闕

第四欄

馮珍 □瑛 □□□ ∟王伯遠 史禄 趙德智 李忠 ∟禪禄 郭天祥 牟國祥 ∟王弘道 郭惟德 □明（二九） ∟周謙 宋榮 ∟趙友
諒 李仁 雍祥 ∟孫瑭 李謙 李琛 ∟敬德明 趙堅巴 陳文智 ∟韓文焕 馬世才 張仲森 ∟王弘範 李琳 孫孝惠 □忠 ∟陳福
葛璋 周汝□ 杜□ ∟茹孝義 楊天順 王□ ∟嚴安 茹孝智 于德才 楊□ ∟李文玉 馬庭秀 劉仲斌 周□ ∟羅壽 劉鎬 唐瑄
陳□ ∟何庭瑞 張應瑞 姚祥 馬□ 張煙□ 張□ ∟李德信 楊仲智 趙森 李□ ∟逯仲恭 史義 吕才義 陳□ ∟李秀 王鑑 任
友智 張文□ ∟張德秀 梁秀 鄧速魯鑾 杜佰 ∟張德明 王孝才 周汝賢 □□ ∟王□讓 羅應祥 張琛 □□ ∟梁熊 趙上元 劉
□ □□ 張定 □□ ∟康□□ 黎伯綸 □ ∟後闕

校勘記

（一）□□□因號十方佛殿 《隴西金石録》作「而時人因號十方佛殿」。

（二）□□大士道圓上果 《隴西金石録》作「足顯大士道圓上果」。

（三）既而同年□□□□首劉國瑛苟文進睹斯前賢之績 《隴西金石録》作「既而同年有本關會首劉國瑛、苟文選睹斯前賢之績」。

（四）□興蓋造之心 《隴西金石録》作「慮興蓋造之心」。

（五）厥後二師續修□□膳房□□ 《隴西金石録》作「厥後二師續修西廡、膳房、僧廊」。

（六）□密□□□　《隴西金石録》作「顯密之教□□」。

（七）善山寺之寂□　《隴西金石録》作「善山寺之寂修」。

（八）□庵□道　《隴西金石録》作「結庵慕道」。

（九）□禩□□　《隴西金石録》作「馨禩潔德」。

（一〇）頌非□□□傳施齊民　《隴西金石録》作「具非凡之□，溥施齊民」。

（一一）普賢□□　《隴西金石録》作「普賢大士」。

（一二）□□□□□清涼無待□□　《隴西金石録》作「□聞見蟻屑，清涼無待□」。

（一三）羅伯禄等狀其□業求文□□　《隴西金石録》作「羅伯禄等狀其修業，求文於予」。

（一四）將使西□□□永□□於東夏　《隴西金石録》作「□使西竺文風，永揚□於東夏」。

（一五）接跡經□　《隴西金石録》作「接跡經營」。

（一六）功□添延　《隴西金石録》作「功□添延」。

（一七）旹□至正强圉作噩正月□日　《隴西金石録》作「時官至正强圉作噩正月□日」。

（一八）都功德主中奉大夫鞏昌等□□□帥兼鞏昌府尹汪　《隴西金石録》作「都功德主中奉大夫、鞏昌等處都總帥兼鞏昌府尹汪」。

（一九）□□　《隴西金石録》作「海論」。

（二〇）鞏昌管□都萬户汪　《隴西金石録》作「鞏昌管軍都萬户汪」。

（二一）勅授寧遠縣主簿□□□　《隴西金石録》作「敕授寧遠縣主事□□□張」。

（二二）法□□德　《隴西金石録》作「法璉海德」。

（二三）張□□周□才　《隴西金石録》作「張萃周庭□」。

（二四）王□禎□李文富　《隴西金石録》作「王禎齊鑒李文富」。

（二五）□□榮　《隴西金石録》作「趙子榮」。

（二六）陳□義　《隴西金石録》作「陳文義」。

〔二七〕何德□張文□《隴西金石録》作「何德義張文」。
〔二八〕□□臣《隴西金石録》作「蔣□臣」。
〔二九〕□明《隴西金石録》作「宋明」。

九八　秦州西關新市創建武安王廟記　至正十七年

《秦州西關新市創建武安王廟記》，至正十七年（一三五七）三月立。原存甘肅省天水市秦州區西關武安王廟，現存玉泉觀碑廊。碑青石質，碑首、碑座已佚，現存碑首係誤置。碑身長方形，上端兩角爲後世所殺，右下角殘缺。殘高一三五釐米，寬七七釐米。碑面兩側飾卷草紋。碑文行書，一三行。玉泉巖住持慈覺玄悟大師淨吉祥述。

碑文記載天水縣尹石抹德家族捐助創建西關新市武安王廟經過。

秦州西關新市創建武安王廟記（至正十七年）碑體照片

秦州西關新市創建武安王廟碑記

天靖山玉泉觀住持賜值守武安廟□□□□楊□□書丹。㇄

托二儀之正氣，傾三才之精英，慷慨建祠，運載乾坤。德勛□揚，功烈攸久，庇護□□□□□□祀□□饗㇄奇矣！漢末葉，武曲□世，
靈降於蒲州解良，挺生義勇。武安王之扶劉，據西蜀之□□□□□禦漢中勞。㇄斯時卧龍節制貔貅，□勇故得富國休民四十餘年，而幾乎續
賡劉漢運，將繼漢運□□□，迄乎後世，湮㇄没無聞。惟㇄武安王威武能安邦，與戰能□□□□□□□□□□武安□□□□□□□□□
武安㇄英濟章章靈應，驗以視□，叵聆玉泉。山長楊君又深夜晤言，武安法□增謚，伽藍□□。明年，賜鹽陝西，建廟㇄復之，所以海甸州縣沛建，
□皁遍立祠宇，典祭禮矣。竭誠□惠允洽建廟傾□，聖德□立，忠勤貫世，西蜀㇄成就其德，是故英濟爲號，謚武安□□□□□□□□□□□□
□□□□□□□□□□□廟□□□㇄廟饗於蜀郡，賜謚曰義勇，武安英濟仍其故。□□□□玉泉觀□□□□□□□□□建□□新市。㇄□
吴□魏，武勇□烈。武安英濟金玉之美質，略通春秋，易之宜方，所以□□□於無窮，功烈著而久遠，義㇄勇之靈氣，勇敢護國家之彌堅。州西
新市初無廟祠，玉泉僉曰可建斯宇，神庇一方。於是石抹大□□財，捨㇄池爲基，基當堅，捐緡□石，以固殿宇，刻石□□。以秦州西有社稷，張
□□□□左右二侍，□丹艧斷金，稽□㇄錢緡建廟，於解州學宫内建成之。厥後賜地建廚庖□□，捨金塑□□□□□□□□□□□□武安英㇄濟
武安王廟營事署□□□出巡隊伍，結營□□□□□□甃基階，建立通門。無鍾、旛、盆、□□、香爐㇄諸器，君皆周給之，庶垂福編民，輝映帝都。
□廣殄紹漢運□漢□，乃倡義廣興永福爲典，始能有此爲也。㇄衆信刻石述諸，武安將來彌昭□□□武安之廟□建□□□□□□□□□□
□□□廟之□□者，欲㇄武安之靈應也，若巖岫之峨峨，渭波之渺渺，綿延無窮也。盛情求文，余欲辭弗獲，懷恧直書，愧而銘之。曰：㇄

靈夙含精，長生英烈，據蜀興劉。漢末之際，義安漢室，名聲昭晢。至直至聖，衆建武廟，㇄新市精藍。掃荑妖孽，廟貌赫然。遠來近輓，
千古致祥。懷德彌想，爲君刊文，輸其真誠。㇄宴世盜降，如瀛靡竭。新市王祠，豈曰虚設？輔弼國邦，思其□□，祐□斯民，惠國圖義。㇄
大元至正十七年歲次丁酉三月□日，玉泉巖住持慈覺玄悟大師淨吉祥述，李通德□。㇄功德主：承務郎、荆襄元帥、天水縣尹石抹德，
孫男總兵千户石抹汝舟，孫男允忠、昭忠，信士嚴肅立石。㇄

九九　重修崆峒山大十方問道宮碑　至正十七年

《重修崆峒山大十方問道宮碑》，至正十七年（一三五七）十月立。原存甘肅省平涼縣崆峒水庫附近，一九七六年被水庫淹没，一九八〇年移置新問道宮院内。碑褐色砂岩質，由碑首、碑身、贔屓座三部分組成。碑通高三七四釐米。碑首寬一五〇釐米，厚三七釐米。碑身寬一四二釐米，厚三一釐米。碑首陽面陰刻二龍戲珠圖案，額題篆書「重修崆峒山大十方問道宮碑」三行一二字。碑陽楷書，二八行，滿行六一字。據《道家金石略》記載，汪禿堅帖木爾撰文，汪文殊奴篆額。碑身中間斷裂，個别字迹模糊。陳垣《道家金石略》（文物出版社，一九八八年）、張維《隴右金石録》（蘭州古籍書店，一九九〇年）、仇非主編《新修崆峒山志》（甘肅人民出版社，一九九六年）、吴景山《崆峒山金石校釋》（甘肅文化出版社，二〇一四年）等著録。

碑陽記元初平涼府長官元帥王鈞修復崆峒山道觀及後至元六年庚辰歲（一三四〇）王文順、王克孝等奉道人姜公再次修復問道宮事迹。碑陰内容較爲複雜，碑首本由舊碑改製而成，題「問道宮常住□□公據」三行九字；碑身上欄刻有張英跋文，下欄中間雙綫框内刻崆峒山全真堂宗派，兩側列有陝西行中書省及平涼府有關官員題名。

重修崆峒山大十方問道宮碑（至正十七年）碑陰碑首照片

重修崆峒山大十方問道宮碑（至正十七年）碑陰碑身照片

重修崆峒山大十方問道宮碑（至正十七年）碑陽照片

重修崆峒山大十方問道宮碑（至正十七年）碑陽拓片

録文

碑陽

重修崆峒∟山大十方∟問道宮碑（額）∟

重修崆峒山大十方問道宮碑銘并序

平涼府雄贍倉前監支納古朝□□進壽庵張英跋文。∟

奉訓大夫、興元等處宣慰□□□府副使僉□汪文殊奴□□〔一〕。∟

奉訓大夫、陝西諸道□□□□□□史□□堅帖□□□〔二〕。∟

鴻濛肇分，清濁開闢，廣大無名者字之曰道。至道之精，窈窈冥□□□□□□□□□□□□□□以意致〔三〕，不可以言詰。老子□：□□□□□□□□□□□∟天得之以清〔四〕，地得之以寧，陰陽得之而變化，寒暑得之而始□□□□□□□□□□□□□□賦之則靈明虛靜〔五〕，剛健純粹，□□□□□□□□□□□∟體之無不通〔六〕，用之無不備矣！維昔黃帝軒轅氏立，雖治愈□□□□□□□□□□□□□□□□成子真風遠照〔七〕，於是齋居三□□□□□□□□□□□□∟卧〔八〕，帝趨下風而前，再拜稽首，而問曰：聞子遠達至道，其要□□□□□□□□□□□□□□□□□無視無聽〔九〕，抱神以靜，形將□□□□□□□□□□□□□∟爾精〔一〇〕，乃可長生。慎秘内外，多知多敗，守其一以處其和，故□□□□□□□□□□□□□□□□□□立〔一一〕，人倫敍彝，治冠百王，化□□□□□□□□□□□□∟明年復往〔一二〕，惟空山而無見，帝慕玄風，於其處築宮室，設像□□□□□□□□□□□□□□□□□□□□書〔一三〕，禁樵採，遺蹟具存。宋□□□□□□□□□□□∟賢承旨張莊奉旨董修宮宇〔一四〕，命京兆天寧萬壽觀趙法師□□□□□□□□□□□□∟皇元混一寰海〔一五〕，前平涼府長官元帥王鈞被∟命復立荒城，政暇來謁是宮，徘徊周覽，喟然顧謂賓僚曰：□□□□□□□□□□□□□□□□。慨然有復新志〔一六〕，遂遣使卑辭遠致□□□□□□□□□□∟甫竟而逝〔一七〕。凡再門徒居是者，雖有志增治，或雨陽豐凶之□□□□□□□□□□□□□□□□故王元帥孫□□□〔一八〕，爲斯時之世儒□□□□□□□□□□∟其姪孫王克孝〔一九〕、克勤、克儉、克信曰：崆峒問道之宮，先祖重□□□□□□□□□□□□□□□陽宮道人姜公□□□□□□□□□□□□□□□□∟遥造致懇〔二〇〕，公以教源所在，憣然而來，躬荷畚具，誅棘芟蓬□□□□□□□□□□

□□□□二門（二一），即掌教神仙演□□□□□□公之扁也（二二）。□□□□□□∟室（二三）、廚庫，煥耀一新。落成之日，概郡僚庶畢至，鍾鼓升堂，步□□□□∟天子萬壽（二四），四海澄清，三光順軌，八穀豐登。已□□府事張□□□□□□□□□□□□姜公其孰能哉（二五）？□□首謝曰（二六）：□既有命，興復如之□□□□□∟承茲譽（二七）。聞者舉手加額曰：長者之言歟！□□□□予乘傳□□□□□□□□□□□□忽□赤率宮之道士張素陽（二八）、陸□□□□□□□□□∟曰（二九）：崆峒名山，乃神仙傳道之奥區，爲∟國祝釐之勝地也。姜公從赤松遊，讀莊老書，而樂孔子之道，□□□□□□□□□□，創廟貌於蓁莽中（三〇），能肩斯人□□□□□□□□□□□□∟摭其實（三一），爲敍道與功之始末。仍録前平涼府庚子年印署本□□□□□□□□□□□曰（三二）：∟

三才奠位，清濁既闢。□□□□，□□□□（三三）。其孰主張？惟道之力。∟是粤軒轅，慕之專一。□□□□，□□□□（三四）。□人感誠，□之□歌。∟大教從兹，流傳弗息。□□□□，□□□□（三五）。聖德威光，燒藏雨匿。∟猗歟姜公，志堅操執。幡然聿來，力思重繹。苦思焦神，寒暑無易。∟像宇一新，晃耀金碧。府屬咸忻，幽明贊翊。敬勒斯銘，永彰金石！∟

大元至正十七年歲次丁酉下元節，賜紫思真玄寂崇素□師□□□□□素陽張志堅（三六），賜紫凝神真靜□□□宮住持提點□□道惟□石（三七）。∟功德主平涼府管軍元帥府南臺御史□□王文順書丹。∟

碑陰

問道宮∟常住□∟□公據（額）∟

上欄

前闕∟平涼府判王∟平涼府僉事任∟平涼府次官王∟平涼府長官元帥王∟

前闕∟□可持正□。宮成而公趨∟鞏昌等處都總帥府，□□∟□□府縣□□□□□□∟□□并郡□□署□□□∟而共允，以宮事同據俾付∟以囑，曰：繼繼繩繩耳！而素∟陽□齊，稽首承敬。已而謂∟□曰：經營之事日新，昔日∟□以公據，迨今百有餘載。∟諸廟□皆久而難以□爲∟□以而然願敍此意，□請∟□□心者之爲也。非以仁∟□而然哉！神則不□□∟□不志何以述事焉？於是∟乎不可不書。壽菴張英跋。∟

下欄

□□山全真∟堂開山祖師∟

勑賜大内宗室通玄演教朱真人∟

至道通玄弘教披雲宋真人　賜紫□□知識大師、本宮住持▯∟

嘉靖叁年四月吉日重立，本宮住持道士賈崇慶、韓崇▯∟

朝奉大夫、□州□□同知▯∟陝西行中書省▯∟勑授平涼府達魯花赤▯∟陝西行中書省駐平涼縣管崆峒山道教▯∟勑授平涼府平涼縣▯∟從仕郎、平涼縣尹兼管本府諸軍奥魯勸▯∟從仕郎、平涼縣達魯花赤兼管諸軍奥魯勸農事▯∟▯縣經歷王▯∟忠翊校尉、平涼等處萬户府▯∟平涼等處萬户府▯∟忠武校尉、静寧州知州事▯∟承事郎、大理金齒等處宣慰使司都元帥府▯∟承事郎、雲南等處行中書省▯∟

忠翊校尉、管領平涼本路▯∟陝西行中書省駐平涼府▯∟從仕郎、平涼府▯∟從仕郎、平涼府▯∟敦武校尉、平涼府▯∟奉訓大夫、權同知平涼▯∟奉訓大夫、同知平涼府兼管諸軍▯∟朝列大夫、平涼知府兼管本府諸軍▯∟中奉大夫、平涼府▯∟朝散大夫▯∟將仕郎▯∟功德主中奉大夫▯∟重修功德主中憲大夫▯∟功德主平涼管軍元帥▯∟

校勘記

〔一〕奉訓大夫興元等處宣慰□□□□府副使僉□汪文殊奴□□　《道家金石略》作「奉訓大夫、興元等處宣慰使司都元帥府副使僉□□帥□文殊僅篆額」。

〔二〕奉訓大夫陝西諸道□□□□□□□史□□堅帖□□□□　《道家金石略》作「奉訓大夫、陝西諸道行御史臺監察御史□□堅怙木兒□」。

〔三〕窈窈冥□□□□□□□□□□□□□□以意致　《崆峒山金石校釋》作「窈窈冥冥，至道之精，昏昏默默，其至也不可以意致」。

〔四〕老子□□□□□□□□□□□□□天得之以清　前八字，《崆峒山金石校釋》作「老子曰：吾不知其名」。按，碑下部浸蝕而數字不清，視碑滿行爲六一字，故此行下部「名」字後仍有七字不明。

〔五〕寒暑得之而始□□□□□□□□□□□□□□賦之則靈明虛静　《崆峒山金石校釋》作「寒暑得之而始終，五行得以迭運，萬物得以生成，人□賦之則靈明虛静」。

〔六〕剛健純粹□□□□□□□□□□□□體之無不通　「粹」後一二字，《崆峒山金石校釋》、《新修崆峒山志》作「存乎内爲□□」。

〔七〕雖治愈□□□□□□□□□□□□□□□□成子真風遠照　《崆峒山金石校釋》作「雖治愈犧農，以至道未聞爲己憂，知崆峒隱者，廣成之真風遠照」，《新修崆峒山志》録「犧農」作「神農」。

〔八〕於是齋居三□□□□□□□□□□□□卧　《崆峒山金石校釋》作「於是齋居三月，而往是之時」。

〔九〕其要□□□□□□□□□□□□□□□□□無視無聽　《崆峒山金石校釋》作「其要云何？廣成子曰：善哉問也。夫道者，窈冥昏默，無視無聽」。

〔一〇〕形將□□□□□□□□□□□□爾精　《崆峒山金石校釋》、《新修崆峒山志》作「形將自正，必静必清，無摇爾精」。按，以滿行計，尚缺四字。疑此處應爲「形將自正，必清必静，無勞汝形，無摇爾精」。

〔一一〕故□□□□□□□□□□□□□□□□□□立　《崆峒山金石校釋》作「故千二百歲，而吾形未嘗衰焉，□□命歸，於是皇極建立」。

〔一二〕化□□□□□□□□□□□明年復往　前六字，《崆峒山金石校釋》作「化行於□世□」。

〔一三〕設像□□□□□□□□□□□□□□□□□□□書　《崆峒山金石校釋》作「設像師事，置士居守焉。厥後歷代相承，遵仰聖道，頒璽書」。

〔一四〕宋□□□□□□□□□□□賢承旨張莊奉旨董修宫宇　《崆峒山金石校釋》録前六字作「宋政和□年集」。

〔一五〕命京兆天寧萬壽觀趙法師□□□□□□□□□□□皇元混一寰海　《崆峒山金石校釋》作「命京兆天寧萬壽觀趙法師住持。迨金之□□，殿廡俱燼。我皇元混一寰海」。

〔一六〕喟然顧謂賓僚曰□□□□□□□□□□□□□□□□慨然有復新志　《道家金石略》作「喟然顧謂賓僚曰：世易人非，其不與興亡者，獨松風澗泉耳。慨然有復新志」。

〔一七〕遂遣使卑辭遠致□□□□□□□□□□□□甫竟而逝　《道家金石略》作「遂遣使卑辭遠致披雲宋真人□□甫竟而逝」。

〔一八〕或雨陽豐凶之□□□□□□□□□□□□□□□故王元帥孫□□□　《道家金石略》作「或雨暘豐凶之弗齊，夷猶歲久，頗毁前規。後至元庚辰，故王元帥孫王文順」。

〔一九〕爲斯時之世儒□□□□□□□□□其姪孫王克孝　《道家金石略》作「爲斯時之世儒也，追思乃祖□□其侄孫王克孝」，當脱三字。

〔二〇〕先祖重□□□□□□□□□□□□□□□陽宫道人姜公□□□□□□□□□□□□□□□□遥造致懇　《道家金石略》作「先祖重新，今又墮廢，不爲締構可乎？吾聞奉元丹陽宫道人姜公，力扶玄門，可招□之。乃祖□□遥造致懇」。

〔二一〕誅棘及蓬□□□□□□□□□□□□□□□二門　《道家金石略》作「誅棘及茅，創前後大殿曰體元、曰混元，凌霄、啓元二門」。

〔二二〕即掌教神仙演□□□□□□公之扁也　《道家金石略》作「即掌教神仙演道大宗師完顔公之扁也」。

〔二三〕□□□□□□室　《道家金石略》録闕字爲三個闕字。

〔二四〕步□□□□□天子萬壽　《道家金石略》作「步虚唯詠，共祝天子萬壽」。

〔二五〕已□□府事張□□□□□□□□□□□□□□□姜公其孰能哉　《崆峒山金石校釋》作「已而知府事張□謂衆曰：宮之重興，功倍昔者多矣，非姜公其孰能哉」，《道家金石略》作「已而知府事張□謂衆曰：宮之重興，功陪昔者多矣，惟姜公其孰能哉」。

〔二六〕□□首謝曰　《崆峒山金石校釋》作「公稽首謝曰」。

〔二七〕興復如之□□□□□承兹譽　《道家金石略》作「□復如之□□承兹譽」，《新修崆峒山志》作「興復如□承兹譽」。

〔二八〕□□□□予乘傳□□□□□□□□□□□□□□□忽□赤率宮之道士張素陽　《道家金石略》作「至正丁酉，予乘傳案治鞏昌，過是邑，朝散大夫達魯花赤忽率赤率宮之道士張素陽」。

〔二九〕陸□□□□□□□□□□□□曰　《道家金石略》作「陸謙齋□□□□□□□曰」，《新修崆峒山志》作「陸□齋□□□□□□曰」。

〔三〇〕而樂孔子之道□□□□□□□□□□□□□□創廟貌於蓁莽中　《道家金石略》作「而樂孔子之道，我知□矣。乃復不□寒暑，罄力竭需，創廟貌於蓁莽中」。

〔三一〕能肩斯人□□□□□□□□□□□□□摭其實　《道家金石略》作「能肩斯人者，蓋□□有美不言□□摭其實」。「肩」字，《新修崆峒山志》作「有」。

〔三二〕仍録前平涼府庚子年印署本□□□□□□□□□□□□□□曰　《道家金石略》作「仍録前平涼府庚子年印署本宮常住據文附於碑陰，而繫之以銘曰」。

〔三三〕□□□□□□□　《道家金石略》作「萬物生成，洪纖資益」。

〔三四〕□□□□□□□　《崆峒山金石校釋》作「往駕崆峒，□殊罔澍」，《道家金石略》作「往賀崆峒，離珠罔測」。

〔三五〕□□□□□□□　《道家金石略》作「今世之衰，□宮委迹」。

〔三六〕賜紫思真玄寂崇素□師□□□□□素陽張志堅　「師」前殘一字，《道家金石略》作「大」，《新修崆峒山志》作「法」。

〔三七〕賜紫凝神真靜□□□宮住持提點□□道惟□石　《道家金石略》作「賜紫凝□真□□□□宮住持提點謙□□□」。

一〇〇　八思巴文揚威征行義兵萬户府印

至正二十一年

八思巴文揚威征行義兵萬户府印，至正二十一年（一三六一）十月造。一九八三年出土於甘肅省定西縣巉口林場，現存定西市安定區博物館。印銅質，方形，印背梯形橛鈕。印面邊長八點二釐米，印臺厚一點七釐米，鈕高七點六釐米，寬三點七至四點五釐米，厚一點四至一點八釐米。印面邊框較寬，内鑄八思巴文三行；印背題記楷書，共三行。杜蔚《從元代「萬户府印」看沈兒峪之戰》（張克仁主編《安定區博物館論文集》，二〇〇八年）著録。

八思巴文揚威征行義兵萬户府印（至正二十一年）印文照片

八思巴文揚威征行義兵萬户府印（至正二十一年）印體照片

八思巴文揚威征行義兵萬户府印（至正二十一年）印文拓片

録文

印文

（八思巴文）

1 yaŋ ·uė dǯing

2 heiŋ ŋi biŋ

3 wan ɣu hu̯u yin

印背

揚威征行義兵万户府印」

中書禮部造。」

至正廿一年十月日。」

一〇一 大元肅州路也可達魯花赤世襲之碑

至正二十一年

《大元肅州路也可達魯花赤世襲之碑》，至正二十一年（一三六一）立。明初重修肅州城時壘砌於東門洞内壁兩側，一九六二年拆出後由甘肅省酒泉市文化館收藏，現存酒泉市肅州區博物館。碑首、碑座已佚，碑身在明重修肅州城時割裂爲兩條長方石柱，體中鑿有方孔。碑身殘高二三六釐米，寬九一釐米，厚二九釐米。碑陽陰刻楷書漢字，二四行，滿行五七字，有數十處被損，大部分尚可辨認。段天祥撰，定慧明書丹并篆額。碑陰刻回鶻文，三二行。張維《隴右金石録》（蘭州古籍書店，一九九〇年）、向達《西征小記》（《國學季刊》第七卷第一期，一九五〇年）著録。白濱等《〈大元肅州路也可達魯花赤世襲之碑〉考釋》（《民族研究》一九七九年第一期）、唐曉軍《甘肅古代石刻藝術》（民族出版社，二〇〇七年）、吴景山《西北民族碑文》（甘肅人民出版社，二〇〇一年）等有漢文録文。耿世民《回鶻文〈大元肅州路也可達魯花赤世襲之碑〉譯釋》（《向達先生紀念論文集》，新疆人民出版社，一九八六年）考釋回鶻文并有漢文録文。

碑文主要記載元代唐兀人舉立沙家族六代人世襲肅州路也可達魯花赤狀況。

大元肅州路也可達魯花赤世襲之碑（至正二十一年）
碑陰局部照片

大元肅州路也可達魯花赤世襲之碑（至正二十一年）
碑陽局部照片

大元肅州路也可達魯花赤世襲之碑（至正二十一年）碑陽拓片

大元肅州路也可達魯花赤世襲之碑（至正二十一年）碑陰拓片

録文

碑陽

大元肅州路也可達魯花赤世襲之碑

□□郎宣武將軍普達實理▯∟

將仕郎、雲南嵩明州判官段天祥撰記。∟

圓通慈濟禪師、肅州在城洪福寺住持定慧明書丹并篆額。∟

太素盛而三光五嶽之氣分，大明升而四海六合之土照，大聖作而九夷八蠻之人服，此天理之必然、人物之功用也。唯我∟皇元肇基朔漠，乘龍御極，志靖萬邦。∟太祖皇帝御駕西征，天戈一揮，五郡之民披雲覩日，靡不臣服。時有唐兀氏舉立沙者，肅州閥閱之家，一方士民感念王化。舉立沙瞻∟聖神文武之德，起傾葵向日之心，率豪傑之士以城出獻。又督義兵，助討不服，忘身徇國，竟殁鋒鏑。∟太祖皇帝矜其嚮慕之心，悼其戰死之不幸，論功行賞，以其子阿沙爲肅州路世襲也可達魯花赤，以旌其父之功。∟憲宗皇帝賜以虎符。∟世祖皇帝愈加寵賚，陞昭武大將軍，遷甘肅等處宣慰使。阿沙二男，長曰□□□□□□□□固兒加哥〔一〕。剌麻朶兒只先授奉訓大夫、甘州路治中，又陞奉議∟大夫、肅州路達魯花赤。莅政一考，思義讓之心，遜其職與弟管□□□□□□□□事四載〔二〕，復將前職歸於其兄，受奉政大夫，依舊襲職。剌麻朶兒∟只四子，長曰貫□□□，次曰耳玉，又其次曰管布，季曰令只沙。□□□□□□□□之職，授宣武將軍。治郡三載，又慕其祖禰忠義之績，思同胞∟之和，以其職讓與弟令只沙，授宣武將軍。令只沙公平正大，名□∟朝廷又陞懷遠大將軍〔三〕。甫視事間，又讓其職與兄之子帖信普。不期年，□□□□□□□□□□王命議〔四〕，令只沙在職莅政無私，最有聲績，備咨于∟朝，復膺前職，受亞中大夫。在任四載，以其長男普達實理尚在髫齔，□□□□□□□□□定者帖木兒〔五〕。定者帖木兒又遜與其叔父普達實理。普達實理∟又讓與帖信普之次子赤斤帖木兒，受宣武將軍，見居其職。其□□□□□□□□□思克孝，非英雄豪傑之士有大人君子之量，能如是哉？又令只∟沙之次子善居，因其伯父管布無子，以善居爲嗣，其人才德出衆，德□□□□□□，故我∟主上待以近侍，授宣武將軍，任武備寺同判。後除甘省郎中〔六〕，受中憲大夫，翊贊□□□□□□，遷永昌路達魯花赤。牧民以仁惠之道，守己以正直之心，公事∟細微必察，私意纖毫不行。民懷其德，吏服其廉。解組而歸，以酬孝道。□□□祖□□□其先祖之功，命工刻石，以記其事。予因蜀□□□，旅途甘泉。一∟日來請，辭不獲已（七）。不揆鄙陋，遂爲之銘（八），曰：∟

洪鈞∟太祖，駕御六龍。親討西夏，聖武威雄。因公獻城，城民向風。□以世襲（九），用酬其功。子孫相繼，奕葉興隆。讓職以□，∟節德以中。黔黎懷惠，政令樂從。齊家克孝，治國盡忠。賢孫善居，念其祖宗。刻銘示後，休哉無窮。∟

至正二十一年歲次辛丑□月□日立。□□孝刻石。∟

碑陰

（回鶻文）

1 kür ulusda ärtingü üc ... datmis buyanlïɣ cinggiz (qaɣan)...

2 uluɣ mongɣol ulusylyɣ ärdäinilig ... külüg cinggiz qaɣan ...

3 (ülgü) süz öküs süüsi cärigi birlä ...dip... tangut yirintäki sügcü...

4 as-a yirtincüdä ärtingü ügä tngri täg umuɣ(lïɣ) buyanlïɣ utsïz külüg ...

5 yig üstünki aɣïr buyanlïɣ cinggiz qaɣan qa//ri öz //im bolɣay anga tirisip ötünnüp ...

6 köngül-ländürü uzik bitigin bitig(ni) körüp köp cärig birlä öngdün bölüktä sancïstï ...

7 //////lärig yandurup süü tägip tangut aɣdurup alqïp yoqadïrïp ... bodun(?)larïɣ arïdï ...

8 umuɣumuz cinggiz qaɣan asa qambu körüp arduq ögirip usaqï adasïning küc birmisin arduq taruɣacï ...

9 aïlï kökli tngrilärgä oɣsadï(?) qutluɣ buyanlïɣ adruq iki oɣlanlarï törüdi b(ä)l(gür)di ... taruɣacï ...

10 yalïnlïɣ coɣluɣ yirtincü idizi säcän qaɣan qanïmïz ïkän durt(?) törü yaraɣ islärin ködürü tangïladï ...

11 cïnɣarïp atïrdlap asa kambu sügcüluɣ(?)nïng törülüg islärkä ... cauu tay sangun tip sangun bolup arduq ...

12 qarïɣ lam-atorcï bäg sügcütä taruɣcï boldï ärsär ... qaraɣïn täg ilin ulusïn asïrïp yorïdï ... isi kö(dügi) ...

13 köp bodunɣa asïɣïn tususïn tägürdi arasïnta ... ködürüp bägläg orun asa ...p...

14 ikinti qurï(?) lam-a torcï bäg taruγacï bolup irdäkitin arduq(?) ...

15 künüp(?) ikintisi irgü(?) tiyin bolup ücünc ikünbu(?) iglig bolsar ... tördünc ...

16 ... üc yil bägläp yorïyu aqasïnïng(?) oγulï tisilbuqa birip ...

17 özi imä üc yil bägläp qut azunqa barsar (a)ltunlïγ älp iki oγlanï ügä budasirni ... törüdi ... bud(asiri sügcü)tä taruγacï bolup ïdmïsïnda ... bodun ...

18 cikindämür sügcütä taruγacï bolmïsïnda ... ti(n)c qya bu//////larïn ... ïdmïsïnda ilkä köpkä asïγïn tägürüp ... cinggiz qaγanïnng ...

19 bas////özi qatïγlanïp bäg bolγu ücün ... baqsal(?) kö... taytu balïγqa cïqïp bardï ... incip sügcütin taytu balïγqa yidi birlä ...

20 y(a)rlïγ tägürüp käsig bägingä kitmisindä yasaγul qïlïpqaγan üksindä öngdün turγurdï (?) ... yasap samγau kisilärig yaqïn(?) ...

21 ol tïltaγïn qosïng käsig bäg bitig täbrätip ubuisining tongpunlïγa bägiläp(?) ïdsar ... arqa(?) qamuγ sing bägitläri birgärü bolup ...

22 umuγumuz qaγan qannïng y(a)lïγï üzä ubuisita tongpun bolup ïdmïsïnda ... oncï -a(?) yaruq(?) baslap ol yamuntaqï süü cärig birliklärig(?) ...is küc birip ...

23 qamcu singta cangsi langcung bolz-un tip qaγan qanïmïznïng isi(?) täg uluγï boldï ... aγalap singta cangsi langcung bolmïsïnda adïrtlap ... bizig ... bitgäcilärning ...

24 tapïnca köngülcä singning islärin könisincä yorïdïp tasdïnqï ictinki ilkä ulusqa siγ tusu tägürdi ya... talaynïng ärkligi qaγan qan isitip bilip taruγacï bo(lup) ...

25 yaγï(?) bolup bosγaru(?) oγrïlar kälmistä yasap käntning irsägü bolup yangïlayu kätürdi ... törün yapa(?) yungcanluutaqï bodunlarïγ turγur ...

26 irsal-anïng qatïγïn körüp ol oγrïlar ... yaqïn baru umatïn kidin ...layu yadïp ...lar yadïlïp öngi bolmïsïnda yadurup bodunlarïγ yana ...

27 öngi qïlïp törü yasaq bolsarödüg ... körmätin yasuγ älp barnï(?) qïïnqatägürdi ... qaγan qanïmïznïng tüsümiscä islär ...

28 yungcangluda taruγacï öküs bodunlarqa asïγïn tususïn tägürdi arasïnda ötüg ...sin saqïnïp

29 ...üc ... balïγlïγ ...

30 ...

31 ... boldï ...
32 ... bolz-un

校勘記

〔一〕長曰□□□□□□□□固兒加哥 據下文，此句當爲「長曰剌麻朵兒只，次曰管固兒加哥」。

〔二〕遜其職與弟管□□□□□□□□□□事四載 《〈大元肅州路也可達魯花赤世襲之碑〉考釋》補作「遜其職與弟管固兒加哥，管固兒加哥事四載」。《回鶻文〈大元肅州路也可達魯花赤世襲之碑〉譯釋》、《西北民族碑文》作「遜其職與弟管固兒加哥，管固兒加哥仕事四載」。

〔三〕令只沙公平正大名□朝廷又陞懷遠大將軍 「名」後殘一字，《回鶻文〈大元肅州路也可達魯花赤世襲之碑〉譯釋》、《西北民族碑文》作「滿」。

〔四〕不期年□□□□□□□□□□王命議 「年」字殘半。末五字字形疑爲「兒諸王命議」。

〔五〕□□□□□□□□定者帖木兒 《〈大元肅州路也可達魯花赤世襲之碑〉考釋》、《西北民族碑文》據文意補作「讓其職與帖信普之子定者帖木兒」。

〔六〕後除甘省郎中 「省」字漫漶嚴重，《〈大元肅州路也可達魯花赤世襲之碑〉考釋》作「州」，《西北民族碑文》作「肅」，《回鶻文〈大元肅州路也可達魯花赤世襲之碑〉譯釋》作「省」。

〔七〕辭不獲已 「獲」字，《〈大元肅州路也可達魯花赤世襲之碑〉考釋》、《回鶻文〈大元肅州路也可達魯花赤世襲之碑〉譯釋》作「復」。

〔八〕遂爲之銘 《〈大元肅州路也可達魯花赤世襲之碑〉考釋》、《回鶻文〈大元肅州路也可達魯花赤世襲之碑〉譯釋》作「奉之銘」。

〔九〕□以世襲 「以」前殘一字，疑爲「賞」。

一〇二　天詔加封祖真之碑　至正二十二年

《天詔加封祖真之碑》，亦作《隴西南山七真碑》（見張維《隴右金石録》），至正二十二年（一三六二）五月立。原存甘肅省定西市隴西縣仁壽山七真觀，現存仁壽山公園内。碑漢白玉質。碑首已佚，現碑首爲誤置，碑身長方形，上帶榫頭，龜趺座。高二六四釐米，寬八二釐米，厚一九釐米。原碑陽額題篆書「天詔加封祖真之碑」二行八字，碑陰額題楷書「天詔加封真人之碑」二行八字。碑陽共分五欄，每欄二八至二九行，欄外左右各有一行記刊刻、立石人信息。第一欄行字不等，第二欄滿行九字，第三欄行字不等，第四欄滿行九字，第五欄滿行一五字。碑陽刻至元詔一道、至大詔四道，内容爲加封東華五祖七真緣由及褒贈名號。完顏德明刊石，楊惟慶重立。碑陰分三欄，刻武宗至大三年詔書四道，是分别加封尹志平、宋德芳等十五人爲真人的詔文；下欄内容爲七真觀常住地土記，文字泐蝕嚴重。張維《隴右金石録》（蘭州古籍書店，一九九〇年）、汪楷主編《隴西金石録》（甘肅人民出版社，二〇一一年）有録文，《隴西金石録》題作「天詔加封祖真之碑」和「天詔加封真人之碑」。

天詔加封祖真之碑（至正二十二年）碑陰照片

天詔加封祖真之碑（至正二十二年）碑陽照片

天詔加封祖真之碑（至正二十二年）碑陽拓片

録文

碑陽

第一欄

皇帝若曰：大道開明，可致無爲之化；乚至真在宥，迄成不宰之功。朕以乚祖宗獲承基構，若稽昭代，雅慕玄風。自乚東華垂教之餘，至重陽開化之始，真真乚不昧，代代相承，有感遂通，無遠弗屆。雖乚前代累承於褒贈，在朕心猶慊於追崇。乚乃命儒臣，進加徽號。惟東華已稱帝君，乚但增「紫府少陽」之字；其正陽、純陽、海蟾、乚重陽，宜錫「真君」之名；丹陽以下七真，俱乚號真人。載在方册，傳之萬世。噫！漢世之乚張道陵，唐朝之葉法善，俱錫天師之號，乚永爲道紀之榮，當代不聞異辭，後來立乚爲定制。朕之所慕，或庶幾焉！乚

東華教主，可贈東華紫府少陽帝君。乚

正陽鍾離真人，可贈正陽開悟傳道真君。乚

純陽吕真人，可贈純陽演正警化真君。乚

海蟾劉真人，可贈海蟾明悟弘道真君。乚

重陽王真人，可贈重陽全真開化真君。乚

丹陽先生馬鈺，可贈丹陽抱一無爲真人。乚

長真先生譚處端，可贈長真雲水蘊德真人。乚

長生先生劉處玄，可贈長生輔化明德真人。乚

長春先生□□□，□贈長春演道主教真人[一]。乚

玉陽先生王處一，可贈玉陽體玄廣度真人。乚

廣寧先生郝大通，可贈廣寧通玄太古真人。乚

清靜散人孫不二，可贈清靜淵貞順德真人。乚

□令掌教光先體道誠明真人張志敬乚執行〔二〕。准此。乚

至元六年正月　日。乚

第二欄

上天眷命，乚皇帝聖旨：三玄教由乚天所畀，茲統攝于羣靈；乚五百年名世者生，始恢乚揚于正紀。昔乚東華帝君居太晨宮，祚乚緜緜而莫知其始終，氣乚混混而莫窮其涯涘。乚離形離兆，有自而然；爲乚福爲祥，不言而喻。傳之乚太上，是曰全真。守其一，乚處其和，應不求，爲不恃。乚絳格琅虬之上下，龜圖乚麟策之周旋，法之著子乚可存于浩劫，後之承者乚迭出于高真。惟乚朕之賓師，有今之明素，乚能仁能勇，至孝至貞。所乚守彌堅，不待歲寒而後乚見；所言必應，其於事會乚則周知。及身之渥已申，乚報本之誠愈切。温綸特乚降，顯號循加。於戲！神人乚和而王道平，遐不謂矣；乚教化行而治功立，永言乚保之。可贈乚「東華紫府輔元立極大乚帝君」，主者施行。乚

至大三年二月　日。乚

第三欄

上天眷命，乚皇帝聖旨：昔聞乚太上教闡全真，法天地之常乚經，因陰陽之大順。始自東華乚之變現，訖于開化之垂緣。由乚漢及唐，必曠代而至人出；以乚金繼宋，際乚熙朝而玄統章。恢其衆妙之乚門，鎮以無名之朴。或得意忘乚象，涵泳于靈樞；或驂星馭龍，乚飛游於紫極。不可聞，不可見，乚雖與造物者爲徒；翛然往，翛乚然來，亦曰隨時而示應。矧載乚傳於後裔，猗叶贊于元功。盍乚殊級之循加，俾宗風之永紹。乚除始祖東華帝君別議旌崇，乚餘仰主者一例施行。乚

正陽開悟傳道鍾離真君，可加乚贈正陽開悟傳道垂教帝君。乚

純陽演正警化呂真君，可加乚贈純陽演正警化孚佑帝君。乚

海蟾明悟弘道劉真君，可加乚贈海蟾明悟弘道純佑帝君。乚

重陽全真開化王真君，可加乚贈重陽全真開化輔極帝君。乚

右付玄門演道大宗師、掌教、乚凝和持正明素真人苗道一乚收執。准此。乚

至大三年二月　日。乚

第四欄

上天眷命，∟皇帝聖旨：天造草昧，惟∟君子以經綸；聖運隆昌，∟亦至人之扶衛。昔∟皇祖肇基于朔土，有真∟仙應現于東隅。行無畦∟畛，而天下之事靡不知；∟學有淵源，而天下之書∟靡不究。所急者拯民于∟溝阱，所先者鋤道之榛∟荊。律身之戒惟嚴，及物∟之功則溥。逮∟芝綸之疊降，躡雲舄以∟來從。率英賢凡十八人，∟言宗社非一二事。心冥∟神契，猶軒轅之師廣成；∟辭簡義深，若漢文之禮∟河上。既成功于諸夏，俾∟主教于長春。其以肖以∟續者得其真，故曰希曰∟夷而永其壽。翊我延洪∟之祚，爲今持正之師。再∟振玄門，彼此皆一時也；∟爰疏鴻渥，後先豈二理∟哉！宜進號以追崇，尚傳∟規于不朽。其長春演道∟主教真人丘處機，可加∟贈「長春全德神化明應∟真君」，主者施行。∟

第五欄

上天眷命，∟皇帝聖旨：佑于一德，天惟顯思；作者七∟人，道之行也。如辰樞之運元造，如機衡∟之契靈儀。誰之子，象帝先，盡∟老氏、關尹之妙；無不爲，將自化，行東萊、∟西陝之間。或遯跡于塵區，或栖身于環∟堵。迨際∟皇元之興運，親承∟聖祖之眷知。嘉猷敷陳，允矣濟時之具；∟玄機沖寂，超乎與天爲徒。莫窮師友□∟淵源〔三〕，咸詣霄晨之閫域。闡乃宗規之舊，∟緊予藩邸之賓。弘才偉學以相承，景貺∟靈禎之荐格。其加顯級，以賁真風。除主∟教丘長春别示旌崇，餘仰主者一例施行。∟

丹陽抱一無爲真人馬鈺，∟可加贈丹陽抱一無爲普化真君。∟

長真雲水蘊德真人譚處端，∟可加贈長真凝神玄靜蘊德真君。∟

長生輔化明德真人劉處玄，∟可加贈長生輔化宗玄明德真君。∟

玉陽體玄廣度真人王處一，∟可加贈玉陽體玄廣慈普度真君。∟

廣寧通玄太古真人郝大通，∟可加贈廣寧通玄妙極太古真君。∟

清淨淵貞順德真人孫不二，∟可加贈清淨淵貞玄虛順化元君。∟

右付玄門演道大宗師、掌教、凝和持正∟明素真人苗道一收執。准此。∟

至大三年二月　日。∟

欄右

太歲壬寅至正二十二年五月上旬吉日刻石興工，道士楊惟慶重立。㇄

欄左

□演道大宗師、重玄蘊□弘仁廣義大真人、掌管諸路所兼知集賢院道教事完顔德明刊石。㇄

碑陰

上欄

上天眷命，㇄皇帝聖旨：昔賢有言，盡忠於君，致孝於親，歸誠於天，敷德於人。㇄有才以濟其用，有學以裕於人。秩可列於仙階，道可弘於當世。㇄清和妙道廣化真人尹志平，襟神洞廓，丰格高嚴。褐衣爲山澤㇄癯，非謂之悴；袞服爲廟堂相，非謂之通。泛然物應以無方，捷若㇄循機而有永。入長春之室，教仍主于長春；全靈極之真，象宛符㇄於靈極。示真規于四遠，應禮眷于㇄三朝。粤有嗣師，載恢玄躅。其頒異數，以進嘉稱。於戲！弱水蓬萊，㇄歸渡不煩於舟楫；吉雲飈景，方羊或駐于旌麾。可加贈㇄清和妙用廣化崇教大真人。主者施行。㇄

上天眷命，㇄皇帝聖旨：道德正宗，屢傳于賢裔；儒玄宿學，間出于熙辰。況教興㇄于長春，冠冕登瀛之列；而躬膺睿眷，綱維寧極之規。宜進秩以㇄宗承，示輸誠於景嚮。真常上德宣教真人李志常，清文映世，高㇄行絶人。摛述作之華，于禬禳之表；廓神明之應，于視聽之餘。璞㇄不雕鏤，行不崖異。幹以惇粹，舍以虚無。繩繩兮其可名哉？皜皜㇄乎不可尚已！號其顯異，秩則特紋，以爲全真奕葉之光，以慰賢㇄師累章之請。於戲！科盛揚於寶笈，千劫而繼太晨。君實燦結於㇄春華，再傳而得誠明子。可加贈㇄真常妙應顯文弘濟大真人。主者施行。㇄

上天眷命，㇄皇帝聖旨：無爲之宗，是謂之道。至上之器，莫重於名。蓋景範清㇄彝，爲人所慕。而華軒黻冕，匪樂之全。跡已著于生平，禮盍申於㇄眷渥。通玄弘教披雲真人宋德芳，玄機早悟，秘學窮探。澡雪其㇄心，不以纖私自浼；蒙鴻其化，不以小善自矜。德全而才不形，㇄量廓而物無礙。侶仙君而馭真伯，咸稱席上之珍；乘飈風而歷㇄崑崙，動應環中之數。勉從所請，庸會其元。於戲！歲㇄計而功有餘，疇繼庚桑之偉蠋；神凝而物不厲，尚僥姑射㇄之豊年。可加贈玄都至道崇文明化真人。主者施行。㇄

至大三年二月　日。㇄

中欄

上天眷命，∟皇帝聖旨：唐虞郅治，有開奕世之規；箕穎外臣，∟允契登瀛之選。蓋天之生才，不虛其用；而道∟之傳敘，在得其人。粵昔長春遭逢聖祖，∟綸綍遠頒於東土，飈輪旋扈於西征。或後∟或先，在左在右。確然其志，凌冰霜而遊太清；∟炳乎爲文，挺圭璋而弘正紀。玄功叶立，師業∟益光。崇茲綠字之章，矧我朱藩之舊。於戲！祥∟麟儀鳳，生平能幾見之；絳境叢霄，殊渥不一∟書止。靈遊可駐，顯號其承。除尹清和、宋披∟雲、李真常別議旌崇，餘仰主者一例施行。∟

趙道堅，可贈中真翊教應玄真人。∟

宋道安，可贈元明普照崇德真人。∟

夏志誠，可贈無爲抱道素德真人。∟

王志明，可贈熙神資道葆光真人。∟

孫志堅，可贈明誠體妙虛寂真人。∟

于志可，可贈誠純復朴沖寂真人。∟

張志素，可贈應緣扶教崇道真人。∟

鄭志修，可贈通微復靜沖應真人。∟

鞠志圓，可贈保真素朴靜應真人。∟

孟志穩，可贈重玄廣德沖用真人。∟

張志遠，可贈悟真凝化純素真人。∟

綦志遠，可贈體元抱德沖悟真人。∟

何志清，可贈虛明淵靜守一真人。∟

楊志靜，可贈通虛清一玄通真人。∟

潘德沖，可贈通虛妙道沖和真人。∟

右付玄門演道大宗師、掌教、凝和持正明素∟真人苗道一收執。准此。∟

至大三年二月　日，∟掌管諸路所、知集賢院道教事∟完顔德明□。∟至正二十二年∟道士楊惟慶立。∟

下欄

後闕

校勘記

〔一〕長春先生□□□□贈長春演道主教真人　《隴右金石録》作「長春先生邱處機，可贈長春演道主教真人」。

〔二〕□令掌教光先體道誠明真人張志敬執行　「令」前殘一字，《隴右金石録》作「宣」。

〔三〕莫窮師友□淵源　《隴右金石録》作「莫窮師友之源淵」。

一〇三　大元敕賜西寧王碑　至正二十二年

《大元敕賜西寧王碑》，至正二十二年（一三六二）十月立。碑存甘肅省武威市涼州區永昌鎮石碑溝村。由蟠螭首、長方碑身、贔屓座三部分組成。碑青石質，通高五八〇釐米，寬一六〇釐米，厚四五釐米。碑陽額題篆書「大元敕賜西寧王碑」二行八字，碑陽楷書，三二行，滿行六二字。碑陰額部、碑身均刻回鶻體蒙古文。危素撰文，張璘書丹，陳敬伯篆額。柯立夫《西寧王忻都碑蒙漢文研究》（《哈佛亞洲學刊》，一九四九年）、道布《回鶻式蒙古文文獻匯編》（民族出版社，一九八三年）、《涼州府志備考》（三秦出版社，一九八八年）、張維《隴右金石録》（蘭州古籍書店，一九九〇年）、《〈忻都王碑〉蒙古語文研究》（内蒙古文化出版社，一九九二年）、《漢中碑石》（三秦出版社，一九九六年）、王其英主編《武威金石録》（蘭州大學出版社，二〇〇一年）、吴景山《西北民族碑文》（甘肅人民出版社，二〇〇一年）、《武威市文物志》（涼州區文化體育局，二〇〇四年）、《武威通志》（甘肅人民出版社，二〇〇七年）、《甘肅通志集成・甘肅新通志》（天津古籍出版社，二〇一九年）、陳曉峰編《武威文物精品圖集》（讀者出版社，二〇一九年）、鄭炳林主編《涼州金石録》（甘肅文化出版社，二〇二二年）等有録文。

碑文記載畏兀兒人忻都家族世系及家族成員生平事迹。

大元敕賜西寧王碑（至正二十二年）碑體照片

大元敕賜西寧王碑（至正二十二年）全景照片

大元敕賜西寧王碑（至正二十二年）碑陽照片

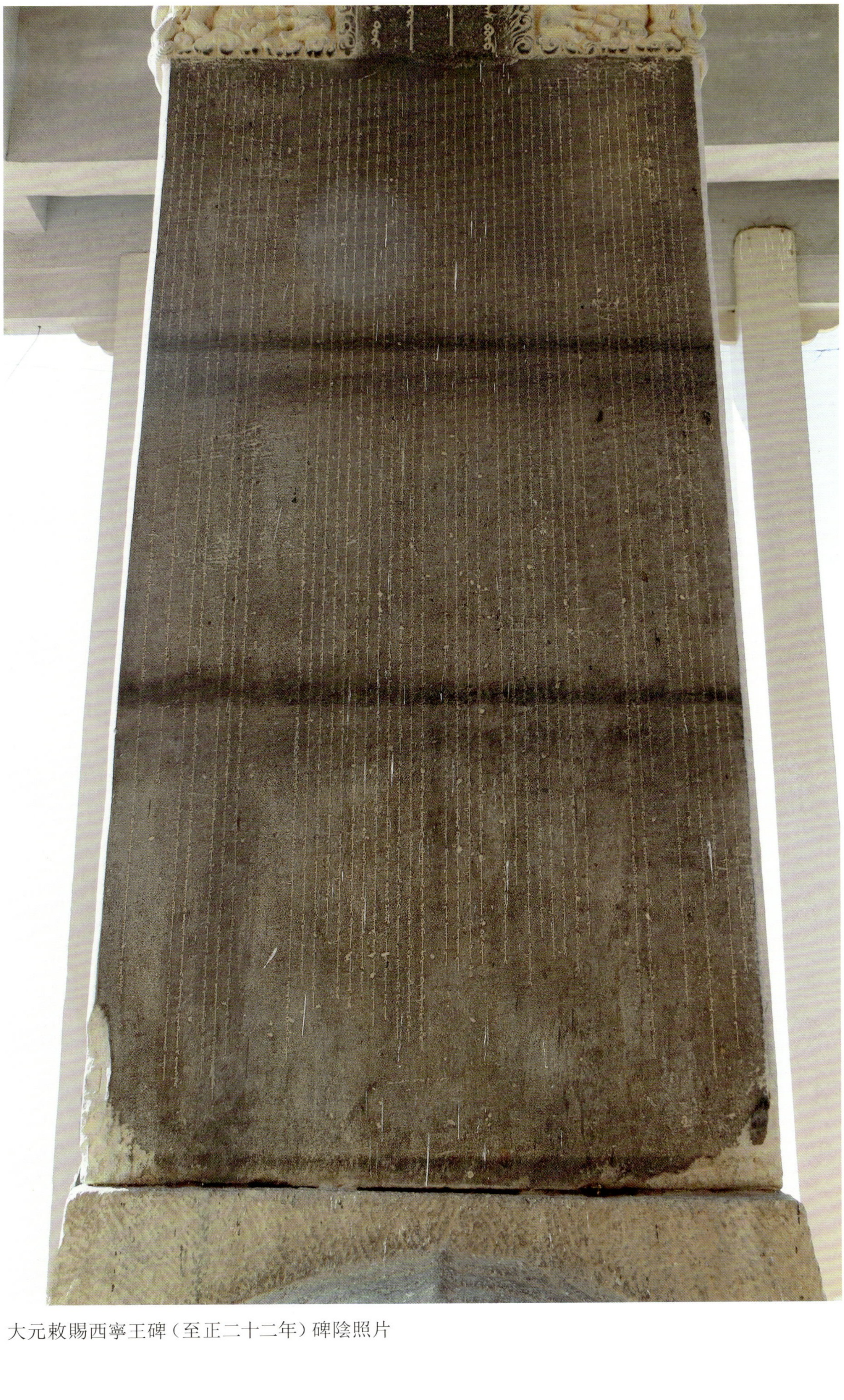

大元敕賜西寧王碑（至正二十二年）碑陰照片

碑陽

大元敕賜∟西寧王碑（額）∟

大元敕賜追封西寧王忻都公神道碑銘∟

通奉大夫、中書參知政事、同知經筵事、提調四方獻言詳定使司事臣危素奉勑撰文。∟

光禄大夫、滕國公、集賢大學士臣張瑧奉勑書丹。∟

榮禄大夫、中書右丞、同知經筵事、提調國子監大都府學臣陳敬伯奉勑篆額。∟

惟我皇元，受天明命，∟太祖皇帝起兵之四年，畏兀氏國主巴而朮阿亦都護舉國來附，從征西方，有大勳勞于王室。∟列聖御極，嘉其效順，世爲昏姻，富貴不絶。論者以爲其國之君臣明炳幾先，以能若此。今考諸中書平章政事臣斡欒之先世，蓋可知其大略焉。至正十八年四月乙∟亥，臣素承詔，銘其先塋神道之碑，未遑有所論著。監察御史上疏言：「臣斡欒之忠勤，請加封其先以王爵。」於是其考忻都公得封西寧王。二十二年六月丙子，申∟命述銘，仍勑臣瑧書丹，臣敬伯篆額。臣素嘗聞，臣斡欒世爲北庭名族，其曾大父諱哈剌，仕其國爲哈剌罕里朵朵之官。哈剌罕里者，扞衛禦患之稱。朵朵者，國∟老之職。國初寔輔翼其主，來歸我朝，居官治民，克盡乃職，興利去害，屢獻嘉謀，贈中奉大夫、領北等處行中書□參知政事、護軍〔一〕，追封范陽郡公，今贈資善大∟夫、陝西等處行中書省右丞、上護軍，仍故封。娶夫人塔海渾主於都罕忽思之地，受其國封阿納帖□〔二〕，今追封范□郡夫人〔三〕。大父諱阿台不花，氣剛力勇，臨難不變。∟初，右丞公疾甚，屬之以恒加謹慎，勿墜先業。凡右丞公所欲爲之事，皆力爲之。厥後親王都瓦、不思麻□，從亦都護火赤哈兒宣力靖難。已而北庭多故，民弗獲安，∟乃遷國火州，增城浚池，壹志堅守。都瓦等將兵十二萬逼城下，因親冒矢石，以建奇功，遂授持節儀衛之官，仍封荅剌罕之號。亦都護來朝，挈家以從，跋履險阻，行∟次永昌，相其土地沃饒，歲多豐稔，以爲樂土，因定居焉。既没之後，初贈亞中大夫、集賢直學士、輕車都尉，追封范陽郡侯；進正奉大夫、甘肅等處行中書省參知政∟事、護軍，追封范陽郡公；再進資善大夫、陝西等處行中書省右丞，上護軍，依前范陽郡公；又進榮禄大夫、甘肅等處行中書省平章政事、柱國，追封秦國公。夫人諱∟書麻，初封同其姑，今追封秦國太夫人。子男三人：曰帖孔不華，曰阿憐不華，曰忻都，俱受荅剌罕之號。忻都則□斡欒之父也〔四〕，生於至元九年十月。常訓諸子曰：「若乚曹年少，不知稼穡之艱難，宜務農治生，當力行善事，毋染惡習，思父母生成養育之恩，與人交毋挾貴勢，毋侮卑賤，擇勝己者而友之。出而仕也，必廉慎自持，盡忠乚于君，愛民如子，不陷刑辟，名垂後世。若曹其思之。」蓋其爲人篤實自將，不自表襮，故州里咸知敬仰云。至順二年正月庚寅卒〔五〕，享年六十，葬永□之在成里〔六〕。初封奉乚訓大夫、禮部郎中、飛騎尉、大興縣男，贈中順大夫、禮部侍郎、上騎都尉，追封范陽郡伯；再贈嘉議大夫、禮部尚書、上輕車都尉，追封范陽郡侯；又贈資德大夫、陝西乚等處行中書省右丞、上護軍，追封范陽郡公；又贈榮禄大夫、甘肅等處行中書省平章政事、柱國，追封薊國公。至是，□升王爵〔七〕，命詞臣爲制詞。夫人諱卜顔真，大王乚之師兀哈里之女，受封大興縣君、范陽郡君、郡夫人、郡太夫人、薊國太夫人，而没，今追封西寧王夫人。生於至元十九年九月，没於至正十八年六月辛巳，享年七乚十有七。子男六人：曰孛羅不華；曰卜顔；曰伯顔，汴梁路同知汝州事；曰秃魯，亦集乃路總管；曰迭禮彌實，僉書樞密院事。孫男五人：曰不華，甘州路總管府判官；曰乚明理不華；曰拜住，甘肅行省左右司郎中；曰岳魯不花，監脩國史、府參軍；曰札木赤。臣斡欒則第二子也，繇直省舍人，歷大司農司經歷、監察御史、吏部員外郎、兵乚部郎中，升侍郎、湖南淛西江東三道肅政廉訪副使、大都路達魯花赤、中書左司郎中、吏部尚書、參議中書省事、大都留守、雲南行省參知政事、同知宣政院事，再乚爲大都路達魯花赤、御史臺治書侍御史、同知樞密院事、中書右丞，遂爲平章政事，三升其位，進階銀青榮禄大夫，尋換金紫，被玉印、只孫衣、金束帶之賜。臣素叨乚陪臣，斡欒久在政府，觀其聰明典重，通達政務，敭歷中外，令聞孔昭，以故位登極品，受知乚皇上，錫爵受封，寵榮褒大，誠非一日之積。況顯被明詔，推求本原，刻在金石，式勸臣僚。臣素不佞，嘗職史官，弗敢以固陋辭，乃拜手稽首，爲之銘詩，表于神道，以侈乚上恩，昭示厥後。其詞曰：乚

畏兀有國，久在北庭。藎臣孔武，可以干城。折衝禦侮，壯氣馮陵。轉徙姑臧，胤緒繩繩。蔚彼喬木，榘根九京。沄沄流泉，發原泓渟。維我西寧，葆厥幽貞。克篤于善，先民乚是程。緊爾嗣人，蚤仕大廷。翼翼自持，弗暴弗矜。忠孝之訓，夙夜服膺。錫命便蕃，奕世光榮。在成之里，有歸先塋。執政承詔，刻詞幽扃。積善彌遠，曄其雲仍。烈烈終乚古，載揚休聲。乚

至正二十二年歲次壬寅十月吉日立石。乚

碑陰

（回鶻體蒙古文）

1 yeke Mongγol ulus-tur

2 ǰrlγ-iyar Si ning

3 ong Indu-da

4 bayiγuldaγsan bii tas buyu

1 ǰrlγ-iyar Dai Ön yeke Mongγol ulus-un Si ning ong Indu-da bayiγuldaγsan bii tas buyu.

2 ǰrlγ-iyar ǰungšu šingun samǰing Ui Suu-yi bii tas-un ayalγus-i ǰoqiyaγulbai. Ting gui gung siken dai kausi ǰang Ki-yi bičigülbei. ǰungšu šingun yiučing Činging bai-yi manglai -yin üsüg-i bičigülbei. ǰungšu šingun soočing Esenbuq-a-yi Mongγolčilan orčiγuluγad uiγurčilan bičigülbei.

3 mongke tngri-yin ibegeliber yeke Mongγol ulus-un qan-i narbai-yi nigedkegülün ǰayaγadaγsabar delekei-yin eǰen

4 Činggis qaγan tngri-yin ǰoriγ-i daγan ümedü γaǰar-ača yeke üile-yi bütügen altan beyeber ulus qamun ayalan yabuγsan dötüger on-dur Uiγudun qan inu Barčuγ Ard iduγ qud medelün irgen-iyen abuγad oroǰu

5 suu-tu

6 Činggis qaγan-i daγan baraγun eteged Sartaγčin ayan ayalan yabuǰu ǰöb ǰügiyer küčü öggün ulus qamulduγsan-u siltaγabar olan-ča dotun-a soyurqaγdaγsan aǰuγu. qoyin-a qad qad-un čaγ-tur ber iduγ qud-un sayibar oroǰu ulus-un emün-e küčü öggügsen ǰerge-yi inu degeǰilen soyurqaǰu anda

7 quda uruγ barilduγsan-ča eǰiy-e kürtele egüri urtu-da soyurqaγdaqu siltaγan kemebesü iduγ qud öber-ün tüsimel-iyer -iyen iregei-üdügüi üiles-i urida böged uqaǰu tngri-yin ǰoriγ-i daγan yabuγsabar bolbai ǰ-e edüge ǰungšu šingun bingǰang Oron-u uridus-un uǰaγur barilduǰu iregsen-i ǰergeber

8 ügüley-e ǰi ǰing qorin qoyaduγar on dörben sara-dur

9 ǰrlγ-iyar bi Ui Suu-yi bingǰang Oron-u uridus-un kegür-tür bayiγuldaqu bii tas-un ayalγus-i ǰoqiyatuγai kemegsen-dür ǰoqiyan egüskeǰü daγusuγai-üdügüi-e basa gemčas bičigiyer duradqar-un degedüs-e Oron-u čing ünen-iyer küčü öggügsen ǰerge-yi uqabasu uridus-a inu ong ner-e nemegdekü bui kemen

10 ǰungšu šingun noyad-iyar öčigülbesü ečige inu Indu-da Si ning ong ner-e soyurqaǰu ögbei mön on ǰirγuγan sara-dur basa bi Ui Suu-yi bii tas-un ayalγus-i ǰoqiyaγulun. ǰanki -bar bičigülün. Činging bai-bar manglai-yin yeke üsüg-i bičigülün. Esenbuq-a-yi mongγolčilan orčiγuluγad bičigültügei kemen

11 ǰrlγ boluγsan-u siltaγabar bi Ui Suu ulam-ča bolγabasu bingǰang Oron uǰaγur baraγun eteged Bis Baliγ-a nuntuγ -tu uǰaγur-tan-u uruγ aǰuγu. elinčüg inu Qar-a Uiγud-un γaǰar-a böküi-dür iduγ qud-ta qalqanliγ totoγ ner-e ögteǰü noyalan yabuγsan aǰuγu. qalqan kemebesü gerisge metü γaǰiγu dayisun-i

12 qalqalaǰu qariγulqu-yi kemeyü. totoγ kemebesü ötögüs-ün guiloγu ner-e inu aǰuγu.

13 suu-tu

14 Činggis qaγan tür-ün ulus qamun yabuqui-dur mön qalqanliγ Qar-a totoγ iduγ qud-tur südkün duradqaǰu

15 suu-tu

16 Činggis qaγan-u er-e-yi ülü ǰobaγan aγta-yi ülü kölörgen sayibar oroǰu küčü öggügseber soyurqaγdaǰu irgen ǰasaγulun tüsigdebesü egenegte degedüs-e ačilan küčü ögkü-yi erkilen ulus-a qour-tu üiles-i eten tus-a-tu-yi yabuγuluγsabar olan-a masi sayisiyaγdaγsan aǰuγu. ene ayan imayi wungsinglar-un

17 si šen daiwu šamsi dingču qing ǰungšu šingun yiučing Wan yang gün gung ner-e soyurqaǰu öggüged gergei inu Taγai qunčui Tuγan Qus neretü Uiγud-un γaǰar-a böküi-dür iduγ qud-ta Ana tegrim ner-e ögtegsen aǰuγu. ene ayan Wan yang gün wušin ner-e soyurqaǰu

18 ögbei. ebüge inu Ataibuq-a qatayu ǰoriγ-tu bayatur ǰirüke -tü bökü-yin siltaγabar ada-tu üile-dür učirabasu ber qataγu ǰoriγ-iyan ülü qariγulun aγsan aǰuγu. qoyin-a elinčüg inu Qar-a yiučing ebedčin kürteǰü alǰangγu boluγsan-dur köbegüd-iyen ireqülǰü geriyes üge talbir-un

19 ta ülü untuγaitan nasuda uruγsi ǰigdün kičigen yabuqu-yi erkileged uridus-un sayin ner-e-yi buu γutuγadqun kemegdegsen-ü tula mön Ataibuq-a

bingǰang üileddekü ken üiles-i ülü üleden čidaqui-ča güičegen üiledügsen aǰuγu. qoyin-a Duu-a Busm-a-tan
20 köbegüd buly-a bolbasu mön Ataibuq-a Qočqar iduγ qud-i daγan yeke törü-yin emün-e küčü öggün yabuγad bulγ-a-yi burčiγsan-u qoyin-a basa
Uiγud-un γaǰar-a Bis Baliγ-tur čerig ayan-u üile ǰedkür boluγad ulus irgen toγtaγan yadaǰu (?) dumduγalǰaγsan-dur
21 Qar-a Qočo-dur negüǰü ireged qotod balaγad nemen bosqaǰu quruγan ba yoγurγas erügülün nüdügülǰü ulus-iyar-iyan bolǰu γaγča ǰoriγ-iyar qoton
bekilen sitügeleldün böküi-dür Duu-a-tan köbegüd arban qoyar tümed čerigüd-iyer qoton -u čayada kürčü bürin qadqulduqui-dur
22 mön Ataibuq-a üküküiben ülü talγan yeke törü-yi sedkiǰü beyenggedün sitügeleldün qadqulduγad olan-ča uruγsi yabuǰu temdegtei-e küčü
öggügsen-ü siltaγabar imayi itegeltü tuγ-tu čerigüd-ün noyan bolγan tüsiged darqan ner-e ber öggügsen aǰuγu. qoyin-a iduγ qud
23 deger-e aγulǰan γarču irebesü mön Ataibuq-a aγruγ-iyan abuγad daγan ireküi-dür ǰobalang-ud-i ülü talγan ǰaγur-a berke čöl-nuγud-i tuγuluγad
Yungčang-dur kürbesü γaǰar usun-u nayir ǰoqis-tu amun künesün elbeg-tü-yin tula doturaγan oyisiyaǰu orusin Yungčang-a
24 nuntuylaγsan aǰuγu. mön Ataibuq-a ǰob es-e boluγsan-u qoyin-a angq-a urida ya ǰung daiwu sangon-iyar siken ǰi kauši ner-e nemeǰü öggüged
darui-dur basa ǰing wung daiwu γamǰu šingun samǰing bolγaγad udaγaran basa kü si šan daiwu Šamsi šingun yiučing ner-e
25 nemeǰü ögčügü ene ayan basa yunglu daiwu γamǰu šingun bingǰang ǰingsi ǰuu gui ǰui wung Sin gui gung ner-e nemeǰü öggüged ǰob es-e boluγsan
gergei inu Šumaγ-a qadum eke inu Taγai qunčui-da soyurqaǰu öggügsen ner-e-yin yosuγar ner-e nemeǰü ögbei. qoyin-a Sin gui tai wušin
26 ner-e ögčügü. köbegüd inu γurban aǰuγu. yekemed inu Terkün Buq-a. ded inu Alinbuq-a. yutuyar inu Indu kemebesü bingǰang Oron-u ečige inu
aǰuγu. mön Indu esen böküi -dür-iyen nasu köbegüd-iyen söyün surγar-un ta köbegüked nasun üčügüken ali-be ǰobalangud-i es-e
27 üǰebei tariyan-u üile-yi erkileǰü ǰöb ǰügiyer-iyen aman qoγulai teǰigen qataγuǰiγad čidaqui-ča sayin üile üiledčü maγui üile buu böged üiledüdkün.
ečige eke-de törögüldegsen ba teǰiyegdegsen ači-yi masi [kü] ndü-de sedkiǰü yabuγad aq-a degü kümün-lüge boduraldubasu erke
28 omoγ-iyan ülü ǰiγan öber-eče dorodus üčüged-i buu basumǰilan öber-ečegen erdem-tü sayid-luγ-a aq-a degü barildu ker-be
29 degedüs-e soyurqaγdaǰu oralaγuldabasu beyeben ariγun-a saqiǰu kičigen uruγsi ǰigdün yabuγad čing ünen ǰoriγ-iyar degedüs-e ačilan küčü
ögküiben erkilen irgen-i öber-ün köbegün sibaγun metü taγalaǰu yabubasu ta eregü qour-tur ülü oroγad mon-a mon-a qoyin-a
30 sayin ner-e tanu egüride aldarsiγuldamui ǰ-e edeger üges kemebesü tan-a uqaγdaqu bui kemegsen aǰuγu. mön Si ning ong Indu egenegte čing

ünen ǰoriɣ-iyan beye-yin (?) ačan bolɣan erkileǰü yabuqu-yin tula ɣaǰarliɣ ele irgen imayi kündülen aɣsan aǰuɣu. qoyin-a

31 ǰi sün qoyaduɣar on qubi sara-yin arban dörben-e ebedein kürteǰü ǰob ǰiron nasun-dur-iyan tngri-yin ǰayaɣan-a güičegdebesü yasun inu Yungčang-
un ǰegün eteged Gün Mören-ü qiǰaɣar-a orusiɣuluɣsan aǰuɣu. imada angq-a urida wung kün daiwu libu

32 -yin langǰung ner-e soyurqaǰu öggüged darui ǰung sün daiwu libu-yin šilang ner-e nemeǰü öggüged udaɣaran basa ga yi daiwu libu-yin čangšu
ner-e nemeged basa si dii daiwu Šamsi šingun yiučing bolɣaɣad basa yunglu daiwu ɣamǰu šingun bingǰang bolɣaɣad basa Gi gui gung

33 ner-e nemeǰü ögčügü. ülü udan darui-dur basa Si ning ong ner-e soyurqaǰu öggüged qanlim ön-ü noyad-iyar (?) sitiu kemekü silüg-tü

34 sön bičigülǰü öggüged Si ning ong-un wušin inu Buyanǰin kemebesü Köden eǰen-ü or-a sayuɣsan Ging ong-un baɣsi Uqari-yin ökin inu aǰuɣu.
angq-a urida wungsinglar-un Dai qing ken gün bolɣan. nögüge-te Wan yang gün gün ner-e öggüged. ɣutuɣar

35 -ta Gün wušin ba Gün tai wušin. Gi gui tai wušin ner-e öggüged ǰob es-e boluɣsan-u qoyin-a ene ayan basa Si ning ong wušin ner-e soyurqaǰu
ögbei. mön Si ning ong tai wušin ǰi ǰing arban naimaduɣar on ǰirɣuɣan sara-yin

36 arban dörben-e ǰob dalan doluɣan nasun-dur-iyan ebedein -iyer ügei bolǰuɣu. imada-ča ǰirɣuɣan köbegüd törögsen aǰuɣu. yekemed inu
Bolodbuq-a. ded inu ǰungšu šingun bingǰang Oron. ɣutuɣar inu Buyan. dötüger inu Bayan Suu ǰiu-yin tungǰi boluɣsan aǰuɣu. tabtuɣar inu

37 Tuɣluɣ edüged-tür Isin-a čölge-yin sunggon. ǰirɣuduɣar inu Derbis čümui ön-ü sem ön bui. ači köbegün inu tabun aǰuɣu. Buq-a ɣamǰu čölge-yin
wubun. Manglaibuq-a ɣamǰu gongwu. Baiǰu qing yamsi ön-ü tüsigün. Yolbuq-a gem siu gui ši wuu-yin samgün.

38 ǰamuči. mön bingǰang Oron kemebesü Si ning ong-un ded köbegün inu aǰuɣu. tür-ün üile-dür barildur-un ǰising sesin -ča dai sinungsi-yin gingli.
ü tai-yin gemča üsi. libu-yin ön uilang bingbu-yin langǰung boluɣad mön bu-yin šilang iɣduriɣulǰu

39 yabuɣad Quu nam ǰesi Gangdung ɣurban dau lemwangsi -yin wusi tüsigdeged Daidulu-yin daruɣači ǰungšu soo si langǰung. libu čangsu. šingun
samyi Daidu liusu. Qaraǰang šingun samǰing. sönǰing ön-ü tungǰi. basa Daidulu-yin daruɣači. üsi tai-yin ǰisu. čümui ön-ü tungǰi.

40 ǰungšu šingun yiučing boluɣad darui-dur degegsi iɣduriɣulǰu bingǰang bolɣan tüsigdeged udaɣaran basa ɣurban-ta üyelen degegsi iɣduriɣulun
soyurqaɣdaǰu ǰungšu šingun aqalaqu bingǰang tüsigdeged yin sing yunglu daiwu sangon ögteǰü yabuɣad darui-dur basa gimsi gonglu daiwu

41 sangon nemeǰü öggüged qas nisan ber subutu ǰisün altan büs-e soyurqaydabai. bi ǰ-e Ui Suu bingǰang Oron-luɣ-a nigen yamun-dur egüri od

qamtu neyite soyurqaγdaǰu üile qadaγalan tüsigdegsen-če bolγabasu aγali inu ǰibqulang deger-e oyin inu gegegen ulus-un yeke

42 üile-dür dadmayai bökü-yin siltaγabar dotur-a ba γadan-a üile-dür tüsigdegsen-dür ǰob yabuγsan sayin ner-e inu olan-a temdegtei-e uqaγdaγsabar

43 suu-tu

44 qaγan soyurqaǰu imayi tulqu ner-e-dür kürgeged ulus-un yeke üile-yi qadaγalaγulǰu üde manaγar (?) kegüdel ügei

45 altan čirai-dur oran γarun yabuǰu asaraγdaγad öber-ün beye qad-ta ner-e ber soyurqal uridus-tur-iyan ba ong ner-e kiged soyurqaγulqu kemebesü γaγča nigen üdür-ün kičigel qataγuǰil-iyar güičegsen busu egenegte uidqari ügei üǰügülen küčü öggügseber ayin soyurqaγdabai ǰ-e

46 qaγan eǰen manu Oron-i ene metü belgetüi-e soyurqan küčü öggügsen ǰerge-yi inu uǰaγur-ča üǰügür-tür kürtele bičigülǰü bii tas-tur čoγulγaγulqu siltaγan kemebesü uruγsida düri dürsü bolγaǰu olan tüsimel-i qomuγalǰaγulqu-yin tula buyu ǰ-e. bi üčügüken boγol tüsimel Ui Suu ülü čidaqu budaγu oyitu

47 kümün bögetele urida tobčiyan ǰ-e qadayalaγsan-ača siltaγalan yadaǰu ayuγad nemiged bii tas-un ayalγus-i silüg selte ǰoqiyaǰu nögčigsen uridus-un anu ner-e-yi iren odun yabuqu mör deger-e bayiγulqu siltaγan kemebesü

48 degedüs-ün kündü ači-yi busiren sedkiǰü edügülün aldarsiγuluγad qoyitus-i ber qomuγalǰaγulqui-a buyu ǰ-e

49 beler-če Uiγud-un qan inu. Bis Baliγ-a orusin saγun aǰuγu. berkesiyel ügei baγatur er-e töröǰü. bekileǰü ulus-iyan sayitur ǰarčimlaǰuγu. γaǰiγu dayisun-i qalqalaǰu oyir-a es-e qalγaγsan. qaltaril ügei qadqulduǰu sayiban oldaγsan. qadaγalaγsan mingγan-iyan abuγad. Qamil-a talbiγsan.

50 qaγan-a küčü öggün negüǰü Yungčang-a nuntuγlaγsan. ösküleng urtu modun urγubasu ele oi-dur. uǰaγur inu gün-e ündüsüleyü ötegen-ü küi-dür. ülü töridün debülbesü bulγ nasuda urusqal-dur. urusuγad nayursiju ülü sirgiyü ali-be čaγ-tur.

51 qaγan-ča Si ning ong ner-e soyurqaγdaγsan Indu. qaladaǰu köbegüd-iyen bariγuluγsan aǰuγu. Čegeǰiben (?) nimtu. γaγča Oron-u küčü öggügsen-iyer ǰob inu kündü. qamuγ bügüdeger neres-iyen bičigülbei bii tas-tur qamtu. köbegüd uruγ činu qotolaγar. kereglegdeǰü ǰergeber noyalabai. gerelǰü ǰasaγ-ča beyes-iyen saqiquibar.

52 ken-e ber maγui es-e kemegdebei. surγaǰu ele öggügsen soyüger-i činu. söni üdür saqiǰu es-e (?) onurdabai. suu ǰali-yi ǰalbariǰu yabuγsabar. soyurqal kürtebei ükügsen ba amidu-dur. γadan-a Gün Mören neretü sildegen-dür-i. γayiqamsiγ-a bosqaǰu amu kegür-ün ger-i.

53 qaγan-u ǰrlγ-i saisang-ud-ta kürtegsen-dür-i. qaγalγ-a-dur činu bii tas bayiγulbai yeke-de teli. urtu-da üiledügsen-iyer sayin udq-a. uruγ-iyar manduba öbedegsi saγča. ülü ele uyidun baribasu sedkil-iyen γaγča. uruγsi-da maγtaγulqu-yi yaγun erütele bui tan-a.

54 ǰi ǰing qorin qoyaduγar on bars ǰil arban sara-yin arban qoyar-a bayiγulbai. sadu sadu.

校勘記

〔一〕領北等處行中書□參知政事護軍　「書」後殘一字，《隴右金石録》作「省」。

〔二〕受其國封阿納帖□　《隴右金石録》、《西寧王忻都碑蒙漢文研究》作「受其國封阿納帖臨」。

〔三〕今追封范□郡夫人　「范」後殘一字，《隴右金石録》作「陽」。

〔四〕忻都則□斡欒之父也　「則」後殘一字，《隴右金石録》、《涼州府志備考》作「臣」，《武威通志》作「爲」。

〔五〕至順二年正月庚寅卒　前四字，《隴右金石録》、《武威通志》作「至順二年」，《涼州府志備考》作「至順三年」，據碑陰内容應作「至順二年」。

〔六〕葬永□之在成里　「永」後殘一字，《隴右金石録》作「昌」。

〔七〕□升王爵　「升」前殘一字，《武威通志》、《涼州府志備考》作「追」。

一〇四　李將軍碑碑陰題記 至正二十三年

《李將軍碑碑陰題記》，至正二十三年（一三六四）十二月刻。原存甘肅省卓尼縣布安村西，二十世紀七十年代末移至甘南文化館，現存甘南藏族自治州博物館院内碑亭。碑紅砂岩質，螭首龜趺。通高四四五釐米，寬一三二釐米，厚三七釐米。碑陽額題隸書「唐故大將軍李公之碑」三行九字。碑陰爲宋元題記。元代題記位於宋宣和元年（一一一九）題記之上，分布在圭形額及碑上部，楷書，一八行，行字不等。張維《隴右金石録》（蘭州古籍書店，一九九〇年）、《甘肅省志·公路交通志》（甘肅人民出版社，一九八九年）有録文。

題記載至正二十三年某總兵官軍次洮州時事迹，對研究元末西北地區政治軍事形勢有一定價值。

李將軍碑碑陰題記（至正二十三年）照片

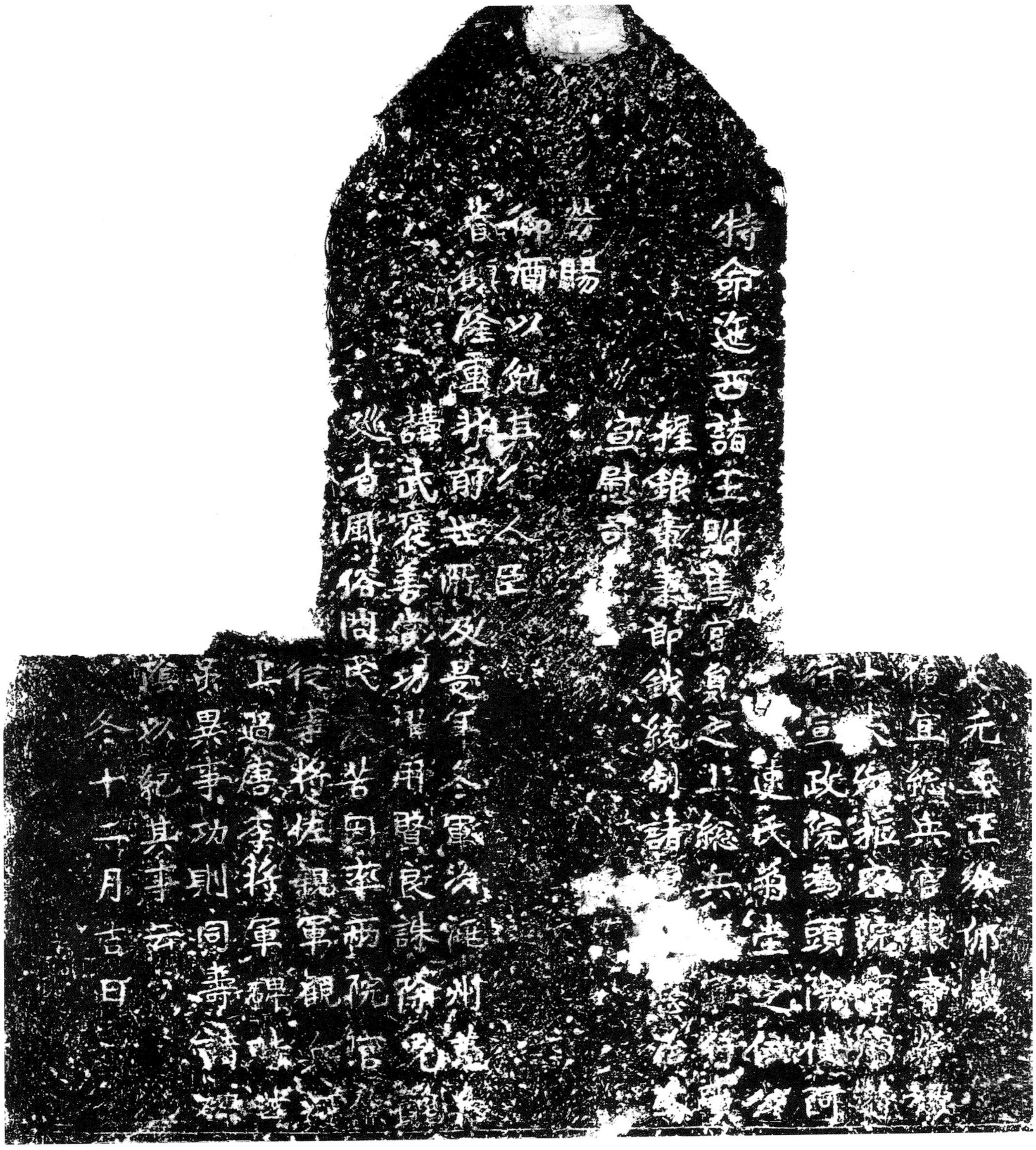

李將軍碑碑陰題記（至正二十三年）拓片

録文

大元至正癸卯歲，∟便宜總兵官、銀青榮禄∟大夫、行樞密院事□□∟行宣政院爲頭院使阿∟□□速氏菊堂定□公，∟特命遖西諸王駙馬官員之上總兵□□□□〔一〕，∟握銀章，秉節鉞，統制諸軍□□治□∟宣慰司，∟勞賜∟御酒，以勉其行，人臣∟眷顧，隆重非前世所及。是年冬，軍次洮州，蒐狩∟講武，褒善賞功，擢用賢良，誅除兇醜，∟巡省風俗，問民疾苦，因率兩院官□∟從事、將佐、親軍，觀兵河∟上，過唐李將軍碑。時世∟雖異，事功則同，壽諸碑∟陰，以紀其事云。∟冬十二月吉日。∟

校勘記

〔一〕特命遖西諸王駙馬官員之上總兵□□□□　「兵」後殘四字，《隴右金石録》作「□都督事」。

一〇五　宗親之記　丁丑年

《宗親之記》，丁丑年（一二七七或一三三七）正月立。現存甘肅省武威市博物館。碑爲泥質灰陶，高四〇釐米，寬二五釐米，厚五釐米。首身一體，碑首梯形，碑身長方，下端出榫頭，套方形底座。碑陽陰刻單綫邊框，額題楷書「宗親之記」二行四字。碑文楷書，八行，滿行一一字。王其英主編《武威金石録》（蘭州大學出版社，二〇〇一年）、鄭炳林主編《涼州金石録》（甘肅文化出版社，二〇二二年）有録文。

碑文記西涼東街居民高契朗埋葬亡母馬氏情況。

宗親之記（丁丑年）照片

録文

宗親∟之記（額）∟

大元西涼東街高契朗伏爲∟故妣馬氏丙子年六十一歲，∟於十二月二十六日辭世，遇∟丁丑孟春上旬日，埋身形在∟南郊，隱親靈住，荒野葬之，大∟理棺槨宅兆，卜之大吉陽明∟之地，居家榮昌。謹記。∟

歲次丁丑新正四日建。∟

一〇六　鞏昌府牟公墓碑　約元統至至正間

《鞏昌府牟公墓碑》，約元統至至正間立。原存甘肅省定西市隴西縣城西順門附近，現存縣城仁壽山公園。碑青石質，殘高八〇釐米，寬四四釐米，厚一三釐米。碑陽殘存雙鈎楷書六字；碑陰僅存楷書四行。牟安仁立石。汪楷主編《隴西金石録》（甘肅人民出版社，二〇一一年）有録文。

鞏昌府牟公墓碑（約元統至至正間）碑陽照片

鞏昌府牟公墓碑（約元統至至正間）碑陰照片

録文

碑陽

□封故父□〔一〕」□鞏昌府」□〔二〕」

碑陰

□厚。」□，遺昌我後。」□，以昭悠久。」

□從仕郎、鞏昌府城酒税醋務提領孝子牟安仁立石。」

校勘記

〔一〕□封故父□　上闕文字，《隴西金石録》作「大元誥」。

〔二〕□　《隴西金石録》作「□□牟公之墓」。

一〇七　鞏昌府城隍廟功德題名碑　至正十七年至二十八年

《鞏昌府城隍廟功德題名碑》，至正十七年至二十八年（一三五七至一三六八）立。原存甘肅省定西市隴西縣城隍廟内。碑青石質，碑首、碑座已佚。碑身原爲長方形，下部殘缺約三分之一，上端出榫頭。殘長一〇九釐米，寬七七釐米，厚一八釐米。碑陽殘存三欄，均爲楷書。

碑文記載甘肅行省、陝西行省駐鞏昌及鞏昌總帥府、鞏昌府、隴西等縣官紳重修鞏昌府城隍廟情況，涉及官員較多。上、中兩欄多數守禦官員標明官職。

鞏昌府城隍廟功德題名碑（至正十七年至二十八年）照片

鞏昌府城隍廟功德題名碑（至正十七年至二十八年）拓片

録文

上欄

鞏昌守禦官：㇄朝列大夫、甘肅等處行中書省參知政事黄世榮。㇄奉政大夫、甘肅等處行中書省參知政事壽鼎。㇄奉訓大夫、中書分户部郎中鞏昌等處分部黄守信。㇄將仕郎、中書分户部監鹽鞏昌監鹽使祁▯。㇄保義校尉、鞏昌分部監鹽使▯。㇄從仕郎、鞏昌分部兩省管勾隴西鹽使陳□□。㇄武德將軍、鞏昌分□□□同知陳□□。㇄承務郎、鞏昌分▯㇄鞏昌都總帥▯㇄中奉大夫、陝西行省▯都▯㇄陝西行省□□□都▯㇄陝西行省□□□都總帥府▯㇄後闕

中欄

助緣：㇄吐蕃等處宣慰使▯㇄▯拜卜花　李▯㇄▯魏賽因不花▯㇄鞏昌府▯㇄武德將軍、鞏昌府達魯花赤▯㇄奉訓大夫、鞏昌等處▯㇄□□校□、鞏昌府▯鞏昌府事▯㇄▯鞏昌同知府事▯㇄鞏昌府判官孫□□。㇄鞏昌府推官尹理道。㇄鞏昌府知事曹文郁。㇄鞏昌府提控案牘趙師貞。㇄□□□尉▯尹李時隆。㇄▯西縣㇄▯森□□道　馬壽昌　㇄▯璋　龐温　郭衡　張文惠　黄祥　㇄▯孟永賢　楊□□　黎珍　㇄▯縣▯㇄▯張彩□　拜煙　魏希顔　□迷　㇄▯吴□力結　典史王忠正　吴逵　㇄▯斌　□惟□　郭庭禮　藺友鋮　㇄▯李明　周□□　□賛諒　張天祥　張琢　㇄▯何德福　陳永富　汪志道　陳伯春　㇄▯羅講師□□㇄

下欄

前闕街後闕

一〇八 至正官造銅權 至正年間

至正官造銅權，至正年間（一三四一至一三六八）造。現存甘肅省天水市麥積區博物館。權銅質，方鈕圓穿，圓肩，腹部下收束腰，喇叭狀足，腹、足中空。高一〇釐米，足徑四點八釐米，重零點五千克。肩、腹表面鑄有銘文，均爲楷書。

至正官造銅權（至正年間）照片

録文

定西州∟
至正□年∟官造。∟

一〇九　中書右司都事廳印　北元宣光二年

中書右司都事廳印，北元宣光二年（一三七二）五月造。一九六七年徵集。現存甘肅省博物館。印方形，印面邊長六點四釐米，厚一點五釐米，重六四〇克。印文陽刻八思巴文四行。印背直鈕，已殘，鈕右刻楷書漢文一行八字，鈕左刻楷書漢文二行一二字。喬今同《元代的銅印》（《文物》一九八一年第一一期），照那斯圖、薛磊《元國書官印匯釋》（遼寧民族出版社，二〇一一年）著録。

中書右司都事廳印（北元宣光二年）印文照片

中書右司都事廳印（北元宣光二年）印體照片

録文

印文

（八思巴文）

1 dzuŋ šeu

2 ŋiw shi

3 du tšhi

4 t'ing jin

印背

中書右司都事廳印」

宣光二年五月日。」中書禮部造。」

一一〇 八思巴文鐵質嵌銀字差使圓牌

八思巴文鐵質嵌銀字差使圓牌，元代造。一九六五年徵集於甘肅省蘭州市，現存甘肅省博物館。牌符鐵質，圓形，廓外虎頭紋鈕座，環鈕。鑲嵌銀字五行，爲八思巴文。喬今同《元代的符牌》（《考古》一九八〇年第六期）、蔡美彪《元代圓牌兩種之考釋》（《歷史研究》一九八〇年第四期）著録。

牌符當即《元典章·兵部》所載之「差使圓牌」。《元史·刑法志》載：「諸朝廷軍情大事，奉旨遣使者，佩以金字圓符給驛，其餘小事，止用御寶聖旨。諸王公主駙馬亦爲軍情急務遣使者，佩以銀字圓符給驛，其餘止用御寶聖旨。若濫給者，從臺憲官糾察之。」蔡美彪指出，該牌可定名爲「銀字差使圓牌」，爲諸王貴族或官長遣使所發放的給驛憑證。

八思巴文鐵質嵌銀字差使圓牌照片

録　文

（八思巴文）

1　Moŋ-k'a deŋri-
2　-jin k'učun -dur
3　qa·an -nu ǰarliq k'en
4　ese bušire·esu
5　alda t'uqaǰi

（漢譯）

長生天氣力裏，皇帝聖旨，如違，要罪過者。

一一一　定西州官造銅權

定西州官造銅權，元代造。現存甘肅省定西市安定區博物館。權黄銅質，通高九點六釐米，底徑四點五釐米。方鈕方穿，體如圓瓶，廣肩，束腰，疊澀座，座平底。肩腹部鑄楷書陰文「定西州官造」二行五字。

該器對研究元代的衡量制度，以及定西地區的商業生産活動有一定價值。

定西州官造銅權照片

録文

定西州」官造。」

一一二　奉元造鐵釜

奉元造鐵釜，元代造。出土於甘肅省崇信縣高莊鄉木家坡村，一九九五年六月徵集，現存崇信縣博物館。釜鐵質，窄平折沿，淺腹，平底略弧，三足呈扁梯形。直徑四二點五釐米，高一三釐米。腹外壁一側鑄有楷書陽文「奉元造」三字銘。陶榮《崇信古文化研究》（社會科學文獻出版社，二〇一〇年）著録。

該器屬生活用具，由奉元路鑄造。

奉元造鐵釜照片

録文

奉元造。」

一一三　廣嚴寺白話旨文碑

《廣嚴寺白話旨文碑》，立石時間不詳。二〇一五年出土於甘肅省定西市隴西縣城關鎮西關村，現存隴西縣博物館。碑青石質，碑首、碑座已佚，碑身殘剩約三分之一，殘高八八釐米，寬七七釐米，厚二〇釐米。碑陽邊緣尚存卷草紋，碑文楷書，殘存三〇行，行字不等。

碑文載狗兒年永昌王只必怗木兒大王令旨、忽必烈聖旨、八思巴帝師法旨和羊兒年由大都頒來皇帝聖旨，均爲白話。

廣嚴寺白話旨文碑碑體照片

録文

前闕└▯氣力裏，└皇帝福廕裏，└只必怗木兒大王令旨：管城子等處達魯花赤軍人每根底，來往使臣每▯└聖旨，如今又└皇帝聖旨裏，和尚每根底，也里可温、先生、他石蠻▯└聖旨體例裏，將這廣嚴寺興法師和尚□□□□└天者，釋迦牟尼佛教法休別了，祝延└聖壽者麽道，執把的金印、令旨與了也。這興法師、和尚休有□□交着麽道。除鞏昌的人口外，將其余當▯└聖旨體例別着做勾當行呵，他每不怕那甚麽。□旨狗兒年九月初六日□□□□□□□來。└

皇帝聖旨裏，└▯和尚每根底，也里可温、先生、他石蠻根底，除税粮外，不以甚麽差發休當者。└□根前禱告做好事，祝壽者。這的每的寺院、房舍，□□休安下者；鋪馬支應休要者。但屬寺家的地土、園林、水磨與▯└與俗相諍言詞有呵，叒付的右講主▯分揀者麽道。

▯└

▯巴帝師法旨：□□□□裏有的▯└釋迦牟尼佛的殿與經文，告天祝延└□□者麽道〔一〕。執把的法旨與了也。這的每寺院、房舍裏，使臣休安下者；鋪馬支應休要者。但屬這寺裏的▯└體例▯，使氣力奪要呵。└我根前告者，悉這般└上位奏的。我每知道也者，這和尚每倚有□□文書麽道，無體例勾當做着。做呵，他每不怕那甚麽。法旨狗▯└

長生天氣力裏，└大福廕護助裏└▯軍官每根底，軍人每根底，管城子達魯花赤、官人每根底，來往的使臣每根底，└▯└▯的也〔二〕，└聖旨裏，和尚、也里可温、先生每，不揀甚麽差發不交，當告└天祝壽者麽道説來。□□呵，依在先└聖旨的體例，不揀甚麽差發不交，當告└天祝壽者麽道。鞏昌路裏有的廣嚴寺裏住持的琛吉祥根底，執把行的└聖旨，與了也。這每的寺裏、房舍裏，使臣休安下者，鋪馬衹應休要者▯休納者，但□□者家田▯└▯休要諍，休倚氣力奪要，更這琛吉祥▯└聖旨的體例□□休做者。做呵，他每不怕那甚麽。聖旨羊兒年五月初一日，大都裏有時分寫來。└

校勘記

〔一〕告天祝延□□者麽道　「延」後殘二字，疑爲「聖壽」。

〔二〕▯的也　「的也」二字前漫漶五行。

一一四　漢文八思巴文雙語石刻路標

《漢文八思巴文雙語石刻路標》，元代立。一九八七年出土於甘肅省敦煌市懸泉東溝，現存敦煌市博物館。銘石青灰色大理石質，長方形，邊緣有殘缺。高五七釐米，寬三七點五釐米，厚一六點五釐米。銘文右行爲漢文，左行爲八思巴文。

漢文八思巴文雙語石刻路標照片

録文

（漢文）
三十里
（八思巴文）
[Y]učin q'ajar

一一五　黑釉金箔章家瓶

黑釉金箔章家瓶，元代造。一九七七年徵集，現存甘肅省博物館。通高三八釐米，口徑六點三釐米，底徑九釐米。小口，圓肩，腹部自上而下漸内收，近底微外撇。施黑釉。肩下刻陰文「金箔章家瓶」五字，當爲造器作坊名稱。俄軍主編《甘肅省博物館文物精品圖集》（三秦出版社，二〇〇六年）著録。

黑釉金箔章家瓶照片

録文

金箔章家瓶⌊

一一六　羅羅斯宣慰司銅牌

羅羅斯宣慰司銅牌，元代造。初由路易・艾黎收藏，後捐贈。現存甘肅省張掖市山丹縣博物館。高九釐米，寬三點二釐米。牌符銅質，體呈圭形，尖首一穿，牌面鑄楷書陽文三行，爲羅羅斯宣慰司三人官位及姓名。《張掖文物》（甘肅人民出版社，二〇〇九年）著録。

羅羅斯宣慰司，始置於元世祖至元十二年（一二七五），治所在建昌（今四川西昌）。至元十九年（一二八二）改隸雲南行省。該牌對於研究元代西南地區民族關係與職官頗有價值。

羅羅斯宣慰司銅牌照片

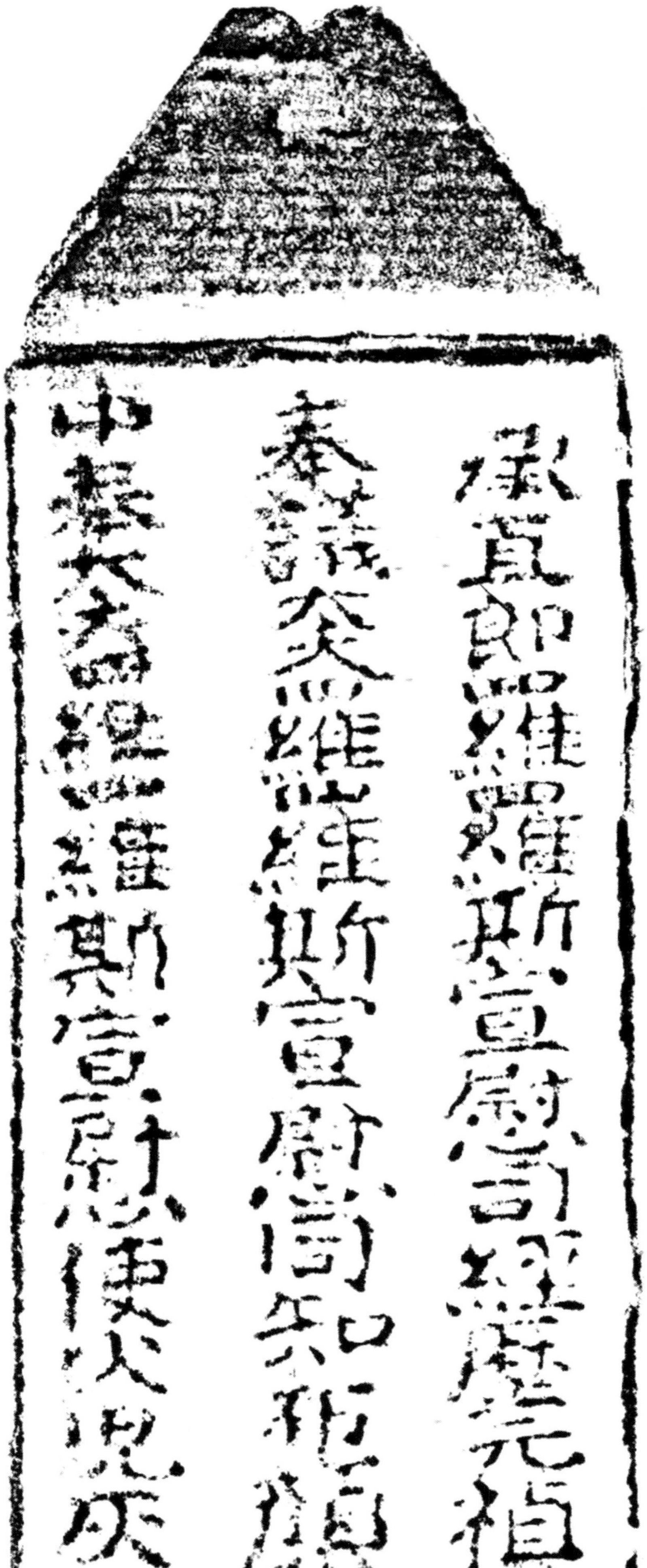

羅羅斯宣慰司銅牌拓片

録文

承直郎、羅羅斯宣慰司經歷元禎。∟
奉議大夫、羅羅斯宣慰同知布顔。∟
中奉大夫、羅羅斯宣慰使火兒灰。∟

一一七　王都統宅造銀瓶

王都統宅造銀瓶，元代造。一九八五年出土於寧夏回族自治區固原縣開城鄉安西王府遺址，現存寧夏固原博物館。銀瓶高一六點一釐米，口徑五點一釐米，足徑五點五釐米。盤口，長頸，溜肩，鼓腹，圈足。肩部鏨刻珍珠地花卉紋，足底刻楷書陰文五字。《固原文物精品圖集》（寧夏人民出版社，二〇一三年）著録。

該瓶出土地點明確，是研究元安西王府以及當時銀器製造工藝的重要實物資料。

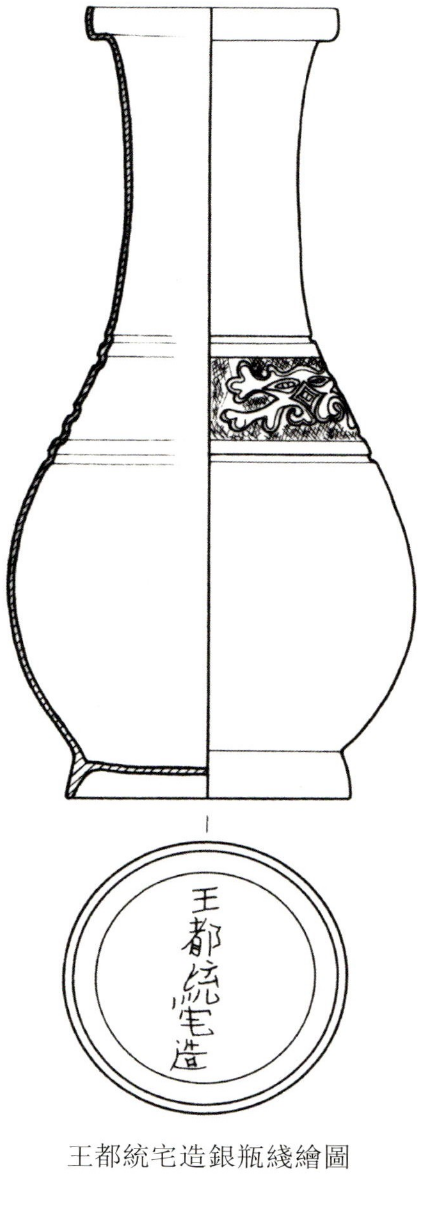

王都統宅造銀瓶綫繪圖

王都統宅造銀瓶照片

録文

王都統宅造。⌐

一一八　行軍萬户之印

行軍萬户之印，元代造。一九八九年收購於甘肅省隴西縣，現存甘肅省博物館。印銅質。印面邊長五點五至五點七釐米，通高四點三釐米，印臺厚一點六釐米。印體呈方臺形，漸上略收，斷面呈梯形。背部直板狀橛鈕，無穿，鈕頂刻楷書陰文。印面鑄九疊篆書陽文「行軍萬户之印」二行六字。

行軍萬户之印印背照片

行軍萬户之印印面照片

録文

印文

行軍萬」户之印」

印背

上

一一九　御山聖容寺六體六字真言石刻

《御山聖容寺六體六字真言石刻》，元代刻。現存甘肅省金昌市永昌縣城關鎮金川西村聖容寺前、御山峽河岸崖壁上。石刻距地面高二點四米，面積約四點三二平方米。左側刻四行文字，自上至下分别爲八思巴文、回鶻文、西夏文、漢文，龕右側二行依次爲梵文、藏文，内容均爲六字真言。《中國文物地圖集·甘肅分册》（測繪出版社，二〇一一年）、《金昌文物》（甘肅人民出版社，二〇一一年）著録。

御山聖容寺六體六字真言石刻全景照片

御山聖容寺六體六字真言石刻照片

録文

（八思巴文）

Om ma ni pad mi huŋ

（回鶻文）

Oom ma ni pad mi qung

（西夏文）

[illegible]

（漢文）

唵麻你鉢弭□〔一〕

（梵文）

Oṃ maṇi padme hūṃ

（藏文）

後闕

校勘記

〔一〕唵麻你鉢弭□　「你鉢弭」，《中國文物地圖集·甘肅分册》、《金昌文物》作「呢叭咪」。